# La vittoria del Kaiser

## L'Europa ai piedi del Secondo Reich

*di Giovanni Cecini*

ISBN 9798867483838

l'Universale

*Dedicato a mia moglie Valentina.*
*Questa folle narrazione è stata ispirata dal nostro viaggio di*
*nozze in Cina.*

*Se si guarda ai fatti in sé, ci si renderà conto*
*che questa fu la guerra più grande di tutte.*

*Tucidide*

# Sommario

# Prefazione

Un saggio monito ci avverte: «Chi non conosce la Storia è destinato a ripeterla». In fin dei conti i ricorrenti avvenimenti umani molto spesso ci dimostrano la validità di tale affermazione. Pur tuttavia, proprio per questo stesso motivo un altro ben più noto aforisma ci impone come legge: «La Storia non si fa con i se». Da ciò si deduce che il miglior modo per vivere il presente e costruire un sano futuro è quello di conoscere il nostro passato, ma senza fare troppe congetture sulle scelte prese o sulle azioni svolte dai nostri antenati. Del resto questi ultimi, coevi ai fatti stessi, non potevano avere il beneficio del senno del poi concesso a noi posteri, in relazione alle conseguenze che avrebbero scatenato le loro proprie scelte. Di conseguenza, per noi cittadini del XXI secolo, quel che è fatto è fatto, senza rimpianti e senza recriminazioni di sorta.

Eppure, se nel quotidiano ci guardiamo intorno, ci accorgiamo – per ironia della sorte – che i più accesi focolai politico-militari continuano ad imperversare in regioni i cui destini vennero stabiliti durante la Prima guerra mondiale o nelle dibattute sedute della successiva Conferenza di Parigi. Lungo la Senna si completarono gli esiti del conflitto, stilando ben quattro trattati di pace: uno per ciascuna delle Potenze interessate, uscite sconfitte dalle cruente trincee.

Volgendo la nostra attenzione sui Balcani, sul Vicino Oriente, sul Caucaso e in Ucraina, con prudente giudizio possiamo osservare che il mondo che è uscito dal quinquennio 1914-1918 non fu proprio il «migliore di quelli possibili». Né tantomeno quella, che venne combattuta in sede planetaria, non può a posteriori essere definita «la guerra per far finire tutte le guerre», tanto per usare due aforismi cari all'eccentrico presidente americano Thomas Woodrow Wilson. Anche perché gli effetti di quel conflitto furono nefasti e rigogliosi negli anni a venire, quasi quanto i fiumi di sangue imbevuti nelle zolle dei campi di battaglia.

Le conseguenze della Grande Guerra indussero eserciti e popoli a disintegrare quattro imperi (il *Reich* tedesco, l'austro-ungarico, lo zarista e l'ottomano); scatenarono una rivoluzione totalitaria in Russia con relativa guerra civile; comportarono lotte macro-regionali in Polonia, in Ucraina, in Anatolia, in Palestina e in Cina; indussero il degrado delle finanze dei Paesi e l'indebitamento dei mercati internazionali, condannando tra l'altro la democratica Repubblica di Weimar al tracollo economico e politico; crearono dittature in Italia, in Austria, in Germania, in Grecia e in Spagna, in quest'ultimo caso dopo una sanguinosa guerra intestina; favorirono dispute diplomatiche ai quattro capi della Terra. Come se non bastasse, dopo tutto ciò, infine, ad appena venti anni dalla conclusione del conflitto mondiale, l'umanità cadde vittima di una nuova guerra, ancora più catastrofica di quella conclusasi nel 1918.

In questa logica di riflessione, senza tuttavia avere nessuna pretesa scientifica e senza sperare che ciò possa portare a risolvere le tragedie causate ed ereditate dalla Grande Guerra, nasce l'idea di questo racconto immaginario. La maggior parte dei protagonisti contenuti in esso sono veramente esistiti e la maggior parte di loro ricopre i ruoli che ha incarnato nella realtà, quanto meno all'inizio di questa narrazione. Eppure, molto cambierà quando, per il bizzarro volgere del destino, la direzione degli eventi fantastici muterà anche di poco rispetto ai fatti, che ciascuno ha letto o studiato sui libri di Storia.

Offrendo all'Autore l'opportunità di enunciare una frivola citazione cinematografica, il «continuum spazio-temporale è stato interrotto, creando questa nuova temporale sequenza di eventi risultante in questa realtà alternativa».[1] Il seguente racconto è quindi stato realizzato con l'unico spirito di costruire una serie di avvenimenti immaginari, un esercizio puro e semplice di mimesi teatrale, in cui si mette in scena una delle più grandi tragedie dell'umanità. In quanto plagio paradossale della realtà non ci sono dunque buoni o cattivi. Come nella Storia vera, agiscono solo uomini e donne che prendono decisioni, lottano, soccombono, vivono e

---

[1] *Ritorno al futuro – Parte II* di R. Zemeckis, 1989.

muoiono. Come nella migliore tradizione delle problematiche scelte politiche, l'epilogo sarà inaspettato, ma semplice nel suo manicheismo imperante. Dato che la Storia la scrivono sempre i vincitori, anche qui i perdenti saranno, per forza di cose, quanto meno criminali oltre che i principali, se non esclusivi, responsabili di quanto accaduto.

La narrazione è molto ricca di elementi, adatta a più livelli di lettura. Questo libro è consigliato a chiunque abbia in vita sua sfogliato almeno una volta il resoconto storico della Prima guerra mondiale, però con due annotazioni: non si prenda per vera e autentica ogni cosa scritta e si sappia saper ridere di tutti quei fatti e personaggi, che alla rovescia guidarono l'Europa e il Mondo in una irragionevole guerra, portatrice di lutti e devastazioni come mai accaduto fino ad allora.

Qualcuno forse arriccerà il naso per tutte le irriverenti e scanzonate trovate dell'Autore. Nel suo racconto tra il serio e il faceto utilizza sovrani, ministri e generali come obbedienti marionette in una grottesca sceneggiata d'altri tempi. Per tutti gli altri lettori buon divertimento, magari immaginando – anche per conto proprio – cosa sarebbe veramente accaduto se invece di Francesco Ferdinando d'Asburgo quello colpito a morte, a seguito di un attentato nel 1914 fosse stato il principe ereditario inglese Edoardo di *Sassonia-Coburgo-Gotha*, magari per mano di uno sconosciuto pittore austriaco di nome Adolf Hitler.

In fondo – tanto per fare un esempio concreto – il reale proclama presentato da Vittorio Emanuele III alle sue Forze Armate al momento della dichiarazione di guerra, in questa narrazione riportato in forma integrale e autentica, nella sua estrema astrattezza,[2] poteva valere sia se si fosse andati a combattere contro l'Austria-Ungheria, sia contro la Francia o la Gran Bretagna, sia infine contro la Santa Sede!

---

[2] M. Isenghi, *Le guerre degli Italiani. Parole, immagini, ricordi 1848-1945*, Bologna 2005, p. 73.

# Nota dell'Autore

Questa storia è frutto di fantasia dell'Autore. Il riferimento a soggetti realmente esistiti come persone, movimenti e partiti politici, istituzioni statali o locali, religiose, culturali, società commerciali o industriali, opere tecniche o d'intelletto va letto nella chiave della finzione e della licenza narrativa. Non vuole rappresentare un'indagine inedita, revisionistica o scandalistica sugli stessi, né tantomeno un giudizio sui medesimi o sul loro operato.

La scelta di utilizzare nomi veri (quindi noti ai più) è dipesa dall'unica volontà di proporre in modo accessibile e intuitivo per chi legge gli eventi da capovolgere, che si susseguirono in quegli agitati anni di guerra. Scrivere che «Gandhi era un guerrafondaio» – nella propria evidente e annunciata deformazione – non solo rende meglio nella sua assurdità di «Mario Rossi era un guerrafondaio», ma facilita pure l'alternativo sviluppo narrativo, dovendo esso ricollegarsi almeno nelle linee generali alla Storia reale precedente ai fatti qui esposti.

Nella logica "alla rovescia" prescelta dall'Autore molto spesso, quindi, i carnefici e le vittime, gli invasori e gli invasi, i vincitori e i vinti sono invertiti rispetto a quel che è avvenuto nella realtà. In ciò non si è voluto dare un significato diverso da quello di raccontare qualcosa di goliardico e farsesco, sperando che nessuno per questo possa trovare offesa o fastidio.

Nelle intenzioni dell'Autore la violenza va comunque biasimata e condannata, da qualsiasi parte essa abbia origine o sviluppo. Eventuali riferimenti in questa storia ad atti contrari ai valori umanitari (di pace, di salvaguardia della vita e delle proprietà altrui collettive o individuali, di pari condizioni tra sessi, etnie, religioni e popoli) hanno come unico scopo quello di sviluppare una narrazione immaginaria, per questo non auspicabile in nessun luogo e in nessun tempo.

*Le potenze internazionali si dividono la Cina*

# Introduzione

Il secolo XX si era aperto con uno scenario sociale fluido e non ben definito. Variegati movimenti riformisti o rivoluzionari avevano fatto rimbombare un po' ovunque sommosse o schioppettate, ma ancora in ogni Paese le teste coronate sembravano intoccabili sotto l'alea della loro regalità e sacralità. Nel Vecchio continente solo a Parigi un capo di Stato borghese vestiva la cravatta con la giacca a doppio petto e doveva il suo incarico a un suffragio popolare. Altrove regnava ancora la «grazia di Dio» e una non ben decifrabile «volontà della Nazione».

Tutti i Paesi europei e di massima anche quelli degli altri continenti vivevano poi in una tranquilla pace. Tuttavia in ogni frangente si annidavano possibili incrinature repentine e pericolose di natura etnica, religiosa o diplomatica. Gli Stati Uniti, infliggendo due sonore sconfitte al Messico e alla Spagna, avevano rafforzato il loro predominio nel contesto americano e del Pacifico meridionale, guardando con sottile indifferenza le altre aree geo-politiche. Viceversa in Europa, nel Mediterraneo e in Asia molti attriti non sopiti offrivano spunto per ricorrenti recriminazioni.

Nel 1905 la Russia cadeva rovinosamente sotto i colpi del Giappone, divenuta potenza dominante in

Oriente, beneficiando anche delle disgrazie del dirimpettaio decrepito Impero cinese dei Manciù. Quel che in Asia si andava cristallizzando, in Europa invece faceva aumentare la temperatura. Un certo equilibrio rendeva le cose ancora più pericolose, perché nessuno poteva o voleva fare la prima mossa, nonostante le pedine fossero tutte posizionate in modo da non trovarsi impreparate in caso di crisi. L'Europa sudorientale, coacervo di stratificazioni etniche, religiose e nazionali, rappresentava una polveriera in balia degli eventi, a mezza strada tra gli interessi dell'Austria-Ungheria, dell'Impero ottomano e della Russia. Le ambizioni degli Zar, ormai decadenti in Asia orientale e centrale, speravano nella possibilità di ottenere uno sbocco almeno nel Mediterraneo.

Altri contrasti si annidavano invece tra Francia e Germania, per via delle regioni occupate dai tedeschi nel 1871, e tra questi ultimi e la Gran Bretagna in campo marittimo e coloniale. Le crisi marocchina e balcaniche avevano acutizzato questi scontri latenti, non certo li avevano attenuati. Alla fine del primo decennio del secolo, quando l'Italia già si preparava alla guerra contro Costantinopoli per strapparle quell'ultimo miraggio di potere incontrastato nel Mediterraneo, l'Europa era suddivisa in due blocchi. Essi non erano monolitici, ma quanto meno indicativi di come una lieve vibrazione in un punto del continente avrebbe potuto far sprofondare l'intero pianeta in un baratro impressionante.

Da una parte vi era la Triplice Alleanza, formazione difensiva, nata dalla volontà del cancelliere tedesco Otto von Bismarck nel 1882 per mantenere inalterata l'equilibrata stabilità europea. Con gli anni e con le rinegoziazioni della stessa, i paesi aderenti (Germania, Austria-Ungheria e Italia) influenzarono in modo spregiudicato questo spirito, offrendo svariate occasioni in cui i loro appetiti territoriali potessero implicare il futuro degli altri. Del resto, a parte la zona compresa tra l'Adriatico e le Alpi, contesa tra Roma e Vienna, tutti i rimanenti scenari erano complementari tra le tre alleate e anche le possibili riserve tra i Savoia e gli Asburgo sembravano trovare un compromesso in vantaggi per entrambi gli Stati. Non a caso il 13 giugno 1913 si era arrivati a un articolato accordo navale tra i rispettivi Governi, incentrato su una prolifica collaborazione tra le flotte. Questa si inseriva poi nelle complessive intese militari tra gli Stati Maggiori della Triplice Alleanza, concretizzate nel corso del 1913.

Di diverso spessore era la situazione della cosiddetta Triplice Intesa, aggregazione difensiva formatasi con gli anni da tre distinti legami bilaterali intercorsi tra Francia, Gran Bretagna e Russia. Anche in questo caso, a fronte di compromessi su alcune pendenze nei contesti africani e asiatici, le singole ambizioni erano integrative e quindi favorevoli a un minimo comune denominatore: ridimensionamento delle ambizioni degli Imperi centrali.

Solo apparentemente fuori dagli schieramenti ufficiali vi erano la Sublime Porta e il Giappone. Rispettivamente collocabili in un misero declino per la prima e in una rapida ascesa per il secondo, condivano, se non bastasse, la già intrigata "Macedonia" gastronomica e geografica servita alla tavola diplomatica delle Nazioni.

La guerra italo-turca e le due guerre balcaniche, nel biennio 1911-1913, rappresentarono infine l'apice di questo periodo, in cui le ripicche e gli odi sottaciuti divenivano sempre più espliciti e diretti. Il rapido ricorso alle ostilità e i continui giri di valzer nel contesto balcanico non potevano che far sentire il loro fragore anche nelle regioni più remote degli imperi coloniali. Sia il tedesco Guglielmo II che l'inglese Giorgio V sembravano interessarsi oltre misura a questi accadimenti, solo in apparenza distanti dalle loro priorità extraeuropee e commerciali.

La Sublime Porta, umiliata su più fronti senza che la sua recente amicizia con la Germania le fosse venuta in aiuto, decise di farsi corteggiare ora dagli inglesi e dai russi. Nel frattempo, pur di non far scollare dall'interno la Triplice Alleanza, il *Reich* rinsaldò i suoi legami politico-militari in chiave antifrancese con l'Italia, anche grazie alla germanofilia del capo di Stato Maggiore Alberto Pollio.

Con questi preoccupanti presupposti era quindi per davvero imminente una guerra generale o piuttosto gli storici successivi si sono basati su calcoli e analisi in retrospettiva, pur di avvalorare la tesi dell'inevitabilità di un conflitto fatale e desiderato da tutti? Era dato per certo che il precario equilibrio venisse mantenuto in piedi solo dalla volontà e dall'interesse delle grandi potenze europee? In questo caso chi avrebbe fatto la prima mossa? Quale sarebbe stato il pretesto per appiccare l'immane incendio? Proprio tutti i Paesi avrebbero mantenuto fede ai loro obblighi diplomatici e quanti invece li avrebbero esasperati pur di trovare soddisfazione nei propri decennali risentimenti?

Questi e molti altri interrogativi si risolsero con lo scoppio di un nuovo conflitto. Per la sua importanza ed estensione venne chiamato "Guerra Grande". Buona lettura!

*L'Europa del 1914*

# Morire per «Londonderry»

Questa storia prese avvio in un nuvoloso e freddo giovedì 5 marzo 1914. L'erede al trono britannico Edoardo di *Sassonia-Coburgo-Gotha* era atteso in visita nella città dell'Ulster denominata dagli inglesi «Londonderry», capoluogo della contea omonima. Era un giovane dalle belle speranze, molto colto, amato dalle donne e sempre attento alle varie questioni politiche e sociali più sentite presso il suo popolo. Tuttavia l'inesperienza e la necessità, anche per lui, di attendere il proprio turno a Corte, imponevano un cammino ancora tortuoso e lungo prima di poter ereditare il potere derivante dalla dinastia. Egli, come nipote del compianto sovrano Edoardo VII e figlio del re Giorgio V, avrebbe alla morte del padre cinto la corona anglosassone. Essa univa a sé l'immenso Impero, esteso sui cinque continenti, la cui potente flotta mercantile e militare imperversava su tutti i mari e gli oceani della Terra. Come duca di Cornovaglia e di Rothesay e poi come principe di Galles, il giovane rampollo era stato educato sin da piccolo a seguire le orme dei padri, frequentando prestigiosi collegi della *Royal Navy*. Nella migliore tradizione aristocratica, tra l'altro di origine germanica, non poteva non essere un uomo in divisa.

Comandante di soldati e poi sovrano di sudditi, doveva essere capace di trascinare le schiere in combattimento, prima delle folle nella gestione dello Stato.

*Edoardo principe di Galles*

A chi gli chiedeva spiegazioni su una sua eventuale futura condotta militare, rispondeva in modo perentorio: «Il buon Dio e la dinastia mi hanno concesso una spada. Mio dovere è usarla senza esitazione per il bene della Patria e della Nazione». Aveva solide basi, anche se ancora immaturo per poter discernere il bene dal male. L'austero pendolo della Storia non gli avrebbe offerto il tempo di raggiungere i buoni propositi, che un po' tutti si aspettavano dal giovane rampollo. Il padre non mancava occasione di infondere in lui una severa disciplina, anche a costo di rendergli la vita difficile, poco comoda, al limite della sopportazione fisica e intellettuale. La priorità era lo Stato, cosa poco appetibile per un giovane ricco e famoso, incline, come l'età avrebbe imposto, ai piaceri della vita e al desiderio di trascorrere in letizia gli anni prima della piena maturità.

All'età di venti anni una serie di importanti appuntamenti ai quattro angoli dei domini britannici sembrava infatti l'occasione ideale per renderlo vicino alla gente e farlo apprezzare dai suoi futuri sudditi. Avrebbe ricalcato i viaggi di protocollo svolti dai genitori al momento della morte della regina Vittoria nel 1901 e dell'incoronazione del padre Giorgio nel 1910.

La tappa più importante di questo itinerario propagandistico sarebbe stato il capoluogo dell'Ulster occidentale: Londonderry. Per sortire l'effetto sperato, la visita in terra d'Irlanda fu preparata, curando tutti i particolari possibili. Il Governo di Sua Maestà doveva creare il palcoscenico ideale per rendere l'occasione una solennità di popolo, prima che un evento istituzionale, protocollare e ridondante nelle sue sontuose cerimonie di Stato. Fu subito indetto uno speciale giorno festivo in onore di San Columba di Iona, patrono locale, a cui pochi giorni prima – come per magia – si attribuì un'apparizione miracolosa. La statua raffigurante il santo sarebbe stata esposta per i fedeli nel porticato della piazza comunale, proprio nel bel mezzo dell'itinerario destinato alla visita di Edoardo. Vennero poi promessi compensi in denaro per chi avesse partecipato all'acclamazione del corteo principesco; furono distribuite bandiere nazionali ai bambini e ai ragazzi; fu organizzato un concorso con premio in sterline sonanti, tra le donzelle abbigliate con i costumi tipici della zona. Tutto questo repertorio, tipico di una sagra paesana, avrebbe così garantito il meglio possibile nel controverso rapporto tra Casa reale e sudditi irlandesi.

Per l'occasione venne persino chiusa l'unica distrazione laica, che esisteva in città. Il cinematografo locale presentava in cartello una stralunata pellicola americana, uscita poche settimane prima: *Sua maestà lo spaventapasseri di Oz* di Joseph Farrell MacDonald. Una commedia fantastica incentrata sulle alterne vicissitudini di una giovinetta del Kansas, catapultata in un mondo chimerico, popolato da improbabili personaggi fiabeschi. L'ingiustificata serrata del locale venne sapientemente occultata dalla simultanea promessa del proprietario di offrire quella stessa sera una pinta di birra a tutti i mancati spettatori. L'occasione era il festeggiamento del fidanzamento del suo primogenito con una smaliziata e giunonica figliola di un paese vicino. In realtà era stato un emissario governativo a foraggiare l'operazione. A fronte di un'ingente somma di denaro, la citata giovane donna si concesse con così tanta interessata disponibilità all'ingenuo figlio del padrone della sala di proiezione, che fino ad allora aveva riscosso tanto interesse da parte delle donne, quante ne può avere l'acqua improvvisa per un gatto.

Secondo gli organizzatori la visita del principe non poteva che essere un successo, quanto meno in termini propagandistici in Patria e all'estero. Erano stati promessi soldi, alcol, divertimento, misticismo e baldoria. Mancava solo il sangue e pure quello purtroppo non sarebbe mancato. Infatti, mentre tutti gli accorgimenti venivano studiati per risultare graditi alla popolazione minuta, la preparazione dell'evento si andava sviluppando in maniera del tutto irresponsabile. La data prescelta cadeva nel giorno di nascita del re Enrico II Plantageneto, conquistatore dell'Irlanda: un affronto all'irredentismo dell'isola gaelica. Anche la città prescelta, oggetto di lunghe disquisizioni onomastiche, per i cattolici locali era irriducibilmente chiamata «Derry» e questi aborrivano quando al suo toponimo originale veniva posto come prefisso il nome della capitale britannica.

Durante i secoli erano state numerose le occasioni in cui la nazionalità irlandese aveva mostrato impeto e desiderio di rivalsa su quella dominatrice inglese. Mai come il periodo della "grande carestia" tra il 1845 e il 1849 fu indicativo in tal senso. L'economia e la cittadinanza dell'isola risentirono dell'evento fin a vedersi decimare i propri raccolti e creare un malessere materiale e sociale impareggiabile. Buona parte della popolazione ne fu vittima, mentre molti altri emigrarono, prefigurando il peggio. La tragedia portò a confermare che la sottomissione britannica fosse la prima causa d'agitazione degli irlandesi. Il Governo centrale era stato indifferente e abulico nel prevenire la calamità. Divenne così oggetto della più grande riprovazione nei decenni a venire. Un abitante di Belfast non vedeva nell'omologo di Londra un suo pari, ma semplicemente un prezzolato profittatore, che si stava arricchendo senza misura sulle spalle di misere popolazioni a lui assoggettate. Piuttosto il primo avrebbe trovato più affinità con un bengalese, un cingalese o un boero, anziché con un meschino e miscredente inglese. L'Irlanda voleva imitare il Belgio, che, dopo un lungo periodo di asservimento spagnolo, austriaco e francese, aveva ottenuto la piena indipendenza politica e sociale. Per creare un nuovo Stato, l'unica alternativa alla guerra era il terrorismo, espediente tanto tragico, quanto irrimediabilmente irreversibile. Secondo lo stesso diritto divino – reinterpretato nei secoli da giuristi, filosofi e religiosi – il regicidio era l'unica arma che i popoli vessati avevano per ristabilire il vero autentico potere della libertà universale. Fanatici e mistici avrebbero colto ogni occasione buona, pur di applicare tale teoria, tanto salvifica quanto inarrestabile. La mano dell'uomo avrebbe sostituito quella di Dio nel giorno del giudizio secolare? Secoli dopo l'arrivo dei monaci cristiani colonizzatori, Derry sarebbe divenuta quindi luogo di passaggio per i cavalieri dell'Apocalisse?

Ecco, quindi, tutti i presupposti per un evento provocatorio, quello della visita di Edoardo. Ciò non era tanto sottovalutato dalla Corona britannica, ma piuttosto voluto come occasione per imporre ancora una volta il pugno di ferro in guanto di velluto contro le popolazioni dell'arcipelago britannico. Esse erano considerate troppo spesso refrattarie all'operazione, iniziata a partire dal 1603, alla morte di Elisabetta I *Tudor*, di rendere il territorio a nord della Manica come un Regno Unito sottoposto al potere accentratore di Londra. Il motto irlandese fino ad allora recitava «*Quis separabit?*».[3] In quei frangenti era da intendersi per la Gran Bretagna come una domanda retorica o un invito a temere il peggio?

Elementi culturali, religiosi e sociali condivano ancora di più il precario esito della visita. Proprio

---

[3] «Chi ci separerà?»

nell'isola d'Irlanda alcune formazioni cattoliche tedesche si andavano organizzando, affinché i rapaci artigli dell'Impero inglese potessero essere recisi proprio a partire dall'ambiente domestico e di lì, quasi come un gioco di sponda, per tutto l'intero pianeta. Prendendo a spunto ideali messianici e socialisteggianti, solo la simultanea vittoria dei più deboli sui più facoltosi avrebbe garantito piena libertà e diritti per tutti i popoli fratelli della Terra, in un mondo di uguali e non più oppressi.

Per ironia della sorte i regnanti inglesi della famiglia *Sassonia-Coburgo-Gotha* erano di origine germanica. Ciò, tuttavia, risultava piuttosto un'aggravante per un gruppo di scellerati mitteleuropei, poco propensi alla diplomazia e al tatto nazional-dinastico, che gravitavano intorno all'irredentismo irlandese come risposta allo strapotere planetario britannico. A loro in fondo non interessava un'Irlanda libera, ma un focolaio di irredentismo fulgido e ardente, pronto a bruciare il ridente splendore del *Commonwealth*.

Con queste intrigate premesse l'epilogo della visita non poteva che essere tragico. Un manipolo di anarchici bavaresi, emissari della società segreta messianica *Katholischen Welt*,[4] organizzò l'attentato, che fu fatale per Edoardo. Il principe fu centrato alla giugulare e morì dissanguato. Dopo alcuni tentativi andati a male di altri terroristi tedeschi quella mattina, il rampollo

---

[4] Mondo cattolico.

cadde sotto i colpi di un pittore austriaco, naturalizzato tedesco, Adolf Hitler. Arruolato da tre mesi nell'organizzazione cattolica, era già ricercato dalle polizie di Gran Bretagna e Francia per alcuni atti minori di sabotaggio nelle settimane precedenti a questo sconvolgente colpo messo a segno.

La sera prima dell'attentato, come atto di caricamento, egli aveva consumato i suoi primitivi appetiti carnali nel peggior bordello della città. Pagò la prestazione con i proventi di una rapina perpetrata poche ore prima, ai danni di un ignaro viandante venuto a rendere omaggio all'esposizione della statua del Santo protettore. Annebbiato quindi dalla tanta birra tracannata, Hitler iniziò pure ad urinare nella fontana dinnanzi al palazzo municipale, perdendosi quindi nei vicoli urbani. Era ciondolante e lercio fino all'inverosimile. Non contento delle sue rivoltanti azioni, compiute o solo ancora progettate, una volta risvegliatosi dentro un porcile, di prima mattina fece sua un'anziana contadina indifesa, che andava verso i campi. La donna, esangue e priva di forza fisica e morale, venne poi abbandonata in agonia lungo il letto di un fiumicello ai confini dell'abitato con la testa rivolta verso il corso d'acqua. Visti gli accadimenti delle ore successive, nessuno si preoccupò della sua assenza e per questo la vecchia morì per annegamento durante il corso della giornata.

Descritto il suo schizofrenico operato, si capisce come Hitler fosse l'archetipo dell'attentatore suicida: figlio di un bastardo, cresciuto in una realtà familiare problematica, studente e artista incompreso, smanioso di dimostrare le sue doti e infervorato da ideali mistici e scriteriati. Per di più era ossessionato da tutti coloro che erano avversi al suo concetto di spiritualità religiosa: un frammisto di credenze esoteriche, superstizioni primitive e riti magici a sfondo sessuale. In modo semplicistico poteva essere definito un maniaco reietto, un disadattato sociale, un rinnegato da tutti e da tutto. In realtà covava dentro di sé tutto il potenziale esplosivo, che le idee somatizzate possono far scattare nei momenti più imprevisti. É certo che non fosse in modo pieno cosciente della gravità del suo gesto. Tuttavia, ciò non lo scagiona da responsabilità ineguagliabili. Non poteva prevedere che il 5 marzo 1914 avrebbe condannato il pianeta – in una sorta di idi cesaree anticipate – a sprofondare in un baratro senza precedenti. Doveva immaginare dunque la possibilità che l'evento non sarebbe rimasto circoscritto alle sole isole britanniche. La dinamica di un omicidio diveniva quindi lo snodo della storia dell'intera umanità. I suoi spari furono da principio uditi solo tra la folla radunata intorno al carro principesco; non sarebbero passati due mesi che il mondo ne avrebbe sentito il rimbombo amplificato. Alla fine della guerra milioni di anime avrebbero gridato addosso a lui nei gironi dell'Inferno; altrettante vedove, orfani e parenti di uccisi in guerra avrebbero rivolto, senza conoscerlo direttamente, contro di lui le peggiori maledizioni, che si possono immaginare.

Nonostante queste posteriori e (*ahinoi!*) tardive considerazioni, la missione oltremare della *Katholischen Welt* era stata ben pianificata, dovendo l'organizzazione premunirsi dalle inevitabili misure di sicurezza inglesi, che tuttavia si rivelarono un autentico colabrodo. Nessun poliziotto, militare di scorta, servitore, paggio o semplice ignaro spettatore fu capace di fermare l'assassino, durante i sincopati secondi dell'attentato. Nonostante il sudore ne avvolgesse le tempie e la mano tremante rendeva il bersaglio incerto, Hitler si trasformò da inutile omuncolo in trasferta a protagonista indiscusso della Storia mondiale.

L'azione fu coronata da successo per una serie di fortuiti accadimenti, oltre al fatto che va riconosciuta un'articolata capacità di pianificazione ai membri dell'organizzazione rivoluzionaria. Vinse alla fine il dilettantismo professionale di gente che – alla ricerca del proprio senso esistenziale – nell'autoimmolazione aveva solo che da guadagnare. Non avendo la certezza di poter contare su un valido appoggio locale, gli anarchici tedeschi portarono tutto l'armamentario direttamente da Monaco di Baviera, loro quartier generale. Per di più il tortuoso viaggio, che toccò Strasburgo, Bruxelles, Calais, Londra, Liverpool, finalizzato a raccogliere finanziamenti e informazioni utili per l'intera operazione, non venne intercettato dalle varie polizie, per le quali gli emissari erano – se non altro – segnalati come indesiderabili.

In tale clima il colpo non poteva che avere successo. La *Katholischen Welt* era, tra l'altro, accreditata presso la Santa Sede, tramite i buoni offici del vescovo austriaco Andreas Frühwirth, nunzio apostolico in Germania e predestinato da quel momento a condizionare la politica internazionale del futuro e – ormai quasi – irreversibile conflitto.

*Il cardinale Andreas Frühwirth*

Oltre ad Edoardo, in quell'occasione perse la vita un militare di scorta, mentre un passante locale fu colpito a un braccio. Mai nella storia degli attentati, come in quell'occasione, la vittima prima di esalare l'ultimo poco fiato che aveva in corpo, avrebbe avuto il tempo di guardare negli occhi l'omicida e rivolgergli una flebile invocazione di pietà: «Oh mio Dio, era necessario tutto questo?» Per ironia della sorte, Hitler non avrebbe capito quella frase, ma il fatto di aver invocato l'Onnipotente, avrebbe suscitato in lui il rispetto di un uomo, che riconosceva la propria individuale mortalità.

La folla, intervenuta allo sfilamento principesco, accalcata sul cadavere del giovane rampollo creò un certo ritardo al ripristino dell'ordine pubblico. Gli attentatori poterono così senza grosse difficoltà imbarcarsi in clandestinità su una nave portoghese e riparare prima verso il porto di Bordeaux, per poi raggiungere la loro Patria, tramite la Svizzera in treno. Il solito Hitler, ubriaco di gioia e di alcol, arrivò a destinazione solo perché sorretto di peso dai suoi compari, per nulla intenzionato a mantenere l'anonimato delle proprie azioni. In più di un'occasione gli altri attentatori lo frenarono da altre azioni sconsiderate contro privati cittadini, eventi che di sicuro avrebbero moltiplicato i braccatori alle loro costole. Solo raggiunto il confine degli Imperi centrali, gli attentatori in trasferta si poterono sentire salvi, ormai sicuri di non poter più rischiare il collo per quanto compiuto. Almeno per il momento…

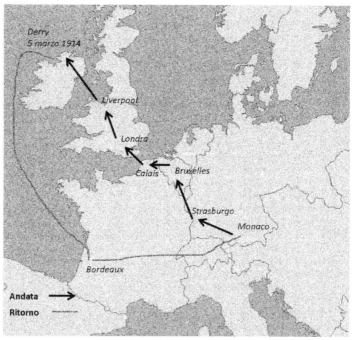

*Viaggio di andata e di ritorno dei terroristi della Ka-
tholischen Welt*

Nel frattempo, la notizia dell'attentato in terra d'Irlanda, sconvolse l'Inghilterra, ma non il resto d'Europa. All'apparenza, nulla indicava che la Storia del
mondo stesse entrando in una di quelle cesure epocali,
cui seguono cambiamenti tanto repentini quanto irre-
versibili. Edoardo, con il suo carattere in fondo ribelle
e anticonvenzionale, appassionato, nonostante la giovane età, nel corteggiare donne già sposate, non era
troppo apprezzato o stimato fuori dai confini nazionali.

34

Dai popoli europei non era forse neppure conosciuto. In quella primavera del 1914 i problemi che affliggevano le società continentali erano: la fine di un inverno particolarmente rigido, economie in ristagno ed epidemie, che colpivano a macchia di leopardo ampi strati di popolazioni minute.

Per questi motivi la cruenta morte del principe non impensierì le cancellerie e i gabinetti stranieri. A meridione della Manica né il contadino, né l'industriale avrebbero temuto alcun contraccolpo sulla pace generale tra le Nazioni. A Pietrogrado, come a Roma o Costantinopoli alcuno si impensierì del sangue versato a Derry. Nessuno si preoccupò di biasimare il sottobosco di sette e società semi segrete, che ritenevano ormai al collasso il sontuoso sistema d'equilibrio, instaurato ormai da decenni dal dorato dominio britannico. Al funerale del principe partecipò una relativa minoranza di rappresentanti politici stranieri, circostanza che portò il sovrano Giorgio in quei giorni a chiudersi in un isolamento privato, all'interno del proprio singolare e intimo cordoglio. La bara scarlatta, avvolta dal vessillo inglese, venne fatta trasportare in mezzo a una grigia City da un affusto di cannone, proveniente dalla battaglia di Waterloo. La preferenza per la bandiera bianca con croce rossa di San Giorgio in luogo della *Union Jack* voleva essere un'amara reazione verso chi non riconosceva la Corona britannica come la depositaria delle dinastie componenti il Regno Unito. La sepoltura del principe avvenne in forma pubblica, all'interno di Hyde Park, dove sarebbe stato fatto costruire un lugubre memoriale inneggiante le glorie dei Windsor. Non esiste maledizione peggiore che seppellire un figlio, a maggior ragione nell'impotenza di non avere la possibilità di trovare una spiegazione logica a quella morte.

Quel che sembrava agli occhi dell'opinione pubblica internazionale come superabile, perché considerato un tragico, ma sopportabile incidente, fu invece interpretato da Londra come un gravissimo e pericoloso attacco alla propria stabilità. Il Regno risentiva di un diffuso malcontento da parte delle numerose minoranze esistente in corpo allo Stato. Per di più, l'evento sembrava ancora più nefasto, se abbinato ai diffusi sensi di insofferenza maturati a macchia di leopardo nell'intero Impero. Lo splendido isolazionismo britannico mostrava preoccupanti crepe e l'assassinio del principe evidenziò le fratture esistenti in una società che della potenza vittoriana aveva solo un flebile e nostalgico ricordo. Ai contemporanei le bianche scogliere di Dover non sembravano più quel temibile valico insuperabile, che aveva fermato l'*Armada Invencible* nel Cinquecento e il rullo compressore napoleonico appena un secolo prima.

In un clima confuso e poco rassicurante, il primo ministro liberale Herbert Henry Asquith si trovava tra due fuochi in Parlamento. Nell'imbarazzante situazione di assicurare il patibolo ai terroristi, al contempo non poteva trascinare il Paese in rotta di collisione all'interno con le autorità irlandesi e all'esterno con quelle tedesche, entrambe implicate quanto meno da esterne all'attentato del principe. Il popolo non avrebbe accettato di buon grado una guerra innaturale allo spirito britannico, ma ancora peggio avrebbe gradito di vedere senza conseguenze un affronto al cuore delle istituzioni nazionali. In Gran Bretagna i cattolici erano mal sopportati; sapere che loro affiliati si erano macchiati di così grave peccato, prima che fautori di un pericoloso attentato allo Stato, rivestiva una minaccia inaccettabile per ogni vero anglicano.

Non sapendo quindi come comportarsi, il Governo di Sua Maestà attese ben tre settimane prima di intervenire in modo serio sull'intera faccenda. In maniera confusa, sperando che una semplice nota diplomatica potesse rendere giustizia al torto subito, il sovrano in persona Giorgio V inoltrò, tramite l'ambasciatore inglese a Berlino, Edward Goschen, una richiesta molto ardita all'imperatore Guglielmo II. Il primo sperava che l'omologo germanico acconsentisse che un gruppo di investigatori di Scotland Yard potesse essere ammesso in Baviera e operare delle indagini per consegnare alla giustizia britannica i colpevoli del volgare attentato.

La richiesta venne subito presa sottogamba dal Governo tedesco dello scialbo cancelliere Theobald von

Bethmann-Hollweg, ritenendo una sua eventuale accettazione come una concessione di sovranità a un Paese straniero sul proprio territorio. Il legittimo orgoglio di Berlino divenne puro e fanatico sciovinismo, per una Nazione che della propria autarchia aveva fatto bandiera. Le istituzioni tedesche non erano interessate a difendere l'esagitato gruppetto di cattolici attentatori, ma si appropriò della loro missione pur di mettere in imbarazzo e alle corde psicologiche l'esecutivo inglese, ritenuto a un passo dal tracollo politico in Patria e nel mondo. Del resto, non si sarebbe mai pensato che un rifiuto alle richieste britanniche avrebbe scatenato complicazioni compromettenti, tanto da trascinare l'Europa in guerra. Secondo i ragionamenti tedeschi la crisi di Fascioda nel 1898[5] – quando i rapporti tra Londra e

---

[5] Fascioda (o Fashoda), località del Sudan sull'alto corso del Nilo, nell'autunno del 1898 fu il teatro di un incidente diplomatico, intercorso tra due guarnigioni militari francese e britannica, incaricate entrambe di occupare la zona per i propri rispettivi eserciti coloniali. Parigi aveva come obiettivo di unire orizzontalmente da **Occidente e Oriente** i propri possedimenti africani, che partivano dal Senegal sull'Atlantico e arrivavano fino alla baia di Gibuti sull'Oceano indiano. Londra invece era interessata alla direttrice verticale, da Suez fino alla colonia del Capo. Come crocevia di opposti imperialismi, l'evento fu da principio letto come grave di rischio di frizione internazionale tra i due Paesi. **Tuttavia,** la pacatezza del Governo francese, assecondando le mire inglesi, produsse una radicale successiva distensione tra i rispettivi

Parigi erano stati sul filo del rasoio per ragioni coloniali – era stata un ottimo precedente, per sondare le possibili intenzioni degli inglesi. All'epoca tutto rientrò per timore di creare pericolosi terremoti in casa propria e i francesi ne furono ben lieti. Simile ragionamento era stato il frutto dell'esito di ripiego voluto dai tedeschi in concomitanza con le crisi marocchine nel 1905 e nel 1911. Oltre Manica chi avrebbe voluto nel 1914 una guerra per così futili motivi, per altro senza alleanze sostanziali, nella migliore tradizione inglese?

La Storia recente lo aveva dimostrato: fino ad allora il Regno Unito era sempre stato refrattario a impegnarsi in accordi vincolanti con questo o quel Paese continentale. Non voleva essere membro di un club esclusivo di natura politica o diplomatica, dove vigevano delle regole ferree. Londra aveva sempre preferito giocare su più tavoli, bluffando e barando all'occorrenza, senza aver necessità di giustificare il proprio operato con nessuno. Ora però la sua baldanza si sarebbe trasformata in debolezza, qualora la Germania avesse confermato il suo intento di sminuire il dramma consumato nell'Ulster.

La notizia della pretesa britannica, tra l'altro, innervosì Guglielmo II, già di suo lunatico e irascibile. Il *Kaiser* si rese indisponibile persino a intavolare qualcosa di alternativo, pur di dimostrarsi chiuso alle ragioni di

---

popoli, tanto che nel giro di pochi anni si arrivò alla firma dell'amicizia anglo-francese.

Londra. In quei lunghissimi giorni l'Imperatore tedesco si rivelò per quel che era sul serio: un uomo complesso, ruvido all'esterno, ma fragile nell'intimo. La sua ferrea educazione militare diveniva una robusta clava da roteare a piacimento contro chiunque avesse messo in discussione la propria investitura nibelungica. Dietro la maschera coriacea e dal sapore amaro, Guglielmo sentiva il peso della fanatica dinastia e del buon nome della Prussia dominatrice. Per questo egli era sempre avvolto nella sua pesante e marziale uniforme di capo dei granatieri imperiali. A memoria dei più, da quando era divenuto *Kaiser* nessuno lo aveva mai visto in abiti borghesi e persino la moglie affermava che neanche a letto si togliesse da anni più gli stivali.

Il carattere impulsivo dell'Imperatore fu decisivo in questo frangente, tutto preso dal suo sogno di *Weltpolitik*,[6] incentrato sul completo sviluppo planetario della dominazione germanica. Dopo le sue numerose goffe

---

[6] Letteralmente «Politica mondiale». Dopo il periodo di pace bismarckiana in cui la Germania si sentiva appagata e sazia delle sue annessioni continentali, il sovrano Guglielmo prese il sopravvento nella politica estera del Paese. Per questo introdusse un programma imperiale e coloniale, che prevedeva l'impegno tedesco finalizzato a creare una serie di possedimenti extraeuropei e zone di influenza commerciale e marittima in Africa, in Asia e in Oceania, andando quindi a rompere l'equilibrio mondiale istaurato dal precedente predominio britannico.

proposte d'alleanza antifrancese andate in fumo all'indirizzo degli inglesi, per una sorte di legge del contrappasso, ora egli riteneva l'annientamento della «perfida Albione» una priorità delle nazioni continentali. In tali circostanze l'orgoglio del *Kaiser* non poteva offrire il fianco a quelle fedifraghe civettuole britanniche, che ormai da dieci anni stavano flirtando senza pudore tra le due sponde della Manica. L'inevitabile sostegno che avrebbe rivolto ai cattolici irlandesi, continuando a provocare gli inglesi, non era per Guglielmo né spontaneo, né disinteressato. I suoi obiettivi politici ed economici erano ben altri. Berlino non chiedeva per partito preso un'Irlanda indipendente, battaglia nazionale e resistenziale assolutamente estranea e lontana dagli ardori bellicosi degli *Junker*. Eppure, magari perseguendo questo marginale obiettivo, egli avrebbe ottenuto in modo molto più spicciolo l'annichilimento completo dell'intoccabile Impero vittoriano, da troppo a lungo padrone degli oceani e dei mercati internazionali. Il matrimonio d'interesse tra Berlino e Dublino garantiva una buona e robusta figliolanza e una lucrosa dote, difficilmente reperibili celebrando potenziali altre nozze.

*Il Kaiser Guglielmo II*

É per questo che, nel capriccio di chiusura totale del *Kaiser*, in questo gioco delle parti non aiutò l'ormai decennale antagonismo marittimo, commerciale e coloniale, che divideva la Gran Bretagna e la Germania in mare aperto. Lo stesso *premier* sir Asquith non era riuscito negli ultimi anni nell'intento di creare tra i due Stati un'alleanza. Si era quindi rassegnato a un futuro incerto e a scaricare ai suoi successori politici il rischio di una guerra su scala europea in nome della rivalità navale tra i due Paesi.

In questo clima molto teso il primo che ne fece le spese fu proprio il *premier* liberale inglese, che aveva fatto della critica all'imperialismo e della possibilità di concedere l'autonomia all'Irlanda un'isolata bandiera. L'assassinio di Edoardo faceva franare la sua linea moderata di governo sia in politica interna che in quella estera. Solo alcuni circoli indipendentisti scozzesi – tendenzialmente apatici in faccende di politica estera – fecero fronte comune con Asquith, perché pensavano che una volta liberata l'Irlanda dal gioco britannico, anche Edimburgo avrebbe potuto imitarla nel breve periodo. Sempre secondo gli scozzesi, la rilassatezza persistente nelle istituzioni londinesi, meglio che una sanguinosa guerra, avrebbe favorito lo scollamento interno dell'ormai decrepito Regno Unito.

In modo assolutamente contrario, lungo il Tamigi i forti movimenti conservatori e nazionalistici, anche quelli che tradizionalmente erano vicini alla Germania, ora reclamavano la testa del capo dell'esecutivo, convinti che la moderazione era divenuta ormai fuori moda. In ultimo la casta militare, soprattutto quella borghese, poco facoltosa e scarsamente premiata dalle esperienze coloniali, intravedeva nell'inedita guerra contro la Germania l'occasione giusta per fare anch'essa carriera e coprirsi di gloria, senza necessità di doversi accollare lunghe e onerose permanenze oltremare.

Per tutti questi motivi il *premier* rassegnò le dimissioni il 31 marzo, creando una crisi di gabinetto, fautrice del definitivo crollo della pace europea. Era la vittoria dei falchi sulle colombe, volteggianti nei cieli plumbei sopra a Westminster. In quelle sincopate ore, chiamate mesi dopo "radiose giornate di marzo", la società britannica si sentì inorgoglita dagli sviluppi della possibile *escalation*. Allo stesso tempo si rendeva però conto di essere inidonea a uno sforzo così grave, come quello di uno scenario bellico. I cavalli purosangue, epifania di un certo clima spensierato vigente in Inghilterra, sarebbero stati all'altezza di passare dal trotto presso l'ippodromo di Ascot al tiro delle batterie di artiglieria verso il Reno?

Di fronte a questa congiuntura di stati d'animo il Sovrano inglese era deciso a vendicare senza esitazione la morte del suo primogenito. In tali frangenti poté capire a pieno ciò che suo padre, il francofilo Edoardo VII, gli aveva ricordato fino alla noia una volta di ritorno da un viaggio sulle rive della Senna nel maggio del 1903. Era l'epoca in cui i diplomatici inglesi guardavano ancora con un certo sospetto Parigi e con speranza Berlino. Così, quindi, il sessantunenne re si rivolse al figlio: «Ho parlato con Guglielmo II nel 1901 e l'incontro è stato per me di nefasta impressione. La Francia rischierebbe una guerra totale, ma solo per riprendersi la riva sinistra del Reno; la Germania invece non se ne farebbe scrupoli, pur di ottenere il mondo intero!»[7]

Il carattere baldanzoso e arrogante del *Kaiser*, per l'opinione pubblica britannica, era stato poi confermato dalla scabrosa intervista pubblicata il 28 ottobre 1908 sul *Daily Telegraph* in cui il goffo Guglielmo con l'intento di conquistare il consenso inglese, creò solo irritazione e repulsione oltre la Manica. Secondo la versione del Sovrano tedesco, i britannici erano passati da un impero formale a uno sostanziale, solo perché la Germania aveva operato un tacito patto di desistenza in Africa, da Suez al capo di Buona Speranza in favore dei cugini d'oltre Manica. Questa manifesta presunzione tedesca e la relativa convinzione che Londra fosse debitrice di Berlino per una serie di azioni politiche e militari ideate e volute dal *Reich* indispettirono oltre misura *Buckingham Palace* a tal punto da iniziare a

---

[7] Edoardo VII confermò la sua affezione per una possibile alleanza con i francesi, anche nella visita del luglio seguente del presidente Émile Loubet, dove lo stesso figlio Giorgio iniziò a comprendere gli effetti di quella che sarebbe stata l'*Entente Cordiale*, l'amicizia d'armi tra Londra e Parigi.

considerare il *Kaiser* un megalomane, un deviato, un despota incontinente da frenare il prima possibile.

Ecco quindi presentati tutti gli elementi chimici che, una volta miscelati insieme, rendevano come inevitabile nel 1914 una rottura netta e irreparabile tra i cugini Giorgio e Guglielmo. In sostanza Hitler era stato solo un apprendista stregone, in un esperimento alchimistico già pronto sul tavolo del laboratorio. Curioso che in quei mesi al Teatro nazionale berlinese andasse in scena l'opera di William Shakespeare *Le allegre comari di Windsor*, ribattezzata però per l'occorrenza *Le allegre comari di Sassonia-Coburgo-Gotha* e *Hohenzollern*, non avendo accettato la recente chiara volontà dei regnanti inglesi di troncare quel cordone ombelicale con i parenti sassoni.

Nonostante tutte queste aggravanti, favorevole all'idea di farla pagare cara al Governo tedesco, Giorgio V non poteva però alienarsi la maggioranza liberale in Parlamento. I Comuni avrebbero mal tollerato la possibilità di una guerra terrestre nel bel mezzo del continente europeo. Il Sovrano britannico aveva ritratto la sua figura politica come quella di un *pater familias*, che amministra le faccende dello Stato come se fosse un piccolo grande focolare. Non poteva quindi scadere in decisioni emotive e poco avvedute, costringendo il suo popolo a imboccare rischi sproporzionati. Già numerosi demagoghi da strada incitavano – contro evanescenti nemici stranieri – le folle in comizi improvvisati lungo l'allungato laghetto a serpente al centro di Hyde Park, solo a pochi passi dalla dimora mortale del principe Edoardo. Se ciò accadeva tra l'influenzabile popolino, nelle sedi istituzionali si ritenne necessario indirizzare con logica le menti, oltre che scaldare i cuori di semplice odio profondo.

Di conseguenza il Re scelse di creare un gabinetto di transizione liberal-conservatore, sperando in una dose di fiducia da parte dei rappresentanti dei Comuni. Offrì l'incarico a un politico di lungo corso e dalle chiare inclinazioni imperialiste, ma di fatto liberale: Joseph Chamberlain. Questi, che a cavallo tra i due secoli aveva tentato tutte le carte per stringere un'alleanza proprio con Berlino, ora per un rivolgimento d'intenti nutriva un odio viscerale per la potenza "navale" teutonica, che nel giro di dieci anni aveva messo in serio imbarazzo l'indiscusso primato britannico. Il nuovo *premier* però, molto anziano e malato, su indicazione del Sovrano, scelse come ministro degli Affari Esteri Arthur James Balfour e come ministro delle Colonie David Lloyd George, due incalliti uomini politici di formazione conservatrice. Il dicastero della Guerra fu assegnato al maresciallo Horatio Herbert Kitchener, veterano delle campagne coloniali e grande organizzatore militare. Servivano uomini di pensiero, ma che sapessero coniugare i propositi politici agli obiettivi pratici, anche perché le Forze Armate andavano plasmate in funzione dei nuovi scenari presenti sul continente europeo.

*Horatio Herbert Kitchener, il nuovo ministro britannico della Guerra*

Durante il dibattito alla Camera il nuovo gabinetto Chamberlain-Balfour ottenne i consensi necessari, non senza qualche accesa contestazione di politici di primo piano come il dimissionario Primo Lord dell'Ammiragliato, Winston Churchill. Questi, il 5 aprile, nella sua appassionata difesa della moderazione nell'arte del governo, auspicò un futuro incerto, qualora il Paese avesse imboccato delle scelte affrettate in politica estera a seguito dell'attentato. Egli non intendeva con questo fare sconti né ai terroristi, né alla Germania, di cui era stato avversario nelle crisi diplomatiche degli ultimi anni. Tuttavia, avrebbe declinato la superiorità britannica verso un integrato sistema economico di isolamento del *Reich*, rispetto a una drastica azione di forza. Il Regno Unito poteva contare su un modesto esercito sparso per l'Impero e su un'imbattibile Marina, ma non essendo provvista di ruote, come avrebbe scalfito l'agguerrita macchina bellica tedesca? Per di più l'edulcorata arringa di Churchill toccava le corde anche della fedeltà istituzionale alle Forze Armate. Era notizia di quei giorni che il nuovo ministero avrebbe liquidato il validissimo Primo Lord del Mare, comandante della *Royal Navy*, solo perché di origini tedesche: l'ammiraglio naturalizzato inglese Luigi di *Battenberg*.

Di opinione esattamente opposta era invece proprio il costituendo Governo. Secondo Balfour, *deus ex machina* dell'esecutivo, una mancata reazione di forza di Londra sarebbe stata interpretata come un'incapacità di reazione per tutti i popoli colonizzati e quindi la crepa per mettere in discussione un sistema monolitico e solido. Rispondendo al moderato Churchill, il ministro degli Esteri sentenziò: «Voi colombe a tutti i costi vorreste la pace al prezzo della vergogna? Se l'Inghilterra vi seguisse, avremmo comunque la guerra e la vergogna di avervi voluto seguire!»

La situazione fu aggravata, come pare chiaro, dalla provenienza dell'attentatore e della sua organizzazione, legati a doppio filo con l'irredentismo irlandese. Dublino stava cercando una madrina compiacente, che la facesse affrancare dalla matrigna Inghilterra e aveva trovato nei cattolici tedeschi degli alleati preziosi, contro la dominazione degli anglicani *Sassonia-Coburgo-Gotha*. Per questi, di origine teutonica, l'evento creava molti problemi, anche perché il dibattito pubblico interno sull'atteggiamento diplomatico verso Berlino aveva molti risvolti compromettenti e il caso "Luigi di *Battenberg*" era uno dei più pungenti. Il comando della *Royal Navy* passò quindi, per ragioni solo politiche, al più timido ammiraglio John Jellicoe, voluto soprattutto da Chamberlain per fare un dispetto a Churchill, che aveva proposto l'innovatore ammiraglio John Fisher.

La situazione rimaneva comunque critica e soprattutto spinosa, perché metteva in discussione il pilastro delle istituzioni del Regno Unito: la monarchia. Non fu sufficiente la decisione di Giorgio V del 7 aprile di cambiare il nome della casa reale in «Windsor», inglesizzando il precedente cognome ereditato dal principe Alberto di *Wettin*, consorte della regina Vittoria. Una mancata risposta risoluta del Sovrano avrebbe alimentato quei pettegolezzi imbarazzanti, che giudicavano la sua famiglia ancora legata alla Germania e ancora troppo poco "inglese". Il punto poi non era neppure solo formale, visto che negli ultimi anni la politica estera inglese – a onore di cronaca per puri interessi nazionali suoi propri – era stata molto indulgente verso le irriverenti bordate internazionali di Berlino. La quasi totale convergenza d'intenti tra le due monarchie era stata così bruscamente recisa dai fatti di Derry, che solo un'irrevocabile presa di distanza dai tedeschi poteva sollevare i neobattezzati Windsor dai sospetti di fantasiose trame occulte antinazionali. Il Governo britannico, anche per insistenza della stessa Corona, non aveva forse collaborato con la diplomazia guglielmina in funzione antirussa durante la seconda guerra balcanica e raggiunto con il *Reich* un accordo sulla *Baghdad-Bahn*[8] e sulle colonie portoghesi appena nell'ottobre 1913? Solo una chiara, galvanizzata e sincera denuncia – che Berlino era divenuto il ricettacolo di ogni ignominia – poteva divenire il salvacondotto di *Buckingham Palace* e del *Foreign Office* per dimostrare la propria buona fede sui contatti precedenti.

Partendo da tutti questi motivi, il rifiuto tedesco di collaborare con gli inglesi, per punire gli attentatori cattolici, aveva indispettito ancor di più Londra. Tuttavia, l'irreversibile reazione militare all'indisponibilità germanica si acuì per altri motivi esterni. Ormai da circa due lustri la Gran Bretagna aveva una strana, perché non formale, e inusuale alleanza con la Francia (l'*Entente Cordiale*). Era un elemento non comune per le due

---

[8] La ferrovia Costantinopoli-Bagdad in maggioranza di capitali tedeschi.

sponde della Manica, quasi perennemente in guerra fra loro dalla notte dei tempi. L'accordo era nato nel 1904 esclusivamente per sanare delicate vertenze coloniali, ma si era irrobustito con il correre dei mesi e degli anni attraverso una progressiva collaborazione tra le due nazioni in ambito economico, militare e diplomatico. Non a caso, proprio qualche giorno dopo la trasferta irlandese il principe Edoardo, accompagnato dal ministro britannico degli Affari Esteri, avrebbe dovuto incontrare il Governo francese nel corso di una visita di stato a Parigi. Le recriminazioni su Giovanna d'Arco e Napoleone erano state messe ormai in soffitta. Il vertice, dietro il pomposo cerimoniale, che avrebbe dovuto consacrare la rinnovata e indissolubile amicizia tra inglesi e francesi, offriva il pretesto per discutere le possibili mosse dell'alleanza contro quello che alla fine dell'Ottocento sembrava lo Stato più potente dell'intera Europa: il Secondo *Reich*.

Londra e Parigi, che a loro volta erano legate per vie diplomatiche con Pietrogrado, non riponevano però troppa fiducia nella capacità e nella volontà di ostruzione che la Russia imperiale avrebbe avuto verso la Germania. Preferivano così regolare da sole tutte le gravose pendenze con relativi fastidi che Berlino arrecava ai loro danni. In quell'occasione – ancora *premier* Asquith – non volendo rischiare una guerra in Europa, troppo pericolosa e dispendiosa, il proposito principale dell'incontro previsto per il 9 marzo tra le due delegazioni era la possibilità di unire le proprie forze per scacciare i tedeschi dai loro possedimenti in Africa e dalle concessioni controllate in Cina. In questo modo la Francia avrebbe beneficiato di una flotta amica, che tagliasse le rotte transoceaniche tedesche, senza dover impegnare le sue limitate navi dal Mediterraneo e dal nord Atlantico. La Gran Bretagna invece avrebbe goduto di un sufficiente deterrente difensivo terrestre in Europa, tanto da scrollarsi pure di dosso il solito ritornello, che voleva la monarchia inglese succube di quella germanica. Troppo lontana, troppo arcaica, troppo babelica, in tutto ciò la Russia non veniva minimamente calcolata, visto che – secondo i calcoli preventivi delle due democrazie occidentali – la pesante sconfitta di nove anni prima contro i giapponesi l'aveva messa fuori gioco.

Tutta questa prudenza però s'infranse proprio a seguito dell'assassinio di Edoardo, che dell'appuntamento parigino doveva essere il rappresentante più autorevole. Con questi presupposti, dopo l'indisponibilità di Berlino a favorire la consegna agli inglesi di Hitler e dei suoi complici, Parigi sembrava soffiare sul fuoco dell'odio antitedesco. Propose a Londra una decisa azione, che permettesse di ricacciare l'esercito del *Kaiser* oltre la sponda orientale del Reno e penetrare in pieno territorio germanico. La scelta da compiere, anche all'interno del gabinetto Chamberlain-Balfour, non era esente – tuttavia – da un periodo minimo di preparazione. Decisi a inasprire il pugno di ferro, bisognava essere pronti alla lotta aperta e soprattutto far digerire al popolo che questa guerra era di tutto il popolo britannico e come tale andava combattuta avvalendosi di una piena partecipazione della Nazione tutta. La società inglese doveva entrare nell'ordine di cose che si doveva superare il tradizionale minoritario volontarismo militare o i lontani eserciti coloniali. Non si aveva il coraggio di usare quel termine, ma gli addetti ai lavori sapevano bene che si stava parlando di coscrizione obbligatoria.

Ci vollero quindi altre tre settimane affinché il Regno Unito potesse quanto meno capire da dove iniziare, questa volta in modo energico. Vennero aperti uffici militari distrettuali di arruolamento e predisposti altrettanti campi di reclutamento, dove vestire, armare e infarinare i cittadini-soldati, prima di fargli superare la Manica vestiti di kaki. Dato l'assenso dal ministero della Guerra, ecco quindi che il 1° maggio arrivò un durissimo ultimatum, che il Governo britannico inoltrò a quello omologo tedesco. In esso si profilava la possibilità di un attacco militare risoluto, qualora Berlino avesse rinnovato nel giro di sette giorni il suo completo disinteresse nel favorire la consegna alle autorità britanniche dei fanatici assassini della *Katholischen Welt* presenti in Baviera. Inoltre si fissavano a carico delle autorità tedesche alcune clausole restrittive sul proprio territorio, come l'obbligo di sopprimere ogni associazione o società segreta antibritannica, la consegna di 280 esuli irlandesi riparati in Germania e la promessa di ispezionare in via continuativa e scrupolosa le diocesi cattoliche di Monaco, Augusta e Ratisbona, dove si sospettava avessero luogo riunioni rivolte contro l'integrità dell'Impero di Sua Maestà.

Il Governo francese non era estraneo alla decisione di inviare questa energica rivendicazione, se proprio l'ambasciatore francese a Londra, Paul Cambon, fu l'intermediario che consegnò all'omologo tedesco in terra inglese, Karl Max Lichnowsky, la lettera ufficiale che conteneva i termini di questa richiesta perentoria. Aveva appena preso avvio la diplomazia per telegramma, mezzo di comunicazione tanto rivoluzionario, quanto rapido, freddo e dai risvolti deleteri.

In questo gioco al rialzo, l'intero gabinetto di Parigi, presieduto da Gaston Doumergue, fu da subito disposto a rischiare di entrare in guerra a tutti i costi, senza attendere ulteriori conversazioni con l'alleato russo, troppo lontano e ritenuto troppo pigro per dimostrarsi decisivo in quei giorni. L'ultimatum arrivò a scadenza e ormai le ogive dei cannoni si preparavano a suonare i loro colpi. In qualsiasi pub londinese e in ogni bistrot parigino le parole che più si sentivano in quei giorni erano rispettivamente «war», «Germany», «guerre» e «Allemagne». Coloro che le pronunciavano sapevano che esse ne avrebbero scandito la vita per i prossimi, lunghi e interminabili quattro anni?

Nel frattempo, in tutto questo disquisire il popolo tedesco non capiva nulla di politica internazionale. La vita in terra germanica ancora scorreva serena e poco preoccupata dai foschi scenari all'orizzonte. Tuttavia, l'idea stessa di guerra veniva intesa come occasione per nuove conquiste, soprattutto se rivolte ai danni dei francesi. Per i cittadini germanici, civili e militari, un conflitto era concepibile solo se l'obiettivo era Parigi. L'odio non era mai ben riposto, se i nipoti di Napoleone ne erano il bersaglio. Era gioco forza quindi per Berlino auspicare un irresponsabile coinvolgimento della Francia, altrimenti un'eventuale contesa contro la sola Londra diveniva poco sentita nei vari strati sociali del *Reich*.

L'odio tedesco era reciproco e condiviso dai francesi. Nell'*escalation* delle posizioni contrapposte emerse quindi la posizione intransigente scaturita proprio sulle rive della Senna, dove ormai si era nella convinzione di aver trovato in Londra una solida alleata, anch'essa intenzionata a punire Berlino non solo per questioni politiche. La Francia, forte della sua amicizia con il Regno Unito e desiderosa di arrivare alla resa dei conti con la Germania a oltre 40 anni di distanza dalla cocente sconfitta del 1871, vide come ormai praticabile la capitolazione del Secondo *Reich* e il recupero delle ricche regioni di Alsazia e di Lorena. Nel caso di un'eventuale guerra le armate francesi avrebbero non solo marciato al fianco degli inglesi, ma avrebbero sin dal primo giorno compiuto un'azione decisa di disturbo avanzando verso Oriente, in attesa che la coscrizione britannica potesse avere i suoi effetti e potesse sbarcare l'esercito in forze sul continente. In questo clima il 3 maggio Parigi emanò un ordine di mobilitazione parziale, in cui venivano chiamate a presentarsi ai depositi reggimentali tutte le classi di leva comprese tra quella del 1874 e quella del 1896 (dai 18 ai 40 anni di età).

*Truppe francesi partenti per il fronte lungo i Campi Elisi*

Drammatica in quei giorni la sorte dell'*Orient Express*, che si trovava nei pressi di Vienna, in viaggio di ritorno da Costantinopoli a Parigi. Qualsiasi itinerario il treno francese volesse intraprendere, per raggiungere il territorio nazionale, diveniva insidioso. Non essendoci una comunicazione ferroviaria in territorio neutrale e allo stesso tempo adeguata al tipo di carrozze adottate, il convoglio avrebbe incontrato la frontiera nemica tedesca o quella ancora neutrale italiana, il cui Governo si riservava presto di prendere una decisione sull'inasprimento internazionale. Il treno rimase quindi stazionato nella capitale austriaca, in attesa di una soluzione diplomatica all'ormai battezzata "crisi di maggio", che lo mettesse in condizione di non essere requisito dalle autorità della Triplice Alleanza. Differentemente dal materiale rotabile e dall'equipaggio, i passeggeri, insofferenti allo stallo diplomatico, riuscirono per vie impervie a raggiungere Innsbruck e poi Zurigo, non senza ripercussioni sui propri effetti personali. Infatti tra i clienti abituali del prestigioso servizio ferroviario vi era anche André Citroën, magnate dell'industria meccanica e siderurgica gallicana, che proprio in quel periodo era in giro per l'Europa orientale con il proposito di mettere a frutto le esperienze tecniche apprese in America, partendo dall'esempio automobilistico di Henry Ford. La gendarmeria austriaca, sperando in questo modo di rendere un buon servigio agli amici tedeschi, sequestrò tutti i documenti del giovane imprenditore parigino, consegnandoli poi al Comando germanico. Quest'ultimo ebbe modo così di entrare in possesso di tutti i progetti di nuove granate e di altri innovativi marchingegni ideati per la difesa nazionale francese. Il palesarsi di questi segreti non aiutò certo l'industria bellica di Rue Saint-Dominique,[9] che almeno in fatto di armamenti leggeri, fu costretta a riesaminare i propri programmi futuri.

Nel frattempo, oltre la Manica – nonostante *The Times* titolasse «Giustizia sarà fatta» e «Guerra agli assassini!» – la febbrile corsa all'organizzazione di un esercito permanente fu frenata da mille ostacoli e difficoltà. Benché alcune mosche cocchiere dalla Cornovaglia agli Highlands rinfocolassero gli animi verso la crociata antigermanica, più razionalmente era molto difficile convertire il popolo britannico, disabituato ad uno sforzo bellico terrestre di massa. In molti capivano che un conflitto non poteva divenire la risoluzione di ogni disagio sociale, economico ed esistenziale del Paese.

L'opinione pubblica nazionale, per quanto spinta dal desiderio di vendetta per l'assassinio del principe, reagì con preoccupazione alla chiamata alle armi, anche a fronte di un'opposizione politica alla guerra, diffusa a macchia di leopardo tra movimenti e *lobby* pacifisti o contrari a uno sforzo bellico, che già dalle prime battute si stava rivelando assai pericoloso. In questa occasione le sempre attive suffragette dei circoli femministi della capitale si spaccarono, declinando nel modo più vario rischi e opportunità: chi rivendicava il diritto

---

[9] Sede del ministero francese della Guerra.

di vendetta per la morte di un affascinante giovane, figlio di mamma, provando pena per la regina Maria, orfana del suo amato primogenito; chi auspicava invece che la guerra avrebbe necessariamente dato indipendenza ed emancipazione al proprio sesso, considerato debole e incapace di sostituire gli uomini nei posti chiave del Paese; chi auspicava con una guerra la decimazione di grandi frotte di soggetti arroganti e misogini; chi infine, vedendo nel conflitto una dimostrazione sessista del maschio dominante, rigettava qualsiasi ipotesi di coinvolgimento in scenari sanguinari all'interno o all'esterno dei confini del Regno.

Comunque fosse la situazione, il 10 maggio – su insistenza di re Giorgio in persona – venne votato dal Parlamento un decreto che introduceva la possibilità di formare un esercito permanente. Non a caso il Sovrano, il giorno precedente alla deliberazione, si era infatti profuso in un appello al suo popolo, in cui faceva intendere la drammaticità degli avvenimenti:

«*I destini del nostro amato Impero sono turbati da nubi tenebrose. Non possiamo rimanere indifferenti o intimoriti di fronte alle violenze che vengono dalla Germania. La Patria chiede a ogni padre di offrire i propri figli sull'altare della sopravvivenza della Nazione. Noi abbiamo offerto sull'ara della vittoria il nostro figlio primogenito, barbaramente ucciso nella lotta per l'affermazione della libertà britannica. I nostri fratelli francesi già sono in prima fila in questa lotta, non tentenniamo nel compiere il nostro dovere di civiltà e di pace!»*

In modo anche sin troppo evidente, per il Sovrano, con queste parole la morte del principe Edoardo non era solo un gesto scellerato, ma l'ennesima provocazione all'integrità della Nazione tutta. La minaccia tedesca veniva presentata come globale, immediata, terribile. I popoli democratici hanno sempre bisogno di credere nella lotta tra il bene e il male. Di qui lo spirito di crociata suggerito da Giorgio V. L'iniziativa parlamentare portò all'organizzazione rapida di 58 reggimenti di fanteria, 13 di cavalleria, 17 di artiglieria da poter in tempi brevi inviare in Francia. In aggiunta a ciò, almeno il 50% del naviglio militare sparso per l'Impero fu richiamato in Patria, per la necessità di sviluppare un supporto marittimo all'intervento terrestre in Europa, oltre che a prevenire possibili attività corsare della potente flotta germanica. La necessità di evitare blocchi navali per le isole britanniche creava una certa preoccupazione ai dipartimenti governativi, che si occupavano di sussistenza, commercio con l'estero e politiche navali. Non farsi trovare impreparati e colpire possibilmente il nemico per primi diveniva una fondamentale ipoteca. La convinzione era che la guerra si sarebbe conclusa con una vittoria prima della fine dell'anno, così da riportare a casa i cittadini-soldati dalle proprie famiglie per le festività natalizie.

Ecco, quindi, che di fronte a una saggia cautela da spendere in sede diplomatica, come proposto da Churchill, la risposta fu una chiara volontà di entrare in guerra e cogliere la morte del principe Edoardo per regolare i conti in sospeso con la Germania, che dall'epoca della crisi marocchina interessavano anche Londra non meno di Parigi. Questo discorso ovviamente valeva anche per il Governo del *Reich*. Esso – per quanto assolutamente estraneo all'attentato in se stesso – ne colse gli effetti per sfidare l'Impero britannico su un piano di prestigio. Raccolse per opportunismo le ragioni degli irlandesi e sfoderò una superiorità politica e militare di fronte all'eventualità che anche la Francia avesse voluto rispondere all'appello inglese di giustizia. I tedeschi stavano ricevendo in dono dall'idealista e inquieta *Weltgeschichte* (Storia del mondo) – cui sempre volentieri hanno fatto appello i filosofi germanici – la possibilità di affrontare da una posizione di vantaggio gli eterni nemici francesi. Cosa avrebbe ormai fermato Berlino dal cogliere questa occasione propizia di divenire padrona del continente?

In questo baratro colossale, gli altri paesi come si stavano, invece, comportando? Se Parigi e Londra avevano fatto già la propria scelta, nel resto d'Europa l'incertezza regnava sovrana. Almeno in apparenza nessuna altra cancelleria europea, tenuta in piedi dal peso di borghesi poco amanti della casa aristocratica in declino, avrebbe perso il sonno per la morte dell'erede al trono britannico. Vedremo poco avanti la posizione decisionista dell'Italia, mentre per il momento sembravano immuni da possibili coinvolgimenti la Russia, obbligata secondo i trattati ad intervenire solo se la Francia fosse stata attacca e non viceversa, e l'Austria-Ungheria, alleata formalmente con gli italo-tedeschi.

La Russia era al contempo Paese europeo ed extraeuropeo, come del resto il Regno Unito per via del suo impero planetario, quindi predestinata a ricercare qualche interesse in un conflitto continentale. Tutti sapevano però dove iniziavano e finivano i territori delle potenze interessate, quasi nessuno dove iniziasse o finisse la Russia. Il suo coinvolgimento bellico avrebbe aperto molte incognite e incrinato il difficile equilibrio nella zona del Mediterraneo orientale e dell'Europa balcanica, dove altri attriti rimanevano per il momento sopiti, visto che l'Austria-Ungheria e la Turchia sembravano immuni da possibili coinvolgimenti diretti o indiretti alla crisi di maggio. Se Pietrogrado non sembrava offrire la sua disponibilità a combattere, perché svegliare gli appetiti dell'orso siberiano dal proprio letargo? – si domandò in quei difficili giorni il governo britannico. In fondo sia Londra che Parigi concepivano uno sforzo bellico di pochi mesi. Non era necessario un dispiegamento di forze tali da doversi sentire debitrici nei confronti dello Zar. Gli accordi anglo-russi sull'Asia centrale di fine Ottocento erano stati così lunghi e faticosi, da spingere ora Londra a non voler riaprire le trattative con Pietrogrado, solo per punzecchiare a est la Germania. Concedere l'Afghanistan o la Persia ai russi, solo per poter fare affidamento sulle poche loro divisioni preparate contro la Prussia non era un ragionamento sopportabile, anche solo per non creare risentimenti con i coloni indiani o gli ancora neutrali turchi.

Questo atteggiamento pacifico in Europa orientale era figlio però – come accennato – di un'altra eccellente defezione, incomprensibile sotto molti punti di vista. Il mancato coinvolgimento della Duplice Monarchia aveva un aspetto molto diverso nell'economia della Triplice Alleanza. In effetti il comportamento di Vienna era anomalo, anche perché in questo modo il trattato, che legava i tre paesi, veniva da essa disatteso. L'Austria-Ungheria, dopo la sconfitta per mano dei tedeschi del 1866, aveva fatto una bandiera della sua politica di amicizia con la nuova potente Germania. Accettò con stoicismo l'amicizia forzata con l'eterno nemico Savoia, pur di compiacere Berlino nei vanagloriosi sogni di una solidità continentale antifrancese. Un mancato coinvolgimento ora al fianco di Guglielmo II nel più grande regolamento dei conti da Waterloo in poi, non sembrava nello stile, nello spirito e forse anche negli interessi di uno Stato, che per via della sua infinita frammentarietà stava scivolando verso imprevisti fossati. Molto più dei compensi territoriali, una guerra delle potenze conservatrici contro le democrazie progressiste occidentali sarebbe divenuta la stella polare per ogni sogno di sopravvivenza in una società minata da svariati movimenti nazionalisti e socialisti.

Tutti questi ragionamenti però non sembravano in quei giorni validi per gli Asburgo, i cui problemi socio-etnici venivano vissuti in modo diverso, molto più intimo. L'ambasciatore magiaro a Berlino Laszló Szögyény-Marich fece intendere a Bethmann-Hollweg che Hitler, come cittadino austriaco, era stato già espulso dai territori dell'Impero, perché condannato per violenza politica. Nelle opinioni di Vienna era pura follia scatenare una guerra per coprire i crimini di un bandito di tale fattezza. Tra l'altro il pittore attentatore era noto alla polizia imperiale – come nel caso irlandese – per essere un amico intimo di alcuni circoli irredentisti cattolici, che propugnavano l'autonomia della Moravia, della Boemia e della Carniola dal resto dei domini asburgici. Perché alimentare una così velenosa vipera nel proprio seno, andando a giustificare quanto commesso nell'Ulster?

Nei palazzi berlinesi del potere tale pusillanime risposta fu senza dubbio inaspettata per il già mobilitato bellicismo germanico. Tuttavia, l'indisponibilità austro-ungarica ad affiancarsi nella lotta contro l'Intesa non rappresentò per il *Reich* un ostacolo insuperabile. L'alto comando tedesco aveva sempre considerato nella sostanza la Duplice Monarchia come un presidio necessario ad est come deterrente contro una possibile avanzata russa, mai come un supporto da spendere nello scacchiere a ovest del Reno. Impegnata come sarebbe stata ad Occidente contro Gran Bretagna e Francia, la Germania confidava nell'impegno dissuasivo degli Asburgo a tenere distante dal conflitto Pietrogrado ed evitare il tanto temuto doppio fronte. Un'Europa danubiana in pace diveniva, secondo i ragionamenti tedeschi, l'unico modo per chiudere entro fine anno la partita anglo-francese e riportare a casa l'esercito per Natale. Come si può ironicamente notare, la medesima quanto illusoria riflessione riempieva le teste dei politici sia a Londra che a Berlino.

Di tenore diametralmente opposto, rispetto a Vienna, era la visione della situazione a Roma. Se una guerra tra inglesi e tedeschi si profilava come miccia per creare un intervento diretto della Francia, perché alleata dei primi, anche l'Italia, legata a Berlino da un trattato d'alleanza difensivo, rispose all'appello germanico. Dichiarò guerra in men che non si dica contestualmente a Parigi e a Londra. Nonostante il recente impegno del Regio Esercito in Libia e in Egeo, la preparazione militare e industriale del Paese sembrava sufficiente a poter resistere a cinque, sei mesi al massimo di conflitto contro la Francia sulle Alpi. Anche secondo le opinioni di Roma, la guerra non sarebbe durata oltre Natale; era impensabile che San Nicola e Santa Lucia dovessero portare i loro doni ai soldati per le cime innevate del Piemonte!

La motivazione italiana, come pare ovvio, non era (solo) un dovere morale di rispetto diplomatico in base all'articolo 2 della Triplice Alleanza,[10] ma piuttosto il desiderio anche per l'Italia di guadagnare posizioni nei vari contesti geopolitici, visto che gli interessi per i territori irredenti del Trentino e della Venezia Giulia si erano cristallizzati, a seguito della posizione non belligerante di Vienna. Inoltre, per gli strateghi italiani sin dal 1866 il confine nord-orientale rappresentava una vera incognita, da valutare con ogni minima attenzione. Esso era irto di pericoli, mentre quello con la Francia appariva più difendibile e quindi più interessante e appetibile per i militari, desiderosi di nuovi sogni di valore e onore.

L'indirizzo della politica estera italiana da Cavour sino a Giolitti si era caratterizzato da un pendolarismo ciclico, fitto di opportunità e contingenze specifiche. I francesi avevano porti atlantici e non potevano essere considerati mediterranei in senso esclusivo, gli inglesi

---

[10] Art. 2. Nel caso che l'Italia senza provocazione da parte sua, fosse per qualunque motivo attaccata dalla Francia, le due altre Parti contraenti [Germania e Austria-Ungheria] saranno tenute a prestare alla parte attaccata aiuto e assistenza con tutte le loro forze. Questo stesso obbligo incomberà all'Italia nel caso di una aggressione, non direttamente provocata, della Francia contro la Germania.

invece con il loro imperialismo in casa d'altri rappresentavano la quintessenza della dominazione arbitraria. Solo continuare a perseguire le ragioni di Berlino avrebbe garantito all'Italia le ambizioni tradizionali: Savoia, Corsica, Malta e Tunisia. Era del resto dal 1815 che l'esercito piemontese (chiamato dai francesi *Petite Armée*) si poneva come obiettivo principale il controllo dei passi alpini contro la Francia. Dopo un secolo la sostanza era grosso modo la stessa, con la convinzione però che ora i guerrieri Savoia avessero tutte le carte in regola per vincere contro la decrepita Terza Repubblica.

Giolitti aveva dato ai nazionalisti la guerra di Libia, con la speranza di saziare il proprio desiderio di violenza e di avventura. Scoprì ben presto che l'appetito, mangiando, era diventato fame. L'ascendente sulle frange più battagliere si era trasformato in necessità di nuovi conflitti. Partendo da questo presupposto, il capo del Governo, che non era nell'intimo né militarista, né antimilitarista, convinto invece solo di mantenere un equilibrio interno ed esterno, continuò a credere all'idea di un'Europa sempre più proiettata verso la guerra, compiacendosi del dramma in cui il Paese sarebbe stato immerso. Rimanere fedele alla Triplice Alleanza significava in sostanza contribuire non solo all'autonoma decisione sui destini del proprio avvenire, ma anche a mantenersi in posizione privilegiata e di sicurezza nei confronti dei possibili nemici.

Nel 1914, al grido di «il Mediterraneo ai mediterranei», la coincidenza dell'Italia con la strategia tedesca appariva quasi totale. La Germania non aveva interessi a meridione delle Alpi, mentre aveva tutto da guadagnare nelle sue mire extraeuropee dal crollo politico e militare degli imperi britannico e francese. Roma avrebbe quindi lucrato, potendo avere mano libera nell'intero Mediterraneo, una volta che le due novelle Cartagini fossero state spazzate via dalla scena internazionale. L'afflato italiano verso Berlino era del resto cosa nota e consolidata da quasi quarant'anni. I due popoli avevano guadagnato l'indipendenza insieme, combattendo grosso modo gli stessi nemici. Le due dinastie reali si assomigliavano molto, per temperamento e tradizione nobiliare, avendo perseguito nei secoli una politica di sussistenza in zone di confine con territori frammentati e discontinui. Mai e poi mai ci sarebbe stato un tradimento da nessuna delle due parti di quel patto di sangue, siglato nel 1866 combattendo insieme contro gli Asburgo. Per questo motivo, quando il generale austriaco Franz Conrad von Hötzendorff, durante la guerra di Libia, propose di attaccare dalle Alpi l'Italia, tanto poté l'autorità dell'alto comando germanico dei prussiani *Von* e *Zu*, che il Governo di Vienna lo allontanò dal suo incarico.

Nel marzo del 1912 vi fu l'apoteosi di questo clima di fraterna amicizia, quando Vittorio Emanuele III e Guglielmo II si incontrarono a Venezia. La Germania era convinta che Roma fosse un complemento politico e militare alla propria strategia, anche se non sempre efficace come dimostrato proprio nella guerra del 1866. Infatti, al pari della vigilia della III guerra d'indipendenza, anche nella primavera del 1914 la situazione dell'Italia non era in condizioni ottimali, ma quanto meno era in fase crescente, tutta ancora galvanizzata dalla recente prima vera vittoria coloniale ai danni di Costantinopoli in terra libica. L'Italia era consapevole dei propri tanti limiti. Proprio per questo non poteva perdere il treno tedesco verso una faticosa preparazione bellica.

A certificare questa condizione in via di sviluppo, ma anche ricambiare la fiducia accordata, era stato il generale Alberto Pollio, capo di Stato Maggiore dell'Esercito. Nel novembre del 1912 inviò il colonnello Vittorio Italico Zupelli a Berlino. Quest'ultimo fu incaricato di informare l'omologo Helmuth Johann Ludwig von Moltke (detto "Moltke il giovane", per distinguerlo dall'omonimo zio), che l'Italia nell'immediato non sarebbe stata in grado di soddisfare i propri impegni militari sul Reno, qualora fosse scoppiata una guerra generale. Tuttavia, si stava lavorando con abnegazione a un piano bellico per il successivo biennio. Non poter onorare gli impegni presi nella convenzione triplicista del febbraio del 1888 era un grande insuccesso della politica militare del Paese. Roma non poteva bluffare, sottovalutando un possibile dissanguamento incontrollato, dovuto a eventuali allungamenti della campagna militare.

Il casertano Pollio fece questa sconfortata confessione con profonda riluttanza, essendo lui un grande sostenitore della Triplice Alleanza. Tuttavia, la cosa non infastidì il suo interlocutore, che anzi promosse il rinnovo dell'alleanza il 5 dicembre successivo, convinto della parola data dagli italiani. Dalla sua, Roma non avrebbe mai potuto tradire Berlino e benché azzoppato il Regio Esercito rimaneva l'amico più leale del *Deutsches Heer*. A Moltke non era necessario un altro esercito su cui contare, ne aveva già uno, convinto che fosse il migliore in Europa. In quei mesi del 1912 ai vertici tedeschi serviva piuttosto una ragnatela di amici fidati da poter spendere contro l'eventualità probabile, ma non immediata, di un conflitto con la Francia.

*Alberto Pollio*

*Molke il giovane*

Nonostante la condizione d'inferiorità o forse proprio per tale motivo, Pollio aveva compreso a pieno l'esigenza germanica e per questo era stato onesto e umile. Fu del resto lui il propugnatore delle trattative, che portarono alla Convenzione navale della Triplice nel giugno del 1913, evento che cuciva a doppio filo le vecchie tradizioni militari prussiana e piemontese con quelle marinare più recenti. Per i tedeschi era la certificazione di poter contare in modo assoluto sugli italiani, qualunque cosa fosse accaduta. Non è da escludere che Guglielmo nelle sue irriverenze contro la diplomazia britannica, desiderosa di risolvere in modo conciliante la crisi di Derry, avesse in mente di poter contare in caso di conflitto su un supporto di Vittorio Emanuele e del suo popolo.

Questa reciproca sintonia, accresciuta da una totale onestà intellettuale, ebbe in pochi mesi prolifici vantaggi. Fu Pollio, durante le manovre tedesche del settembre 1913, ad annunciare di essere disposto a inviare due divisioni di cavalleria e da tre a cinque divisioni di fanteria nella Germania meridionale attraverso il Tirolo, nella prospettiva di accerchiare anche dal Reno l'infida Francia. Il sacrificio era ingente per il Regio Esercito, ma il fine giustificava il mezzo prescelto. Per l'autore di un libro sulla battaglia di Custoza, in cui aveva sottolineato la necessità di una unità di comando, appariva fondamentale insistere perché in tempo di guerra la Triplice Alleanza «dovesse funzionare come uno Stato unico» con obiettivi condivisi. In aggiunta a ciò, nel febbraio del 1914 sempre Pollio rese felici gli alleati informandoli che la ripresa dell'Italia – dopo la guerra di Libia – gli rendeva possibile, come concordato in origine, inviare la 3ª Armata sul Reno. Moltke rispose: «La convenzione navale e il rinnovo dei nostri vecchi trattati sono opera vostra, e se sarà volontà di Dio che la Germania e l'Italia, battendosi fianco a fianco, conquistino un giorno la vittoria, il vostro nome sarà onorevolmente legato ad essa». Anticipando forse troppo su ciò che sarebbe avvenuto negli anni a seguire, si può qui accennare al fatto che nel 1916 a Berlino venne inaugurata alla presenza del sovrano Vittorio Emanuele la *Polliostraße*, ribattezzando la via antistante l'ambasciata italiana nella capitale tedesca.

Nel 1914 La Germania aveva bisogno di un socio nel cammino verso la guerra e le promesse di collaborazione attiva sostenute dall'Italia sembravano più che sufficienti per lo sforzo calcolato contro la Francia. Oltre a ciò, in quei frangenti secondo l'addetto militare tedesco, Paul von Kleist, Pollio avrebbe addirittura parlato di una guerra preventiva, da sferrare «proprio nello spirito del vostro grande re Federico, quando nel 1756 spezzò il cerchio di ferro dei suoi avversari». Kleist cadde quasi dalla sedia, quando Pollio gli offrì anche truppe italiane per il fronte prussiano, allo scopo di evitare uno sfondamento russo, se la situazione fosse degenerata in un conflitto allargato anche ad Est.

Esaminando a posteriori le troppo fiduciose parole del capo di Stato Maggiore italiano, in questi sogni Roma peccava troppo d'ottimismo, proprio perché nonostante i propositi di onorare i propri impegni con gli alleati, doveva occuparsi della propria sopravvivenza strategica, la cui declinazione aveva il nome di «Mediterraneo». Essendo l'Italia una potenza fisicamente marittima, guardava con profonda apprensione lo sviluppo d'inizio secolo, segnato dal declino incessante della Sublime Porta, terreno di caccia per l'Impero britannico e per la Terza Repubblica francese.

L'Italia secondo l'occorrenza poteva imbracciare diversi atteggiamenti nei vari settori continentali europei, ma nel contesto mediterraneo le linee guide sembravano dettate in modo rigido e condizionato. La concorrenza straniera era forte e le antagoniste principali erano ancora una volta la Gran Bretagna, la Francia e la Russia. Anche qui però il destino non poteva che essere più benigno per la saldezza della Triplice Alleanza. Anche curando i propri egoismi, l'Italia sarebbe andata a completare da meridione la politica di Berlino, che con il tempo stava rompendo invece con la Turchia, non più affidabile per le sue continue agitazioni popolari, dovute a un sistema socioeconomico quasi medievale. Sciolta da ogni legame con Costantinopoli, Berlino si augurava che Roma potesse accrescere e migliorare le sue posizioni strategiche nel cosiddetto Levante, altro tassello per mettere i bastoni fra le ruote all'Impero britannico. Un'occupazione prolungata italiana del Dodecaneso favoriva il rafforzamento della Triplice Alleanza nel Mediterraneo orientale, il che, dato il mai escluso atteggiamento germanico del *Drang nach Osten* (spinta verso est), avrebbe avuto la sua importanza nel riequilibrio delle forze in campo.

Per tutti questi motivi se la Germania aspirava a carpire il primato coloniale e imperiale nei contesti più disparati a spese di Gran Bretagna e Francia e magari consolidare la sua penetrazione continentale verso quest'ultima, l'Italia sperava di acquisire un primato mediterraneo sempre a scapito delle stesse. In attesa poi di tempi migliori, per completare anche a nord-est il coronamento dell'arco alpino a spese degli Asburgo. Bisognava avere pazienza e approfittare delle occasioni offerte. Non a caso nel 1858 Cavour pur di ottenere il Lombardo-Veneto aveva accettato di perdere la Savoia e il Nizzardo in favore dell'allora amica Francia di Napoleone III. Ora nel 1914, pur di riprendere quelle due storiche regioni, il Regno d'Italia doveva desiderare di rimandare a momenti migliori l'annessione della Venezia Giulia e di quella Tridentina. I tempi, quindi, non erano maturi per completare le ambizioni risorgimentali verso Trento e Trieste, ma al contempo non adatti neppure per porsi in posizione subordinata degli Asburgo.

Secondo l'articolo 7 del trattato della Triplice Alleanza, confermato nel dicembre del 1912, Vienna era formalmente vincolata a compensare Roma, qualora la Duplice Monarchia avesse avuto dei vantaggi nel contesto balcanico senza ostruzione da parte dell'Italia.[11] Ecco quindi che, per quest'ultima, valeva la pena di attendere le mosse austro-ungariche, mettere nel cassetto i risentimenti creati nel 1908 dopo l'annessione asburgica della Bosnia e impegnare altrove le proprie energie, per cogliere nell'immediato l'occasione propizia creatasi dalla crisi anglo-tedesca.

Ecco perché, quando alla Consulta[12] giunse notizia della lettera consegnata da Cambon a Lichnowsky, il ministro Antonino Paternò-Castello di San Giuliano telegrafò immediatamente a Berlino e Vienna, per essere aggiornato su quali fossero le intenzioni dei rispettivi

---

[11] Art. 7. [...] In ogni modo, nel caso che, in forza di avvenimenti, il mantenimento dello *statu quo* nelle regioni dei Balcani o delle coste ed isole ottomane nell'Adriatico e nel Mar Egeo divenisse impossibile e che, sia in conseguenza dell'azione di una terza Potenza, sia altrimenti, l'Austria-Ungheria o l'Italia si vedessero nella necessità di modificarlo con un'occupazione temporanea o permanente da parte loro, quest'occupazione non avrà luogo che dopo un preventivo accordo fra le due Potenze, fondato sul principio di un compenso reciproco per qualunque vantaggio territoriale o d'altra natura che ciascuna di esse ottenesse in più dello *statu quo* attuale, e che dia soddisfazione agli interessi e alle pretese ben fondati delle Parti.

[12] Sede del ministero degli Affari Esteri italiano.

governi. In Austria, come previsto, la situazione rimaneva indifferente agli eventi, essendo tutte le preoccupazioni rivolte verso l'Europa sudorientale. La Germania invece, tirata in causa in prima persona, chiarì che aveva già predisposto una mobilitazione parziale da poter schierare sui confini occidentali, non trovando la Russia interessata a scenari di guerra, così lontani e non vincolanti per le sue relazioni estere.

Roma non poteva cercare contesto internazionale migliore, visto il calcolo di costi e benefici fin allora stilato dai propri vertici politici e militare. Le risposte delle due proprie alleate furono quindi musica per le orecchie di San Giuliano, che si presentò subito dal Presidente del Consiglio in carica Antonio Salandra, illustrando la magnifica situazione offerta. Congelata la questione orientale per via della neutralità austro-ungarica, una guerra al fianco della Germania contro inglesi e francesi avrebbe avuto di sicuro avvantaggiato l'Italia nel Mediterraneo, allargando le recenti acquisizioni libiche con altrettante sponde in territorio tunisino ed egiziano. La reazione di Salandra fu positiva, tanto che in serata i due politici vennero ricevuti al Quirinale dal re Vittorio Emanuele III per chiedere l'assenso alla dichiarazione di guerra, qualora appunto la Germania facesse decadere l'ultimatum.

Sul colle più alto della capitale vennero convocati anche il capo di Stato Maggiore dell'Esercito, generale

Alberto Pollio, il ministro della Guerra, generale Domenico Grandi, quello della Marina, contrammiraglio Enrico Millo, e Giovanni Giolitti, da circa due mesi nell'ombra ma l'unico di cui Vittorio Emanuele si fidava. Il politico di Dronero era favorevole al conflitto, perché desideroso di completare quel sogno di grandezza, avviato già con la conquista della Tripolitania e della Cirenaica nel 1912; il Re ne capiva e ne condivideva i propositi, per questo lo volle a sé, nonostante la corrente conservatrice dei vari Salandra e Sonnino, che di recente aveva avuto la meglio sulla maggioranza liberale a Montecitorio.

Il Sovrano, prevedendo i delicati punti all'ordine del giorno, fece preparare la coreografica sala degli arazzi di Lille, non trascurando di ordinare ai paggi di predisporre tutte le carte geografiche necessarie per stilare le prime mosse direttrici da dettare alle proprie Forze Armate. Dopo lunghi colloqui, nei quali Pollio e Millo presentarono un piano per un intervento da terra e dal mare contro la Francia metropolitana, Vittorio Emanuele si rivelò molto interessato. Concesse quindi, in attesa degli sviluppi, per la mattina dell'8 maggio un lungo discorso alle Camere riunite, pare scritto dallo stesso Giolitti, che così trovava conclusione:

«*In un momento quindi come questo in cui i destini del Mondo sono piegati dal ricorso alle armi, l'Italia non può esimersi dal difendere quel che il Risorgimento ha conquistato con la pugna e il sangue.*

*L'alleato alemanno, che ha permesso il ritorno alla Nazione di Venezia e Roma, non può essere abbandonato. Verso i nemici, gli stessi di Cesare, possiamo offrire solo pietà e compassione, perché presto saranno sgominati. Chiediamo giustizia per l'italianità della Corsica, di Nizza, della Savoia e di Malta. Chiediamo di tornare a chiamare il Mediterraneo: Mare Nostrum!*

*O popolo d'Italia, grida il tuo ardore. Fai che il Campidoglio e il Gianicolo offrano ancora un muro contro l'invasore francese venuto a ostacolare l'alto disegno voluto da Iddio per la nostra sacra Italia*».

Il messaggio applaudito e osannato con ripetuti «Abbasso la Gallia», «Morte ad Albione!» da gran parte dei parlamentari presenti, trovò astio e rifiuto da parte di un gruppo di deputati rivoluzionari di Sinistra. Per questo motivo il Partito socialista si troncò in due. La minoranza, capeggiata dal direttore de *L'Avanti* Benito Mussolini, si arroccò su un intransigente pacifismo. L'obiettivo era fare fronda contro la maggioranza del partito – capeggiata da Filippo Turati – invece più incline ad appoggiare l'intervento, considerando l'Inghilterra la patria del capitalismo internazionale. Del resto, la classe operaia britannica, nonostante il lungo periodo di soggiorno e di lotta portato avanti da Karl Marx a Londra, era stata sempre tiepida verso il movimento comunista e più propensa invece a un sindacalismo istituzionalizzato all'interno del Parlamento. Secondo quindi l'ortodossia maggioritaria del P.S.I. la guerra contro la Gran Bretagna era l'unica anticamera possibile alla piena realizzazione di un mondo di uguali. Non importava se al vertice di questa lotta ci fosse stata un'istituzione monarchica, come quella dei Savoia. L'essenziale era ridurre a terra bruciata la lurida società inglese, archetipo di ogni sopruso sui lavoratori.

Intanto, se i vertici militari italiani già predisponevano piani strategici, la Consulta nei giorni della richiesta perentoria britannica rendeva noto che l'Italia non sarebbe rimasta indifferente all'attacco contro la Germania. Di conseguenza sin dal 5 maggio, quindi ancor prima di ogni altro ulteriore sviluppo pratico relativo all'ultimatum, l'ambasciatore a Londra (Guglielmo Imperiali) e quello a Parigi (Tommaso Tittoni) fecero capire che Roma rimaneva fedele a Berlino e notificarono ai rispettivi Governi, che le Forze Armate italiane avrebbero iniziato le ostilità alla notizia che i confini o i mari tedeschi erano stati violati. La reazione dell'*Entente Cordiale* fu di una tacita presa d'atto della situazione, non potendo ormai più tornare indietro, qualora un ulteriore diniego germanico avesse disatteso le richieste inglesi. Il punto di non ritorno era già varcato, ancora prima che l'*aut aut* di Giorgio V a Guglielmo II avesse finito di svolgere la sua funzione deterrente. Quando il Governo britannico decise di intimorire l'omologo germanico non pensò affatto a un possibile coinvolgimento di Roma. Tuttavia, come si iniziò a dire in tempi successivi: «Quando si sente uno sparo a Londonderry, a Montecitorio i socialisti diventano guerrafondai!» Nonostante le piccole frange contrarie alla guerra, la società civile italiana sembrava tutta compatta verso il conflitto, in una sorta di acclamazione convulsiva. Come nel caso britannico poche settimane prima, era iniziato il «radioso maggio», come ebbero a commentare i giornali conservatori.

L'astio verso i futuri nemici, soprattutto nei confronti dei cosiddetti cugini d'oltralpe, non rimase quindi una ristretta e salottiera questione politica, ma iniziò con rapida gradualità a penetrare in tutti gli strati sociali e in tutti i contesti, dove già serpeggiava in sordina da mesi. La psicologia delle masse faceva il suo corso verso sentimenti e suggestioni irrazionali e impulsive. Qualsiasi *cliché*, anzi (non potendo usare per opportunità parole francesi!) «stereotipo» diveniva buono per aizzare le folle e rivolgere contro gli anglofrancesi odi profondi da parte di ogni individuo in Patria e all'estero in cui scorresse sangue italiano. Da citare in questo senso gli strascichi derivanti dal furto romanzesco della *Gioconda* di Leonardo da Vinci. Vale la pena tratteggiarne la cronistoria, per comprendere meglio il riflesso anche artistico e culturale della rottura diplomatica e militare tra i due contrapposti crinali alpini.

Poco meno di tre anni prima dello scoppio della guerra, esattamente il 20 agosto 1911 il capolavoro del genio toscano fu rubato in modo rocambolesco dal museo del Louvre da un artigiano lombardo di nome Vincenzo Peruggia. Il furto aveva come movente il desiderio di restituire all'Italia il dipinto, che secondo i più era stato bottino di guerra di Napoleone Bonaparte. In realtà era stato lo stesso Leonardo a vendere l'opera all'allora Sovrano *Valois*, Francesco II, nel 1516. Tuttavia, ciò non interessava a gran parte dell'opinione pubblica italiana, che guardò anzi con entusiasmo il fatto che la Francia aveva perduto una così importante opera, magari trafugata a sua volta dai tedeschi come affronto.

É per questo motivo che, quando alla fine del 1913, Peruggia offrì il dipinto a un antiquario del capoluogo toscano, questi insieme al direttore del museo fiorentino degli Uffizi, Giovanni Poggi, presero la palla al balzo e temporeggiarono sul rivelare la faccenda ai giornali, dovendo altrimenti rendere ai francesi il dipinto. L'intrigo ebbe poi il suo apice proprio a ridosso delle giornate primaverili del 1914, in cui le relazioni europee s'infiammarono. Divenuta quindi notizia di dominio pubblico la presenza della *Monna Lisa* a Firenze, il fatto di non volerla restituire ai legittimi proprietari divenne essa stessa la manifestazione palese che l'Italia e la Francia si stessero incamminando verso lo scontro aperto. L'arte pittorica non meno dell'industria pesante – e si vedrà quanta parte avrebbero avuto i quadri nel futuro della Francia – diveniva elemento essenziale per la gestione dell'economia di guerra. Non è da scordare mai che dietro alle più latenti schizofrenie dell'attentatore Hitler c'era l'incomprensione generale verso la sua forma artistica stravagante e lugubre di dipingere paesaggi romantici e mitici di un'età, che non esisteva più o che forse in realtà non era mai esistita.

Tornando invece alla preparazione bellica della Penisola, con questi articolati presupposti la sera stessa dell'8 maggio le prime tre Armate italiane, già allertate da giorni, procedettero al posizionamento dei loro reparti permanenti da Ventimiglia al Monte Bianco in attesa degli eventi provenienti da Londra e Parigi. Tale mossa era stata concordata ormai da mesi dallo Stato Maggiore italiano in cooperazione con quello tedesco, che aveva già rafforzato le Argonne in forma intensa. Come pare ovvio le Grandi Unità interessate non erano al loro completo, perché bisognose di essere rimpolpate dalla chiamata alle armi delle classi interessate alla mobilitazione. I distretti provinciali e i depositi reggimentali spalancarono le proprie porte e i vari ospedali

militari accolsero tutti quei coscritti in fila per le proce-
dure e le visite di rito. I tentativi di evitare la naja al
fronte furono molteplici, ma nel complesso limitati a
una percentuale irrisoria. Nella maggioranza dei giovani presentatisi ai tavoli degli ufficiali medici e reclu-
tatori emerse piuttosto un diffuso animo di sfida. La
guerra, per una generazione di giovani, veniva intesa
come occasione per fuggire dal grigiore della propria
esistenza. In questo la propaganda letteraria e quella
politica, già scaturite durante il recente conflitto italo-
turco, evidenziarono ulteriori e forse inaspettati frutti.
Vista la situazione emergenziale in fatto di tempi, il
Parlamento in appena due giorni deliberò un provvedimento d'urgenza in cui si dava mandato ai direttori
delle carceri e delle case circondariali di commutare le
pene detentive, riducendo della metà i mesi di pena rimanenti con altrettanti di servizio prestato al fronte.
Ciò valeva pure per gli ergastolani, che se meritevoli in
armi avrebbero così avuto una speciale grazia, una
volta conclusasi la guerra, al compimento dei cinquanta anni di età. Vennero appositamente create delle
commissioni di valutazione presso le maggiori pri-
gioni, presiedute dal direttore dell'istituto, da un maggiore del locale distretto e da un capitano medico. Nelle
università infine con circolare ministeriale venne garantito agli studenti un riconoscimento di un esame superato a scelta, per ogni mese prestato come ufficiale di

complemento, comandante di plotone al fronte. Il moschetto aveva soppiantato il libro. In questo caso però gli aspiranti avrebbero comunque – senza ulteriore vantaggio – dovuto seguire un corso accelerato di tre settimane presso la Scuola di applicazione di Fanteria a Parma o la Scuola centrale di artiglieria da campagna di Nettuno. Per esigenze logistiche, nella località laziale vennero dirottati tutti gli universitari dell'Italia meridionale, mentre nella città emiliana quelli del centronord. Tutti comunque alla fine del periodo di formazione avrebbero dovuto raggiungere Torino, per poi essere destinati ai vari reparti già mobilitati separatamente.

L'Italia con i propri specifici mezzi, tentò anche in questo modo di ottimizzare le proprie risorse, cercando di raschiare qualsiasi barile umano a propria disposizione. La guerra diveniva un'occasione di rigenerazione pure per vigliacchi, sfaccendati, ubriaconi e avanzi di galera. Lo Stato belligerante garantiva a tutti – nessuno escluso – un'esperienza di vita, per molti anche di morte, oltre che di afflizione, sangue e sacrificio. Probabilmente Vittorio Emanuele non avrebbe immaginato che l'arruolamento di tutta questa indistinta massa amorfa, comprendente gradazioni diverse di feccia avrebbe compromesso nel lungo periodo l'esistenza stessa della dinastia dei Savoia. Nonostante le sconfitte, di fatto il Risorgimento aveva glorificato la

Corona attraverso un modesto esercito di professionisti; la guerra totale avrebbe in prossimità della vittoria finale scardinato l'intera impalcatura monarchica. Il popolo infervorito dalle glorie militari, da un ideale nazionale, da speranze sociali non si sarebbe accontentato delle teste degli avversari. Avrebbe preteso pure la testa di coloro, che rappresentavano la totale arcaicità e anacronismo di un mondo, tramontato dentro al sangue delle trincee.

Ovviamente questi apocalittici presagi non potevano sfiorare neppure lontanamente il dorato palazzo del Quirinale, dove al contrario i vertici militari già blandivano il Sovrano con promesse di rapide e roboanti conquiste. A tal proposito in quei giorni febbrili vi fu un ulteriore incontro tra il generale Pollio e il suo omologo germanico Moltke nel castello bavarese di Neuschwanstein, classico esempio di architettura neogotica. La sala prescelta per l'occasione fu quella detta dei Cantori, immersa in un arredamento ligneo tipicamente romantico, con motivi che ricordavano le sinfonie wagneriane. Non a caso il committente del complesso, il sovrano di Baviera Ludovico II si era ispirato a quello che venne considerato il più celebre compositore tedesco dell'epoca, vera miniera di orgoglio nazionale per i decenni e… per i decessi a venire. Il casertano Pollio non poté che rimanere compiaciuto da tanta magnificenza nibelungica, ma forse pure un po' intimorito dai rigogliosi lampadari al soffitto e dai tetri volti raffigurati alle pareti, tanto distanti dal concetto italico di mitologia, espressa nella vanvitelliana Reggia della sua città natale.

La riunione fu l'occasione rapida per fare un piano di massima in cui le due formazioni nazionali interdipendenti avrebbero dovuto concentrare il più possibile l'azione: verso Parigi i tedeschi e verso i porti di Tolone e Marsiglia gli italiani. Colpendo così il cuore di controllo del Paese e le vie di rifornimento dall'esterno, la Francia sarebbe stata tagliata fuori e obbligata a una resa immediata, senza possibilità alcuna di avvantaggiarsi dei lenti rinforzi inglesi. Il capo di Stato Maggiore italiano fu molto fiducioso di poter in pochi giorni penetrare in Provenza, potendo occupare Nizza anche grazie alla residuale comunità italofona della città. Solo una veloce spallata diveniva elemento essenziale per massimizzare l'iniziativa combinata degli italo-tedeschi. Mentre Londra si trovava a crogiolarsi sulla mobilitazione del suo esercito, i francesi ancora di fatto soli si sarebbero trovati tra l'incudine italiana e il martello germanico, incapaci di poter pianificare e realizzare la contemporanea difesa dei due attacchi simultanei.

Intanto, come detto, l'8 maggio l'ultimatum trovò la sua scadenza e senza esitazione da Parigi arrivò l'ordine di concentrare le proprie truppe verso Oriente. Per quanto possibile – in sedicesimo potremmo dire –

stesso provvedimento avvenne al di là della Manica. In attesa di un decreto d'urgenza per comporre un esercito permanente, la sola flotta iniziò a dirigere le sue navi da battaglia verso il Baltico e colpire quanto meno le rotte del naviglio civile tedesco. Intanto i vagoni dei treni, carichi di uomini, animali da tiro e di materiali, dall'alba al tramonto si ammassavano sulle banchine della stazione ferroviaria londinese di Victoria, diretti verso il già congestionato porto di Dover.

Ufficialmente la guerra iniziò il 10 maggio. Appena le prime truppe dell'Intesa trovarono lo scontro con i tedeschi sulle alture delle Argonne, scattò l'iniziativa dell'Italia, che si prodigò a superare secondo una strategia a tenaglia il confine nazionale: un'azione massiccia diretta sulla dorsale alpina e i preparativi per uno sbarco nei pressi di Tolone. Il Nizzardo, ritenuto più facile da occupare, diveniva una delle fondamentali priorità, avendo la convinzione che la popolazione locale premesse per un ritorno alla Liguria. Raggiungere il fiume Varo e il ponte Carlo Alberto, antico confine occidentale del vecchio Stato savoiardo rappresentava un obiettivo propagandistico, prima che militare. Questo aveva più valore per le società piemontese e ligure, sulle quali sarebbe gravato il maggior peso della guerra per la vicinanza del fronte. Era stato Giulio Cesare a immortalare quell'antica frontiera tra i Romani e i Galli. Sarebbe stato Pollio dopo quasi duemila anni dalla Guerra gallica e dopo oltre cinquant'anni dalla cessione alla Francia a riportare quel limite come spartiacque tra latinità e barbarismo?

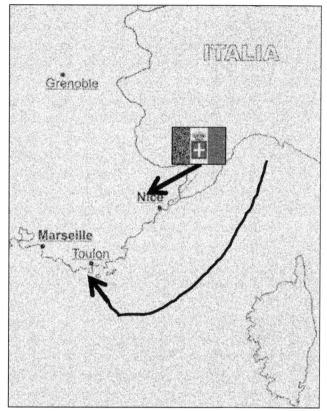

*Ipotesi di attacco italiano alla Francia*

L'attacco era stato da almeno due anni un cavallo di battaglia del capo di Stato Maggiore italiano, convinto assertore di una dottrina aggressiva verso la Francia, unico fattore di immediato vantaggio tatticooperativo. Una volta ottenuta la sovranità sulla Libia, in effetti i vertici militari, nella speranza di risolvere le pendenze con i cugini d'oltralpe, si erano divisi tra due scuole di pensiero. C'era chi propugnava un attacco periferico (in Tunisia e in Corsica), sperando in una lenta reazione francese da poter fermare sull'arco alpino. Questa era la posizione asimmetrica del tenente generale Luigi Cadorna. Quest'ultimo – figlio d'arte del comandante della presa di Roma del 1870 – era noto per un carattere molto difficile. Caparbio e ambizioso, ma poco diplomatico, era ai ferri corti sia con la Corona che con Pollio, verso il quale lo divideva non solo la reciproca invidia, ma impostazioni strategiche diametralmente opposte. Credeva di poter utilizzare metodi diversi rispetto all'assalto a testa bassa della fanteria. Essendo fino al midollo un bersagliere, amava il movimento e l'azione sinergica. Sognava l'uso prepotente dell'artiglieria, della pionieristica aeronautica, delle truppe da sbarco e delle azioni mordi e fuggi. Molto colto e raffinato, aveva avuto modo di rendere pubblica la sua dottrina in un volume, allora ancora poco fortunato dal titolo *Artiglieria all'attacco*.

Alla sua articolata pianificazione si contrapponeva proprio la posizione del capo di Stato Maggiore. Questi, forte della sua sincera sinergia con l'omologo tedesco e con i relativi apparati, intravedeva la riuscita di un'azione antifrancese solo se compiuta simultaneamente da italiani e tedeschi insieme, direttamente nel territorio nazionale degli avversari.

Sarebbe stata quest'ultima la posizione maggioritaria, anche perché Vittorio Emanuele già intravedeva il celere recupero della Savoia, che il nonno era stato costretto a cedere a Napoleone III nel 1859, dopo la II guerra d'indipendenza. Nelle intenzioni del Sovrano poi c'era anche la volontà di non dare troppo spazio a Cadorna, che aveva mosso più di una riserva al primato della Corona, come depositaria del comando unico ed effettivo delle Regie Forze Armate. Per il governo del Re solo un colpo ben inferto nel ventre molle della Francia metropolitana avrebbe indotto la stessa a capitolare, cosa che invece avrebbe avuto esito incerto se l'obiettivo si fosse limitato oltremare. Qui, del resto, in quel momento l'Italia poteva disporre di pochi effettivi e solo un ingente utilizzo di naviglio da trasporto poteva colmare l'esiguità dei reparti. Ancora pendente poi la mancata penetrazione in Tripolitania e in Cirenaica, risultava difficile andare a colpire la Tunisia e (forse) l'Algeria, dove i francesi disponevano invece di posizioni, reparti e dottrina molto più consolidati di quelli, che Roma aveva tentato di stabilizzare in poche e perlopiù dolorose occasioni.

Alla fine di questi ragionamenti la decisione non poteva che essere quella prospettata da Pollio. L'incertezza del fronte africano, l'astio generale per Cadorna, la necessità di contribuire da subito all'iniziativa tedesca in Lorena, lo sciovinismo savoiardo volto a riottenere rapidamente le regioni cedute nel 1859 divennero tutti fattori, che implicavano una sola ed unica strada: colpire la Francia in Provenza! Non a caso lo stesso Sovrano nel discorso in cui comunicava al popolo italiano e alle Forze Armate tutte la dichiarazione di guerra, indicò il modo in cui condurre le ostilità:

*«Soldati di terra e di mare! L'ora solenne delle rivendicazioni nazionali è sonata. Seguendo l'esempio del mio Grande Avo, assumo oggi il comando supremo delle forze di terra e di mare con sicura fede nella vittoria, che il vostro valore, la vostra abnegazione, la vostra disciplina sapranno conseguire. Il nemico che vi accingete a combattere è agguerrito e degno di voi. Favorito dal terreno e dai sapienti apprestamentî dell'arte, egli vi opporrà tenace resistenza, ma il vostro indomabile slancio saprà di certo superarla. Soldati! A voi la gloria di piantare il tricolore d'Italia sui termini sacri che la natura pose ai confini della Patria nostra. A voi la gloria di compiere, finalmente, l'opera con tanto eroismo iniziata dai nostri padri».*

Di fronte a questo desiderio bellicoso dell'Italia, anche la Germania non rimase inattiva. Proprio lei era stata la causa, per quanto indiretta della rottura della precaria pace. Non poteva che trovarsi preparata per questo appuntamento, atteso indipendentemente dalla morte di Edoardo e dalla relativa implicazione di alcuni cittadini bavaresi. Per Guglielmo il nemico principale era la Gran Bretagna ed era necessario «toglierle dalle mani la migliore spada che possedeva», ossia le armate francesi. In quei giorni il comando germanico aveva avuto modo di valutare tutti i rischi e le opportunità offerte dall'impiego oltre il Reno delle proprie riserve strategiche, dovendo alleggerire gioco forza la difesa avanzata nelle regioni orientali. All'epoca non vigeva più da quasi due decenni il Patto di Contro-assicurazione tra tedeschi e russi, che imponeva una benevola neutralità tra i due Paesi, se uno fosse stato attaccato da terzi. Tuttavia, nessuno – né a Berlino né a Pietrogrado – nel maggio del 1914 prevedeva che i due popoli volessero scendere in guerra l'uno contro l'altro. In fondo ancor prima dell'epoca di Bismarck non vi era stata apparentemente nessuna vertenza sospesa tra i due popoli. Anche l'alleanza difensiva tra Francia e Russia poteva in quei frangenti spostare i vari equilibri alla corte dello Zar. I *Romanov* erano come non mai precari, dopo la cocente sconfitta ad opera dei giapponesi nove anni prima e a causa dello sviluppo di movimenti insurrezionali interni.

Guglielmo II conosceva bene le esitazioni esistenti presso il Palazzo d'Inverno di Nicola II e ne era compiaciuto. Avrebbe potuto dormire sonni tranquilli in

Prussia fino a quando l'Austria-Ungheria avesse mantenuto la neutralità, condizione a quel punto auspicabile perché fuori da ogni interesse. In attesa di spostare il grosso delle truppe verso Occidente, Berlino in pochi giorni radunò e rinforzò 15 divisioni di riserva nel Baden ed ebbe modo di fornire un contenimento all'incipiente avanzata francese. La strategia del comando tedesco era da principio inviare truppe verso il confine sud-ovest. Cercava così di favorire una tenaglia insieme all'attacco italiano e quindi creare scompiglio nella Francia centrale. Una volta poi a disposizione il grosso delle truppe utilizzabili, poteva infine favorirsi delle posizioni avanzate in Lorena per dirigere verso Parigi e stroncare l'iniziativa francese.

Quest'ultima però, preparata oltre misura da Rue Saint-Dominique in anni e anni di desiderio di rivincita, non si limitava a un'azione diretta e prevedibile lungo la direttrice Metz-Strasburgo. Sviluppò in un'operazione d'attacco in profondità senza precedenti per la dottrina francese: il piano "Joffre". Esso, che prendeva il nome dall'omonimo Generalissimo, che l'aveva ideato, era stato sin dall'estate del 1912 preparato sotto ogni punto di vista dallo Stato Maggiore francese, prendendo spunto dal coraggio dottrinario del generale Ferdinand Foch. Tuttavia, anche a fronte di giudizi contrari di alcuni ufficiali dello Stato Maggiore (come il generale Charles Lanrezac e il colonnello Jean-Baptiste Estienne) sull'uso prevalente della sola fanteria armata di fucili a baionetta, il piano originario venne ridimensionato con l'uso ingente di artiglieria pesante. Anche l'aviazione, per quei tempi molto progredita, poteva offrire alla Francia un ventaglio di usi impressionati: dalla ricognizione al bombardamento, dalla caccia all'osservazione d'artiglieria.

Durante la riunione del 7 aprile 1914 il Consiglio Superiore di Guerra si prolungò sull'argomento. Lanrezac, intervenuto su richiesta del presidente Raymond Poincaré, dimostrò come l'uso delle massicce batterie, al pari dell'epoca di Napoleone, rappresentava il mezzo più idoneo per un'azione decisa e incisiva. L'idea energica e ardita di Foch venne quindi modificata, per una più tattica, dove il medesimo comandante del XX Corpo d'Armata si trovava di rincalzo. Non quindi incappare in un suicidio – come venne definito durante la riunione – con un attacco frontale, ma un'aggirante mossa sul fianco destro dell'avversario.

Lo stesso Joseph Joffre dovette quindi cedere all'insistenza dei brillanti comandanti innovatori, che coniugavano la manovra, come occasione per rendere più efficace l'azione della fanteria, con l'uso che la tecnica poteva offrire in campo offensivo. Per questo motivo il Generalissimo aveva affidato proprio a Lanrezac la nuova 5ª Armata da collocare nella zona di Charleville-Mézières nella Champagne, centro operativo dell'avanzata verso nord-est. Il piano prevedeva una guerra-lampo, che in «sei settimane» avrebbe offerto ai francesi la possibilità di occupare le città industriali renane. Nella mente di Raoul Péret, ministro del Commercio e dell'Industria francese, c'era il sogno di impossessarsi delle acciaierie Krupp di Essen e creare un polo siderurgico, che dalla Lorena arrivava fino alla Vestfalia. Per l'occasione – noto per i suoi bizzarri giochi di parole – aveva coniato anche una becera battuta di spirito: «Se Napoleone perse i suoi denti a Sedan, Joffre ne avrà di aguzzi per mangiare Essen!»[13]

Questo dibattito intorno alle dottrine militari senza dubbio fu molto prolifico, anche se alla lunga avrebbe portato a Parigi uno strascico di recriminazioni ed invidie, tanto da far saltare durante la guerra varie volte i comandi superiori ed intermedi delle Grandi Unità. La troppa litigiosità – più che le formazioni nemiche – avrebbe inflitto le più gravi sconfitte all'*Armée*. Tuttavia, nella primavera del 1914 sembrava prevalere e dominare la corrente innovatrice, convinta di coniugare robustezza ed elasticità al fronte, oltre che concordia politica e pace sociale all'interno del Paese.

Non a caso, dopo anni di resistenza conservatrice, a partire dal 1911 in Francia vi era stata una rivoluzione

---

[13] Il gioco di parole prendeva spunto dallo scioglilingua «Napoléon, cédant Sedan, céda ses dents», relativo alla cocente sconfitta francese del 1870, dove lo stesso Imperatore fu fatto prigioniero. Per contestualizzare invece la presa in giro, essa si basava sul fatto che in tedesco la parola «Essen» è sia il nome della città renana, sia il verbo «mangiare».

in campo tattico e dottrinario. Essa era indirizzata all'uso di un'innovativa pratica bellica, basata anche sull'impiego di mezzi meccanici e motorizzati, come ausilio alla lenta fanteria, fino ad allora utilizzata come semplice carne da macello. Il viaggio di Citroën in America, di cui abbiamo in precedenza accennato, era finalizzato anche a questo. Era quindi di vitale importanza ottenere il primato continentale della produzione dell'acciaio, causa ed effetto della pianificazione dell'attacco verso la Renania. La guerra contemporanea si faceva attraverso e per il predominio delle materie prime. Solo l'autosufficienza in generi alimentari, per nutrire popolo ed esercito, e quella in materiali industriali e combustibili, per far girare l'economia, divenivano corollario della supremazia politica e militare oltre i propri confini.

Per di più l'esercito francese, primo tra tutti di quelli europei, aveva adottato un elmetto metallico protettivo, il modernissimo *Adrian,* e una tonalità neutra per le proprie divise da combattimento. Viceversa, i militari del *Reich* nello stesso periodo indossavano un abbigliamento dai colori sgargianti e poco mimetici con equipaggiamento antiquato, pesante e ingombrante. La tonalità rossa era una tradizione nelle braghe prussiane. I cavalieri teutonici non si discostavano poi molto dalla vistosità dei loro avi medioevali, con impressionanti vesti bianche. Serviranno le prime migliaia di morti, per trovare un colore più naturale per i pantaloni dei militari tedeschi. Bisognerà attendere poi alcuni mesi, prima che anch'essi trovassero necessario l'impiego di un copricapo protettivo per i soldati in difesa di proiettili e di schegge di bombe.

Per tornare invece alla Francia, l'elezione di Poincaré all'Eliseo nel gennaio del 1913 aveva rappresentato lo sviluppo concreto del *réveil national* con il relativo passaggio dalla ferma militare da biennale a triennale, tradendo il concetto democratico di un servizio militare il meno lungo possibile. Anche per l'insistenza pressante di una classe politica intraprendente e desiderosa di rifare i conti con i tedeschi, lo stesso Joffre dovette cedere alle influenze del Governo e alle promesse degli industriali, creando un sistema integrato e competitivo sotto l'aspetto economico e combattivo. Ecco quindi convogliati in un unico progetto le idee di Foch sullo "slancio vitale", di Lanrezac sull'uso dell'artiglieria e di Estienne per quanto riguardava l'uso pionieristico dell'aviazione. Tutto poi veniva condito dall'addestramento ferreo e dalla costruzione della "Nazione armata", proprio partendo dalla sconfitta del 1871. Quanto era stata la teatralità del Secondo Impero, alla vigilia della guerra del 1914 l'*Armée* aveva saputo fare sua l'esperienza prussiana: rigide norme d'addestramento, ma flessibilità massima sul campo di battaglia, anche grazie allo sviluppo ferroviario, che collegava da Parigi a raggiera tutti i punti del Paese. L'economia francese non poteva dirsi la prima d'Europa, ma l'abilità del commercio e dell'industria avevano offerto successi in ogni campo sociale o scientifico. Dalla chimica all'ingegneria, personaggi come Gustave Eiffel offrivano ottimi servigi al Paese, arricchendo le capacità tecniche e produttive delle fabbriche e degli indotti, oltre che il prodotto interno lordo. Proprio il progettista della parigina Torre omonima, che aveva cambiato decenni prima il proprio nome perché di origine tedesca (come la sua famiglia),[14] durante la corrente guerra avrebbe dimostrato il piglio combattivo gallicano, anche in termini manifatturieri. Sarebbe stata sua la progettazione di numerosi prototipi aviatori e macchine di ogni grandezza e funzionalità.

Con questi presupposti l'operazione francese d'attacco avrebbe colto i tedeschi di sorpresa e con buona fortuna interrotto una parte della produzione industriale e bellica del Paese. Il piano "Joffre" – infatti – prevedeva una rapida mobilitazione nella zona della Champagne settentrionale e un attacco d'aggiramento attraverso l'occupazione del Belgio. La neutralità di quest'ultimo era stato un cavallo di battaglia per Bruxelles dai tempi della Restaurazione, quando proprio

---

[14] Nato Alexandre Gustave Bönickhausen e discendente di una famiglia proveniente dalla Renania settentrionale, il famoso ingegnere adottò ufficialmente mel 1880 un nome più francese, scelto come suffisso già da un suo avo, che si era ispirato alla catena montuosa dell'Eifel, situata proprio nella regione familiare di provenienza.

la creazione dei cosiddetti stati-cuscinetto intorno alla Francia doveva eliminare ogni velleità di proseguire i piani napoleonici. La Gran Bretagna si era impegnata nel 1839 con il Trattato di Londra a garantire l'inviolabilità dei confini valloni, ma ragioni diplomatiche e operative portarono il 7 maggio il Governo di Sua Maestà a denunciare l'impegno di tutelare i confini belgi, favorendo così l'avanzata francese a nord. Ragioni militari già stavano facendo crollare pilastri diplomatici, ritenuti fino ad allora solidi e indiscutibili. La santità dei trattati e la coerenza diplomatica erano divenute fuori moda, se l'obiettivo fosse stato vincere il nemico e farlo soprattutto in fretta, prima che il proprio popolo potesse morire di stenti o di fame.

La decisione inglese di lasciare Bruxelles al proprio destino non fu però immediata, né tantomeno indolore. Era una grave ferita dell'onorabilità nazionale, tanto cara ai britannici, soggetta a un deviante precedente. Venne presa dal ministro Balfour, solo quando si sentì rispondere in tono schietto il 5 maggio da Joffre in persona un giudizio piuttosto acido, durante un incontro al vertice tra delegazioni:

*Attaccare il Belgio è uno sporco affare? Ministro non faccia il puro! Aver deciso di dichiarare guerra alla Germania, per vendicare uno sbarbatello dal sangue blu, questo sì che è uno sporco affare! Lei faccia il politico, che a portare i miei uomini a Berlino ci penso io.*

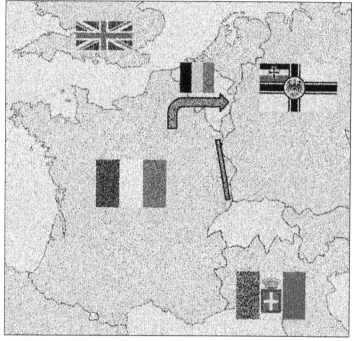

*Il piano "Joffre"*

Il piano "Joffre" colse i tedeschi di sorpresa, tutti intenti al trasporto delle divisioni provenienti dalla Slesia e dalla Sassonia in Lorena e in Alsazia, e convinti che la guerra si potesse risolvere con un contenimento preventivo e poi con una decisa avanzata sulla valle della Senna e occupare Parigi come fatto 40 anni prima. Proprio nel momento in cui i tedeschi stavano dirottando le riserve verso la Lorena, i francesi si rivelarono più astuti, convinti che solo un'azione decisa ma indiretta avrebbe messo in scacco i tedeschi, prima di infliggere il colpo finale una volta mobilitato a pieno anche il Regno Unito. Per ironia della sorte, se francesi, tedeschi e italiani stavano mettendo in scena un grande spettacolo, chiamando a sé attori e prime donne, i soli britannici ragionavano ora sui propri limiti. L'assenza di continuità territoriale con il continente e la possibilità di corrompere il proprio tradizionale *fair play* in una guerra condotta con regole inedite e spregiudicate, avrebbe imbastardito il proprio spirito e la propria moralità? Alla fine, in caso di vittoria, la Corona e le tradizioni ne avrebbero risentito? Una volta perso il rispetto del prossimo, Londra come avrebbe tenuto il collante che la legava all'Australia, al Canada, al Sud Africa e all'India? Ormai superato un ideale Rubicone, dettato dagli alleati francesi, per rispondere a queste domande si sarebbe dovuta attendere inesorabilmente la fine delle ostilità. Non si poteva quindi nicchiare ancora un momento di più, pena perdere la faccia per essersi spinti così oltre nel tentativo di togliere quel beffardo ghigno al canuto Guglielmo.

Bruxelles – nonostante la propria tradizionale vocazione neutrale – da qualche anno era incerta su quale schieramento sposare in caso di contrasto internazionale. Sembrava, tuttavia, propendere per Berlino, anche a fronte dei forti legami familiari e dinastici che il re belga Alberto I aveva con i tedeschi. Figlio di una principessa cattolica del Baden, Maria di *Hohenzollern-Sigmaringen*, e marito di una duchessa bavarese, Elisabetta di *Wittelsbach*, Alberto ritenne naturale trovare vicinanza politica con il conservatore Secondo *Reich*. Non poteva per spirito od opportunità certo attratto dalla borghese, laica e socialisteggiante Terza Repubblica francese. All'inizio del Novecento le ragioni aristocratiche ancora molto pesavano nelle relazioni tra Paesi e popoli. Sotto questo aspetto il Belgio non faceva eccezione, anzi era quasi al centro di mille trame e altrettante promesse. In questo senso il Sovrano, proprio in quegli anni, era in trattativa con Vittorio Emanuele III per far sposare la primogenita Maria José con l'erede al trono italiano, il principe Umberto di Savoia. Come vedremo, la morte prematura di quest'ultimo avrebbe fatto sfumare tale ghiotta prospettiva per l'aggraziata fanciulla fiamminga. Anche in funzione di questo conveniente matrimonio, ulteriore pilastro della Triplice Alleanza, il piccolo regno di Alberto accolse con profonda fiducia (e col senno del poi noi posteri diremmo a ragione) le promesse della vicina e consanguinea Germania. Del resto, il Belgio era sempre timoroso di poter essere fagocitato dalla Francia, che si comportava come precettore severo e intransigente, o di trovarsi in una sudditanza psicologica per mano di Londra.

Ecco spiegato, quindi, che di fronte a questa situazione, l'operazione di Joffre doveva necessariamente sbarazzarsi dell'intralcio che prima o poi Bruxelles avrebbe frapposto tra Parigi e Berlino, curandosi per causa di forza maggiore ben poco dei diritti delle genti. Se per assonanza, metà della popolazione, quella vallone, parlava una forma di francese, un'altra, quella fiamminga, si esprimeva con un idioma molto vicino al tedesco. Per taluni intellettuali, puristi delle razze, che vivevano lungo la Senna questo era già motivo buono, per annientare quel popolo, doppio, informe e senza radici proprie.

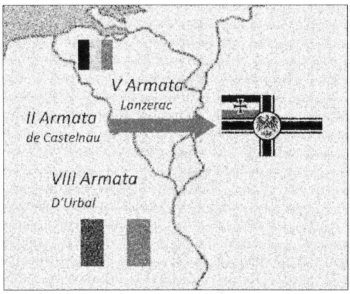

*Le Armate francesi del piano Joffre*

All'operazione per soggiogare il Belgio e raggiungere la Germania da nord parteciparono tre Armate francesi. La 2ª comandata dal generale Édouard de Castelnau e la 5ª comandata da Lanrezac avrebbero svolto l'avanzata. Dietro di queste l'8ª, comandata da Victor d'Urbal, si doveva collocare lungo il corso della Mosa e intervenire in un secondo momento. L'azione venne svolta a triangolo, con la 5ª Armata in avanscoperta a punta e la 2ª più ampia di supporto tattico. Gli sportivi Charles Crupelandt e Octave Lapize, due tra i più grandi protagonisti delle ultime edizioni della corsa ciclistica su strada Parigi-Roubaix furono chiamati come guide per i reparti di testa, nell'intento di dare anche una connotazione popolare all'impresa. I giornali sportivi del Paese più in voga allora, tra cui *L'Auto*, che all'epoca sponsorizzava il *Tour de France*, utilizzarono i due beniamini, noti al grande pubblico come occasione di propaganda e come viatico. Favorirono così l'interesse sempre crescente che la guerra suscitava presso le giovani generazioni, che vedevano nella bicicletta, più che un mezzo di trasporto. Ormai consolidata come corsa a tappe per antonomasia, quell'anno probabilmente il *Tour* sarebbe stato ritardato, se non addirittura sospeso. Parafrasando proprio il massimo dottrinario germanico, il generale Carl von Clausewitz: era necessario garantire l'attenzione degli appassionati, presentando quella militare come una contesa sportiva, svolta semplicemente con altri mezzi. Lapize, passato poi in aeronautica e ottenuto il brevetto da pilota, sarebbe morto con il grado di sergente il 14 luglio 1917 durante un pirotecnico combattimento aereo. Era vissuto scalando montagne e macinando vittorie, morì onorando ancora il proprio Paese. Per tre anni di seguito aveva vestito i colori tricolori come campione di Francia, il suo corpo non poteva che trovare la bella morte all'interno di una carlinga accartocciata del suo monoposto, decorato con il gallo nazionale.

Grazie anche alle capacità tecniche e propagandistiche dei due ciclisti-soldati, l'offensiva raggiunse Liegi il 12 giugno. Le esili difese belghe furono travolte, nonostante esse potessero disporre di un bacino di coscritti, derivanti dal servizio di leva obbligatorio voluto dal sovrano Alberto nel 1913. Durante la campagna i francesi adoperarono perfino un possente pezzo d'artiglieria su rotaie, che riuscì a bombardare Bruxelles anche ad oltre cento chilometri di distanza, creando un ulteriore enorme risonanza propagandistica per lo sforzo bellico di Parigi. Le testate fiancheggiatrici il Governo in questa opera di mobilitazione popolare – tra cui *Le Figaro*, *La Presse* e *Le Siècle* – investirono molto nel raccontare la cronaca dell'avanzata. Erano parimenti convinte che avrebbero accresciuto le copie vendute e ottenuto maggiori crediti da una classe politica e militare, sempre alla ricerca di opinioni compiacenti. Numerosi grandi corrispondenti della cronaca nazionale ed estera, richiamati appositamente in Patria, da quel momento furono aggregati ai comandi delle divisioni impegnate. Così resero partecipe la popolazione delle vicende più minute ed umane del conflitto. Diverrà celebre l'inserto "piccola posta", in cui a sorte un militare al giorno poteva salutare i propri cari, direttamente dalle colonne della carta stampata e far sapere che era ancora vivo. Forse neppure accorgendosi della scontata ironia insista in alcune euforiche affermazioni, divenne celebre un titolo de *La Presse* del 15 giugno. In esso si affermava che la Francia non solo aveva un grande esercito, ma questo era capace pure di combattere! A cosa altro potesse servire, però l'autore del pezzo non osò neppure tratteggiarlo.

Nonostante queste goffe affermazioni, lo scontro al fronte si riscaldò giorno dopo giorno, facendo subito intendere agli addetti ai lavori, che la guerra non sarebbe stata né rapida, né indolore. L'importante era aggiornare continuamente il grande pubblico con gesta epiche e con i nomi di eroi dall'indiscutibile spirito popolare. Durante gli scontri entrarono quindi negli annali le azioni della 4ª brigata di fanteria, comandata dal colonnello Philippe Pétain, che occupò Namur, e quelle del 5° Reggimento di cavalleria ussari, diretto in forma interinale dal tenente colonnello Maxime Weygand, che portò alla capitolazione di alcune guarnigioni nei sobborghi di Aquisgrana, presidio già in terra guglielmina. La volontà del Governo era quella di riempire i bollettini, da diffondere, di località dal chiaro sapore tedesco, anche se ancora in terra belga, così da far intendere ai lettori francesi, che la battaglia si svolgeva

108

già in Germania. Le truppe francesi, quindi, furono spinte a tappe forzate con ritmi vertiginosi. Nonostante il Comando fosse consapevole che sarebbe stato controproducente questa condotta, i reparti dell'*Armée* vennero impiegati senza una rete di rifornimenti troppo abbondante. Si sperava che la leggerezza dell'organizzazione avrebbe creato elasticità e rapidità all'attacco. Non fu tenuta in debita cura neppure la conduzione diretta di tutta l'operazione. Joffre rimase a Parigi, intrattenendo con i suoi comandanti d'Armata contatti quotidiani, ma insufficienti per dirigere la campagna nei suoi più minimi e specifici particolari operativi. Come si vedrà, questi elementi oltre alla forza, rappresenteranno anche la debolezza dell'intera operazione. Le carrozzabili dirette dalla capitale verso le città settentrionali e della Piccardia in pochi giorni furono comunque congestionate da carri meccanici o a trazione animale. Molti quadrupedi, ormai esausti e morenti, vennero abbandonati lungo le strade, senza neppure il tempo di finirli con un colpo di pistola. Fu così che per settimane i lupi ebbero inattesa carne a buon mercato di cui cibarsi. Per il momento, i contadini locali non risentirono ancora della fame, tanto da fare loro concorrenza.

Comunque fosse l'impostazione generale dell'Alto comando, i primi successi arrisero ai francesi, galvanizzati dalla rapida avanzata. Non si preoccuparono troppo del domani. L'importante era privare il nemico di spazio e magari di qualche botte di buona birra o di qualche stecca di dolce cioccolato, premi più che sufficienti per ogni combattente esausto in terra vallone. Per le divisioni francesi, era iniziata quella che divenne celebre come la «corsa al Reno». Dopo una rapida avanzata nell'imbelle Belgio, che creò clamore nell'opinione pubblica internazionale, i francesi si trovarono quindi in 45 giorni alle porte di Bonn e di Colonia, minacciando il sistema industriale germanico. L'azione aveva avuto successo, perché attraversando le Ardenne e poi la pianeggiante regione di Liegi, le formazioni francesi riuscirono a colpire come fulmini le macchinose formazioni locali. Di fronte a tale mirabolante avanzata, a Parigi già si pregustava il successo militare, convinti che la Storia avesse lavato l'onta del 1870. Gli ordinativi di champagne e lumache impennarono in quei giorni. Tutti erano convinti che quell'anno il 14 luglio si sarebbe festeggiato in modo ancora più solenne, magari con le truppe sfilanti a Berlino. Per i francesi la vittoria della rivincita contro l'odiata Germania sembrava proprio a portata di mano.

*Il re Alberto del Belgio*

Nonostante i pronostici degli incalliti scommetti-
tori londinesi, l'esercito di Alberto non venne scompaginato del tutto. Era stato solo ricacciato dalle zone interessate, offrendo da quel momento un'ottima bar-
riera contro gli anglo-francesi sulla riva settentrionale
del tratto vallone del fiume Mosa. Nella migliore tradizione dei duelli, Golia non era riuscito ad uccidere Da-
vide. Lo aveva solo tramortito, in attesa che questi si
potesse vendicare tramite pazienza ed arguzia. Il gene-

rale belga Victor Deguise, grande esperto di fortificazioni, offrì al suo Paese, soprattutto in tutto l'anello attorno a Bruxelles un baluardo difensivo di rara efficacia. Esso era costituito da trincee serpentine, filo spinato e un limitato, ma efficace, numero di nidi di mitragliatrici ben posizionate. In parallelo il collega Gérard Leman fu invece attivo nel punzecchiare i francesi presso Charleroi, Mons e Roubaix. Bruxelles si confermava ancora una volta la bestia nera di Parigi.

Del resto alla Francia non interessava battere il Belgio, aveva solo l'interesse di attraversarlo, per regolare i conti con esso eventualmente in un secondo momento. In coerenza con tale obiettivo non venne per nulla toccato il Regno dei Paesi Bassi, che per questo non entrò e non entrerà mai nel conflitto. Isola felice in mezzo a territori in fiamme, riuscì a sopravvivere grazie ai commerci vicendevoli con essi. Formaggio e tulipani nederlandesi divennero in questi anni il simbolo universale della pace e della concordia tra i popoli; i diamanti erano infine un bene prezioso per contrabbandi, compravendita di armi, fedeltà e informazioni segrete. Nelle località di confine, soprattutto Maastricht, Nimega e Arnhem le attività puttanesche di spie e mercenari furono di gran lunga più intense di quelle dei bordelli a buon mercato.

Anche grazie a questo tipo di mercimonio ai limiti della guerra guerreggiata, il 7 giugno i francesi superarono il confine con la Germania. Il 12 giugno avevano

112

preso Aquisgrana, minacciando l'intera Renania. La popolazione tedesca rimase molto impressionata dal tentativo d'invasione, proprio perché il *Kaiser* aveva convinto il suo popolo che il sacro suolo della Patria non sarebbe mai stato calpestato dallo straniero. A parti inverse l'azione ebbe da principio un effetto morale impressionante, che galvanizzò ancora di più sia gli stessi francesi, sia gli inglesi che proprio in quei giorni stavano sbarcando i primi reparti sul continente. Tuttavia, il colpo a tradimento francese contro uno Stato neutrale impressionò il popolo americano, già solidale con gli irlandesi, e quindi mal posto verso le ragioni della coalizione antitedesca. Il Governo di Washington, anche dopo l'invasione del Belgio meridionale, ribadì la sua completa neutralità, ma non il suo isolazionismo *tout court*. Oltreoceano alcuni circoli, soprattutto oriundi irlandesi a New York e a Chicago, già iniziarono a raccogliere fondi. Venne costituita pure una milizia di circa 5.000 volontari sotto le insegne verdi del trifoglio di San Patrizio, da spedire in Europa al fianco di tedeschi e italiani. A Baltimora e a Boston la lotta contro i nuovi tiranni fu acclamata come esperienza di rigenerazione libertaria, anche attraverso boicottaggi alle navi cargo anglo-francesi. Nelle università di tutto il Paese, dalla Columbia a Berkeley, passando per Harvard e Princeton, lo studio e i corsi accademici di francese vennero aboliti, preferendo al loro posto lo studio intenso del tedesco e dell'italiano. Alcuni movimenti – questa volta ispirati alle gesta dell'irredentista corso Pasquale Paoli e della società segreta *Sons of Liberty* – iniziarono raccolte e collette per contribuire nella lotta contro gli oppressori francesi.

Nel frattempo, mentre l'ora della Germania sembrava già segnata, dopo lo sfondamento in Renania, la sua salvezza arrivò dalla tempestiva avanzata italiana, la cui massiccia azione imprevista in Savoia obbligò il grosso delle truppe difensive francesi di stanza in Champagne meridionale e in Franca Contea a improvvisare un trasferimento repentino verso sud e rinforzare i reparti alpestri.

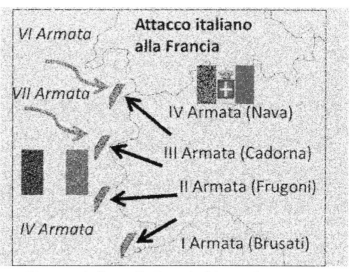

*L'attacco italiano alla Francia del maggio 1914*

Politicamente Parigi aveva sottovalutato le intenzioni di Roma, credendo che gli italiani, sconfitti dagli austriaci nel 1866 e dagli etiopi nel 1896, fossero nel 1914 poco più che caricaturali marionette in divisa. Militarmente invece Joffre aveva confidato troppo nella prioritaria avanzata verso il cuore pulsante della Germania, convinto nella lentezza organizzativa di Pollio. Il Comando francese lasciò quindi sguarnito il fianco meridionale, dirimpetto alle Alpi, dove però gli italiani seppero avvantaggiarsi di questa grossolana superficialità. Ecco, dunque, che delle quattro Armate francesi dislocate nello scacchiere settentrionale – la 1ª di Auguste Dubail, la 3ª di Emmanuel Ruffey, la 6ª di Michel Joseph Maunoury e la 7ª di Paul Pau – le ultime due andarono a collocarsi sul fronte meridionale, dove era già presente la 4ª Armata di Fernand de Langle de Cary. Quest'ultima però aveva fino ad allora agito in modo dilatato, anche perché formata da giovani reclute: nella pratica si era rivelata inefficace a tamponare l'avanzata italiana.

L'esile formazione francese si schierò contro quel che si stava sviluppando già come un attacco in grande stile, dove l'Italia aveva schierato quel che aveva di meglio, andando ad utilizzare tutte le riserve necessarie per l'ormai ventilata spedizione sul Reno. Roma aveva reagito senza esitazione allo stimolo di Berlino ed era riuscita a mettere in moto la mobilitazione in pochi giorni, non senza sacrifici economici e sociali. L'intervento del Regio Esercito si estendeva al confine su un'avanzata di quattro Armate: la 1ª comandata dal generale Roberto Brusati, la 2ª comandata dal generale Pietro Frugoni, la 3ª comandata dal generale Luigi Cadorna e la 4ª dal generale Luigi Nava. Pollio contava molto nella rapidità di Brusati per raggiungere Nizza in pochi giorni e così creare un solido avamposto al di là dell'impervio crinale montano.

Rispetto a quanto in precedenza preventivato, per il momento si era deciso di attendere l'esito dell'operazione alpina, prima di procedere con l'attacco via mare a Tolone. Per esso erano già a disposizione in viaggio per Genova due Reggimenti della Brigata *Granatieri di Sardegna*, comandata dal generale Giulio Tassoni.

La 1ª Armata era interessata al tratto di confine tra Ventimiglia e il colle di Tenda, la 2ª da questo al Passo del Monviso, la 3ª da questo al Passo del Moncenisio e la 4ª da questo al Monte Bianco all'intersezione confinaria con la Svizzera. Fu quest'ultima Grande Unità che ebbe miglior e inaspettata fortuna, non trovando molta resistenza in Savoia e obbligando i reparti nemici interessati a indietreggiare fino alle località transalpine di San Giovanni di Moriana e a Moutiers.

*Postazione alpina nei pressi del Monte Bianco*

In queste vicissitudini, tuttavia, ebbe dell'incredibile la difesa accanita operata dall'XI battaglione di *chasseurs* (alpini) del maggiore Maurice Gamelin (fedelissimo di Joffre) dislocato ad Annecy e che senza ordini precisi frenò la rapida avanzata del 8° reggimento bersaglieri, comandato dal colonnello Ettore Bastico. Cadorna seppe dimostrare un profilo tattico maggiore rispetto ai suoi colleghi comandanti d'Armata, elemento distintivo che sarà premiante per la sua futura carriera. Partito come inviso al Sovrano e a Po!lio, avrebbe dimostrato in poche settimane un fiuto marziale di prim'ordine.

117

Nonostante il piglio combattivo francese, l'operazione globale interalleata, prevista con accuratezza in alcune riunioni tra Pollio e Moltke, portò anche la 1ª Armata tedesca, comandata dal generale Alexander von Klück a penetrare proprio in Franca Contea a partire dal 5 luglio. Venne così occupata Belfort, suscitando a Parigi un ripensamento sull'avanzata massiccia in territorio renano.

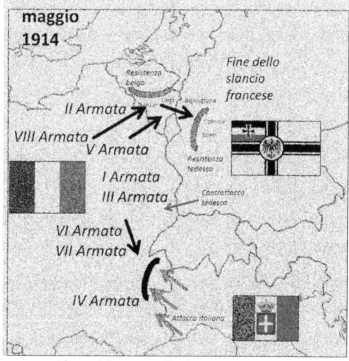

*Il fronte dalla Manica alle Alpi nel maggio del 1914*

La paura di perdere completamente la valle del Rodano, portò l'Alto comando francese a interrompere l'invio di riserve umane e materiali per il piano "Joffre". Di conseguenza esso si arenò nei sobborghi delle città industriali tedesche, senza portare a termine l'occupazione del centro economico della Germania. La sorprendente vittoria dell'*Armée* rimase incompleta, anche perché i reparti avversari per quanto in ritirata, si erano mantenuti compatti e pronti a reagire dalla linea difensiva del Reno. Migliaia di uomini furono irrazionalmente spinti ad esporsi inermi al fuoco della mitragliatrice. Era il vano tentativo di conquistare, con la sola forza del numero, le posizioni nemiche e di dimostrare la superiorità del proprio spirito. L'artiglieria, che aveva conosciuto uno sviluppo tecnico vertiginoso dall'inizio del secolo, fu usata in chiave prevalentemente offensiva, come metodo, spesso inefficace, di scombinare le linee nemiche prima di un attacco.

Moltke poteva essere talvolta impulsivo e di certo impressionabile, perché pressato dai sogni vanagloriosi di Guglielmo II. Tuttavia, in quella circostanza, anche grazie alla duttilità di comandanti come Guglielmo di Prussia e Paul von Hindenburg, seppe mantenere il sangue freddo e la necessaria fermezza d'animo. Aquisgrana, Bonn e Colonia ressero all'impatto offensivo e le migliori industrie tedesche continuarono la propria produzione indisturbate. Le divisioni tedesche di stanza sul Reno sorressero bene l'urto, nonostante l'impressione suscitata dalle vittorie nemiche contro Bruxelles. La società tedesca fece quadrato al fianco del proprio esercito, proprio come richiesto dal *Kaiser*. I taxi di Amburgo furono concentrati verso il fronte, pur di portare uomini, mezzi e materiali, necessari a impedire al nemico di avanzare ulteriormente entro il proprio territorio nazionale. Il Reno, ritenuto fiume sacro da ottanta milioni di tedeschi non poteva divenire abbeveratoio per i ronzini francesi. Per la prima volta da quando esisteva uno Stato tedesco unito, il contadino, il commerciante, l'intellettuale e il soldato combattevano la stessa guerra, tutti insieme senza divisione tra casta militare e società civile.

L'azione germanica di estrema difesa venne coronata da successo, perché le unità dell'*Armée*, ormai esauste e prive di rifornimenti, rientrarono in Belgio, tentando di trincerarsi e attendere là i rinforzi britannici. Questi arrivarono troppo tardi per completare il piano contro il cuore pulsante tedesco. Le iniziali unità, inserite nella prima Divisione inglese di fanteria del costituendo Corpo di Spedizione Britannico (*British Expeditionary Force* o *BEF*), comandata dal generale John French, sbarcarono nel porto di Le Havre solo il 18 maggio, pronte a essere trasportate via ferrovia sin lungo la Mosa. Sarebbero arrivate ormai fuori tempo massimo per partecipare alla ventilata spallata contro l'esercito di Guglielmo II.

La mattina del 20 maggio arrivò in Francia la seconda Divisione, mentre il 1° giugno la terza e quarta, accompagnate da una di cavalleria. Solo verso il 20 giugno l'Unità poté dirsi completa, arrivando in Francia altre quattro Divisioni di fanteria e due di cavalleria, portando il *BEF* a un numero totale di sette divisioni di fanteria e tre di cavalleria. Queste unità si collocarono tutte a ridosso del confine con la Lorena, per tamponare le eventuali azioni tedesche su Parigi, quasi del tutto sguarnita per favorire il piano "Joffre". Dopo circa un secolo dalla battaglia di Waterloo, fatta eccezione la Crimea, il sangue inglese tornava a scorrere sulla terraferma europea.

*Truppe indiane a cavallo per le strade di Parigi*

Gli storici militari hanno dibattuto a lungo sulle motivazioni, sulla pianificazione e sull'esecuzione dell'operazione voluta dal Generalissimo francese e sulle sue successive modifiche. Tra i molti giudizi, indicativo quello di Basil Liddell Hart nel suo *Storia della Prima guerra mondiale*. Egli definì lo schema definitivo «di audacia napoleonica»: tutto dedito a infliggere una lezione morale alla Germania, più che a colpirla a morte. In sostanza quel che sarebbe addebitabile allo Stato Maggiore francese è aver preferito confidare nell'uso di tattiche consolidate, ma superate. Perché prendere lezione da Antoine de Jomini e non dedicarsi a un piano strategico più ampio e quindi "clausewiziano", dove la sinergia con l'imminente partecipazione britannica alla guerra avrebbe contribuito a migliorare l'attacco? Quel che ci sarebbe da aggiungere è che Joffre perse la battaglia prima che sul campo, nel suo pensiero. Ritenne la sospensione dell'avanzata francese sul Reno già di per sé una sconfitta. A posteriori in molti a Parigi si sarebbero interrogati su come l'Esercito italiano era riuscito con una semplice zeppa a far deragliare il treno francese in corsa verso la vittoria. A ben leggere i fatti: più che una zeppa, quella usato dalle Armate di Pollio sembrava essere piuttosto la maniglia del freno dell'intero convoglio. Una volta tirato, il deragliamento era quasi assicurato.

C'è da dire, a parziale difesa del Comando francese, che Londra si stava muovendo con estrema lentezza nella mobilitazione, elemento che contribuì a rendere poco propulsivo l'attacco settentrionale attraverso il Belgio. I francesi erano stati troppo ottimisti, sulle proprie e sulle forze degli alleati britannici. Da soli non avrebbero potuto insieme attaccare la Germania e pure difendersi dall'Italia. I problemi logistici vennero accantonati dietro al desiderio di vendetta contro Berlino.

Del resto, lo sforzo degli inglesi nelle prime settimane di guerra non si esauriva nella preparazione del contingente da spedire oltre la Manica, già di per se stesso non privo di incognite. La mobilitazione per la mentalità britannica non poteva che essere formata da volontari o da professionisti. Questi erano fattori poco adatti a creare e mantenere una riserva sufficiente di armati, per una guerra di massa come si stava rivelando il conflitto del 1914. A ostacolare i piani di Londra c'erano altre cause. Nel frattempo, in Irlanda una serie di diserzioni e l'arruolamento segreto di giovani e adulti, abbagliati dalla possibilità di combattere per una Patria indipendente, stava permettendo la costituzione di una milizia popolare, archetipo del patriottismo su vasta scala. Le forze irregolari erano state sempre un ricorrente espediente nelle isole britanniche, come fucina di soldati a basso costo. In quei frangenti Londra non ne seppe o non ne volle approfittare come invece accadde in Irlanda. Uno dei propugnatori più accaniti dell'arruolamento locale fu un giovane ufficiale originario di Tyrone, nel nord del Paese, disertore dell'esercito britannico: il tenente Harold Alexander.

*Scontri tra britannici e irredentisti per le strade di Dublino*

Imparata la lezione dalla matrigna Inghilterra, gli irredentisti volontari *Irish* ora si radunavano come milizie organizzate a Belfast, a Dublino e a Waterford. Proprio imitando questa tradizione, non del tutto rinnegata neppure nei circoli più esclusivi del *British Army*, essi apprestavano ad attaccare quest'ultimo in ogni occasione buona. Presto questa situazione si sarebbe rivelata una spina nel fianco per lo sforzo bellico del Regno Unito; per non parlare poi della promessa americana di appoggiare moralmente e materialmente le ambizioni irlandesi, che già si concretizzava con l'invio di una brigata di fanteria presto denominata *American Army of Ireland*. Nonostante il suo sommario addestramento *yankee*, essa si rivelò molto efficiente nelle azioni di guerriglia e di improvvisazione tattica contro lo snobistico professionismo degli inglesi.

125

Nel settembre del 1914 sarebbero sbarcati sulle terre del già preconizzato "Stato dell'Eire" circa 8.000 soldati americani d'origine irlandese. Come pare ovvio, essa non fu un'iniziativa ufficiale del Governo di Washington, essendo la Casa Bianca interessata per il momento a mantenere un certo equilibrio tra i contendenti europei. Pur tuttavia la portata propagandistica, che infuse questa spedizione, rappresentò un elemento notevole sia sulla tradizione messianica degli Stati Uniti, sia sul morale inglese, che risentiva della lotta in casa e senza quartiere. La situazione creatasi non si stava rivelando certo una passeggiata riposante. All'interno di uno scenario bellico più europeo, gli strateghi francesi stavano imponendo una faticosa marcia, in luogo delle previsioni ottimistiche di far sopraggiungere gli eserciti dell'Intesa in pochi mesi a Berlino.

Il Governo britannico, stretto tra due fuochi, si trovò nella necessità di badare prima alle proprie beghe interne, prima di irrobustire – come i francesi si aspettavano – le posizioni in Champagne e in Lorena occidentale. Per ironia della sorte negli interessi di Londra sarebbe stato deleterio sguarnire il proprio territorio, per andare a difendere i francesi. Ecco, quindi, l'invio in Irlanda di sei divisioni inglesi, concentrate su un Corpo d'Armata allargato comandato dal generale Horace Smith-Dorrien. La Grande Unità doveva essere dedita a vari compiti di controllo del territorio, sempre più infestato da gruppi armati, interessati alla lotta clandestina e a forme di combattimento irregolare.

Il restante compito britannico, che si rivelerà prevalente nell'economia dello sforzo bellico, fu il presidio dei mari e la guerra navale contro i nemici dell'Intesa. In questo almeno Londra avrebbe trovato la sua vocazione naturale e i suoi migliori successi. Non era nozione nuova che la flotta inglese potesse offrire solo un aiuto poco più che rappresentativo in caso di guerra continentale. Tuttavia, la Francia, abbagliata dal desiderio di trovare a tutti i costi lo scontro aperto con i tedeschi, si disinteressò di questo rilevante particolare. Del resto, non si curò neppure di rendere partecipe delle sue tappe, che portarono alla guerra, l'altra grande sua alleata, la Russia. L'errore non era solo una questione militare, visto che un ipotetico (anche se improbabile) doppio fronte avrebbe spiazzato Berlino. Diplomaticamente Pietrogrado prese questa superba dimenticanza francese come pretesto per tenersi fuori – per il momento – da una guerra logorante e per essa di fatto inutile. Tra tante problematiche interne, gli obiettivi esteri dello Zar erano rivolti tutti verso i Balcani, zona non soggetta al potere di Berlino e Roma. Una guerra contro gli attuali nemici degli anglo-francesi non era quindi né utile, né comoda, per un esercito che doveva presidiare un territorio esteso dal Pacifico al Baltico.

Nella logica delle relazioni internazionali fu quindi un gravissimo errore quello di non coinvolgere anche Pietrogrado nell'*esclation*, che portò alla dichiarazione della guerra. Pur tuttavia la posizione del governo dello Zar era e rimaneva in un limbo delicato e all'occorrenza di reciproco sospetto. Infatti, esso era nell'obbligo giuridico di aiutare Parigi solo in caso di una guerra difensiva: quella dichiarata il 10 maggio non lo era affatto per la Francia. Con un po' di fantasia poteva esserlo per il Regno Unito, se si interpretava l'assassinio di Edoardo come un fatto politico aggressivo del *Reich*. Però i legami siglati a partire dal 1907, che univano Pietrogrado e Londra erano vaghi e non potevano rientrare in un'alleanza formale.

Per volontà della stessa Gran Bretagna, nella personale ritrosia a farsi coinvolgere troppo in impegni militari con altri Paesi, i francesi e i russi erano collocati nella fascia degli «amici ufficiali» degli inglesi e quindi non classificabili giuridicamente al pari di «alleati». La cosa valeva come pare ovvio anche all'inverso. Per questo era stato per semplice desiderio di rivalsa contro i tedeschi, che Parigi si era rivelata una paladina della vendetta inglese, non certo per osservanza di obblighi internazionali, che in stretto rigore di termini non potevano essere rintracciati nella pozza di sangue blu versata a Derry.

In questa logica, ancora malconcia e non preparata a vedersela con la spavalda Germania, la Russia aveva il 13 maggio dichiarato la sua «neutralità», proponendosi di rimanere alla finestra. L'obiettivo era capire come si sarebbero comportati gli Imperi ottomano e austro-ungarico, suoi antagonisti nel predominio del Mar Nero e nel controllo dei Balcani. Fu l'ambasciatore zarista a Londra, Alexander Benckendorff, che comunicò allo stesso vice *premier* britannico Balfour l'indisponibilità russa a farsi coinvolgere in questa guerra lontana e aliena dagli interessi di Pietrogrado.

L'unica decisione, degna di nota presa da Nicola II, fu il graduale allontanamento del generale Vladimir Sukhomlinov, capo di Stato maggiore dell'Esercito, dalle decisioni logistiche e operative delle unità dislocate dalla Crimea alla Finlandia. La progressiva destituzione del comandante supremo dell'esercito imperiale, nella mente dello Zar, non aveva nessun significato tecnico o strategico. La struttura militare russa era talmente lenta e irrigidita, che decisioni in questo senso non avrebbero facilitato certo un possibile coinvolgimento allo sforzo bellico. Il Sovrano fece questa scelta, semplicemente perché convinto che, visti gli squilibri internazionali, fosse necessario rinnovare l'indirizzo delle proprie milizie, senza capirne il senso effettivo. Non un fatto personale, dunque, ma la testimonianza di come presso il Palazzo d'Inverno le decisioni erano prese d'impeto, come tirava il vento, senza una ponderata riflessione. Non sarebbero mancate, nei mesi a venire ripercussioni a questo modo di gestire la politica e la guerra. Sukhomlinov poteva essere il miglior condottiero del mondo o il peggior buttafuori d'osteria. Semplicemente non era quello il momento per sostituirlo. L'Impero zarista era sull'orlo di una crisi di nervi? Gli eventi avrebbero sin troppo presto dato una risposta a questo dubbio amletico.

*Il generale Vladimir Sukhomlinov*

Così, quindi, si concludeva la prima fase di questa guerra, che sin da subito aveva offerto incredibili e imprevisti sviluppi. Per i francesi era stato il battesimo del fuoco, dopo decenni di inattività. Avevano mostrato più audacia e spirito d'iniziativa nei quadri, che organizzazione nei vertici. Gli inglesi avevano avuto invece contro di loro: il rispetto parlamentare delle istituzioni e i tempi tecnici per organizzarsi. Vista poi la struttura militare leggera in tempo di pace, a remare contro Londra vi fu la necessità di superare la Manica e le pianure settentrionali francesi, prima di prestare manforte ai propri alleati. Conclusosi il piano "Joffre" con una vittoria di Pirro, la situazione creatasi prefigurava lo scenario di una guerra lunga e logorante. Il tentativo di sconfiggere il *Reich* con un unico colpo mortale era miseramente fallito, trascinando nel baratro con sé tutta la strategia prebellica francese. A Parigi non poteva dirsi certo vivessero dei lungimiranti, se nei decenni precedenti altri conflitti, come la guerra di secessione americana e quella russo-giapponese, erano degenerati in un massacrante conflitto in trincea.

Tutte le alterne manovre e contromanovre successive avrebbero avuto come unica conseguenza quella di mettere in crisi di fantasia sia gli attaccanti che i difensori, chiunque in modo alterno fossero gli uni o gli altri. La mal coordinazione francese divenne il limite delle offensive successive; gli attacchi tedeschi invece venivano respinti a suon di pesanti perdite per l'accanimento che i francesi mettevano nel difendere le posizioni raggiunte in Belgio o quelle originali in terra lorenese.

Da principio Parigi e Londra avevano creduto in un'azione rapida, per chiudere la partita tedesca in autunno e festeggiare il Natale brindando a Strasburgo.

In settembre compresero che solo un impegno massiccio e totalizzante dell'intera Nazione – intesa come forze combattenti, apparato economico-industriale e società civile – avrebbe potuto ora contenere il muro difensivo creatosi tra il Mar del Nord e il Mediterraneo.

In campo avverso, del resto, si era notata una certa saldezza nel tamponare la situazione. Questo era avvenuto anche grazie a un'iniziativa italiana ben costruita dopo decenni di gavetta all'ombra dei tedeschi e di un'opinione pubblica indirizzata in modo sapiente dalla classe dirigente verso il patriottismo sfrenato. Come si è accennato, Vittorio Emanuele III, il Governo di Roma e i partiti politici ebbero a influenzare la cittadinanza sulla missione risorgimentale della guerra contro Gran Bretagna e Francia. Sia il partito trasversale "cattolico", sia quello socialista ebbero a trovare uno stimolo ideologico nell'impresa bellica, fattore che premiò Giolitti e il suo sistema di catalizzatore politico, proprio in quei mesi in affanno. Il vecchio statista piemontese aveva bisogno di qualcosa a cui attaccarsi per recuperare il controllo delle corde del palcoscenico; trovò nella guerra il mezzo per riprendere l'autorità necessaria per orientare i propri recenti antagonisti Salandra, San Giuliano e Sonnino. Alla radicalizzazione della politica, Giolitti stava rispondendo con la voce dell'interesse generale, tacciando quindi i pacifisti e gli attendisti di scarso patriottismo. Nessuno poteva sottrarsi alla lotta, pena essere chiamato pavido e traditore. Per questo motivo l'antimilitarista e scismatico Mussolini – e come lui alcuni altri – erano stati espulsi dai loro stessi partiti di riferimento, trovando all'estero riparo dalle accuse di codardia e di renitenza istituzionale.

Il successo del consenso alla guerra arrivò soprattutto perché il timoniere di Dronero seppe infondere nell'opinione pubblica l'idea che la lotta contro Parigi e Londra era l'ultimo passo verso la piena affrancazione economica e sociale del Paese. Come nelle altre società nazionali stava accadendo, anche l'Italia intraprendeva lo sforzo bellico non più con il concetto napoleonico di "Nazione in armi", ma con quello di "Nazione in guerra". La nuova nozione era più congeniale a un'azione collettiva dell'intera popolazione, senza più distinzione tra militari e civili, tra fronte e retrovia. Non più quindi "Grande Proletaria", come cantava il poeta romagnolo Giovanni Pascoli solo un biennio prima durante la guerra italo-turca, ma il grande slancio di una nuova potenza nazionale e del suo popolo, desiderosi di ereditare le colonie e i mercati di due Imperi, che sembravano senza speranze e in declino.

Da anni l'economia del Mezzogiorno vedeva sacche di concorrenza per colpa degli esportatori e dei traffici inglesi e francesi, soprattutto dopo lo sviluppo incessante del canale di Suez e dopo l'occupazione della Tunisia. La Sicilia, esportatrice di zolfo e di agrumi, molto aveva sofferto delle altre produzioni straniere, che ormai con sempre più assiduità facevano capo al protezionismo di Londra e Parigi. Di conseguenza, non trovando nella popolazione minuta motivazioni patriottiche in senso stretto nella guerra, l'interesse per l'economia nazionale si rivelò un ottimo reagente chimico per interessare la cittadinanza tutta a questa impresa bellica senza precedenti. Una vittoria avrebbe garantito pieno campo libero nel Mediterraneo e nel Mar Rosso, prospettive commerciali in Vicino Oriente e nuove terre da colonizzare. Materie prime a buon mercato da incanalare nel circuito nazionale, moderne piazze dominate o amiche su cui investire, oltre a rotte commerciali da percorrere, divenivano obiettivi molto più avvertiti, per chi non aveva nel cuore l'animo disinteressato di un Garibaldi o un Mameli.

Tutti questi furono fattori, che avrebbero fertilizzato un terreno ormai maturo per un'operazione da lustri progettata. Giolitti avrebbe coronato i sogni infranti di Agostino De Pretis e di Francesco Crispi. Vittorio Emanuele sarebbe diventato finalmente imperatore, Roma sarebbe tornata ad essere la capitale del Mediterraneo. La perfida Albione o la giacobina Gallia non avrebbero più mortificato le legittime ambizioni di un popolo, che aveva dominato il mondo con le armi, la cultura e la tecnica. Persino la storia della Chiesa, tanto invisa ai Savoia, aveva avuto il suo periodo peggiore durante la cattività avignonese nel XIV secolo. Sette papi francesi, tra il 1309 e il 1377, erano riusciti a lordare persino quel che c'era di più sacro in Italia!

La fantasia di ripercorrere le orme di Scipione, di Cesare e di Augusto imponeva anche un aspetto coreografico da non sottovalutare. Con venature di ardito sciovinismo approdò anche in Italia il problema e l'opportunità di studiare un casco protettivo per la testa dei militari combattenti. Se i francesi furono i primi ad adottare l'elmo metallico *Adrian*, gli italiani furono quelli che ebbero l'intuito di progettare e realizzare un copricapo d'acciaio dalla linea estetica e dalla solidità necessaria al tipo di guerra contemporanea. Esso non doveva solo impedire le sempre più frequenti fratture dei crani o le esplosioni dei cervelli, ma rappresentare il simbolo stesso del soldato «italico» nei diversi campi di battaglia.

L'elmo, chiamato *Galilei*, dal nome dell'ingegnere genovese che lo ideò, era composto da una cupola semisferica rinforzata, che ricalcava le forme del cimiero del soldato dell'antica Roma, avendo al suo vertice una piccola cresta decorativa. Un sistema di aerazione e una comoda imbottitura poi garantivano un'aderenza sicura e confortevole. Fu Vittorio Emanuele III il primo ad indossarlo in occasione della festa dello Statuto, ai primi di giugno. L'evento si risolse in una bizzarra *performance* del Sovrano, avendolo per errore calzato al contrario. L'ilarità suscitata tra i rappresentanti della stampa però si spense subito, quando il capo di Stato Maggiore Pollio, chiuse il caso commentando:

«*Possiamo anche indossare alla rovescia l'elmo sacro che fu di Scipione e di Cesare; non avremmo mai potuto portare quell'informe casco repubblicano che i francesi chiamano "Adriano", il peggiore imperatore che l'antichità abbia avuto, in quanto straniero, bastardo e imbelle.*

*Il nostro massimo Re è tale invece perché discende dal romanissimo e sommo Augusto, non certo alla pari dei nostri pavidi avversari, che hanno natali dai cenciosi Brenno e Vercingetorige*».

In questa logica dalle colonne de *Il Corriere della Sera* l'odio contro Parigi e Londra cresceva ogni giorno di più, contribuendo alla preparazione morale del Paese di fronte a quella che si sarebbe rivelata una guerra lunga e logorante. Il 14 giugno dalla sede di Via Solferino a Milano partì una sottoscrizione nazionale, dalla quale in poco più di due mesi sarebbero stati raccolti fondi pari a 3 milioni e mezzo di lire. Tutti i cittadini, senza distinzione di origine geografica, di classe o ceto sociale, parteciparono alla colletta. Molte donne sposate, in modo spontaneo, decisero di offrire alla Patria quello che avevano di più sacro: la propria fede nuziale. Venne considerato il modo più autentico e intimo per essere legate al destino dei propri mariti, partiti per il fronte. Se la guerra fosse stata persa, se i propri congiunti fossero stati uccisi, non avrebbe più avuto senso quel disco metallico all'anulare della mano sinistra. I cannoni più che un gioiello avrebbe contribuito alla salvezza del proprio soldato. La causa nazionale diveniva un tutt'uno con il senso familiare. Vittorio Emanuele III, al pari dell'omonimo nonno, stava diventando il padre della Patria, colui che incarnava gli unici e sinceri valori della collettività.

*Manifestazione patriottica a Milano*

La somma, raccolta con così tanto entusiasmo ed abnegazione, venne consegnata dal direttore Luigi Albertini e dal sindaco socialista della città meneghina Emilio Caldara. L'obiettivo della colletta era quello di sopperire alle inevitabili privazioni della società civile e creare un bacino di aiuti alle truppe. Ecco quindi, sia l'assistenza alle famiglie numerose dei richiamati, dei primi invalidi e caduti in battaglia, sia il reperimento di generi di conforto per le truppe destinate al fronte alpino: vettovaglie supplementari, sigarette, indumenti, calzature pesanti oltre a quantitativi massicci di preservativi. Questi ultimi, tuttavia, non sempre erano però graditi dai soldati nelle loro saltuarie e fugaci scappatelle amorose nei bordelli di seconda linea, dove il concetto igienico era elemento accessorio all'istinto animalesco.

L'evento propagandistico della colletta popolare creò anche uno strano gemellaggio tra il quotidiano italiano e l'omologo germanico *Kölnische Zeitung*, in prima linea nell'azione patriottica della guerra. Le Ferrovie dello Stato italiano, come già quelle regionali tedesche di Baviera, del Württemberg e di Alsazia e Lorena, offrirono ai comitati civici detentori dei fondi, numerose colonne di carrozze per trasportare tutto il materiale destinato alle truppe. In ogni città gran folle si accalcavano alle stazioni, dove passavano questi convogli, allo sventolio di tricolori e al suono di musiche patriottiche. La guerra era dipinta come una festa, una rigenerazione collettiva per rendere veramente moderna l'Italietta ottocentesca, fragile vaso di coccio tra solidi vasi di ferro. La percezione della guerra nel 1914 era quasi romantica e la sua dichiarazione venne accolta con grande entusiasmo da molte persone. La visione comune era che sarebbe stata una breve guerra di manovre, con poche azioni pungenti. Sarebbe finita con un vittorioso ingresso nella capitale nemica, seguita da una o due parate celebrative a casa, per poter poi tornare alla vita normale.

Stessa politica del *Corriere* fu sviluppata dal comparto bancario e industriale. Lo Stato italiano aveva assolutamente bisogno di fondi per finanziare la guerra. Attraverso l'emissione di obbligazioni pubbliche tentò di reperire il fabbisogno necessario al completamento del riarmo in tempi brevi. Quello che non si riuscì a reperire, anche con l'ausilio del Credito Italiano, della Banca Commerciale Italiana, del Banco di Roma e della Banca Nazionale di Sconto, venne chiesto in prestito ad istituti germanici e statunitensi, tra cui la *Frankfurter Bank* e la *Bank of America*.

Interessante l'attività della Comit nel cementare la Triplice Alleanza. Interessata a consolidare il legame con Berlino data la sua origine tedesca, vide di buon occhio l'appoggio italiano alla Germania e la possibilità di allargare i propri traffici nell'intero bacino del Mediterraneo in caso di naufragio anglo-francese. Per questo motivo l'istituto di credito milanese iniziò in quei mesi a troncare ogni rapporto con i mercati di Parigi e Londra, finanziando invece il commercio proveniente dalle colonie del *Reich* e supportare l'industria pesante italiana, come l'Ansaldo e la Fiat. Fu nella riunione del

7 giugno che il Consiglio d'amministrazione della banca milanese approvò lo smobilizzo delle proprie quote della *Banque Française et Italienne pour l'Amérique du Sud*.

Anche verso Vienna l'impegno della Commerciale fu decisivo, considerato il finanziamento per la costruzione di nuovi tronconi ferroviari che unissero l'entroterra con Verona e Trieste, favorendo così i commerci con l'Italia e con il bacino adriatico. Simile azione venne svolta dal Banco di Roma, che nell'estate del 1914 aprì una filiale a Monaco di Baviera, una a Salisburgo e un'altra a Trieste, riducendo di molto le sue esposizioni sulla piazza parigina. Tale politica economica e finanziaria avrebbe – secondo l'idea del ministro del Tesoro Francesco Tedesco (*nomen omen*) – favorito l'integrazione degli interessi austriaci a quelli italiani, sostenendo così l'intervento in guerra anche dell'Austria.

*Campagna finanziaria a favore della guerra*

Con il proposito di far entrare nel conflitto la Duplice Monarchia a fianco dell'Italia e della Germania, a Roma persino la Santa Sede ebbe a inserirsi nella questione bellica. Il papa Pio X non poteva che guardare benignamente la Triplice Alleanza e con sospetto Parigi. Al secolo Giuseppe Melchiorre Sarto, era stato nominato Patriarca di Venezia su pressione degli Asburgo ed eletto al soglio di Pietro nel 1903, perché Francesco Giuseppe aveva posto il veto sul favorito filofrancese Mariano Rampolla. Per questi motivi, come in passato, in quei pochi mesi che gli restavano da vivere la sua attività a capo della Chiesa fu sempre rivolta verso gli Imperi centrali in ostilità con l'estremo laicismo e anticlericalismo della Terza Repubblica. Ne nacque anche un caso tutto interno all'apostolato della Chiesa. Tra gli altri, il filotedesco cardinale Serafino Vannutelli, forte dell'appoggio dell'*Osservatore romano* si schierò contro la *Civiltà cattolica*, più incline a posizioni neutrali e isolazioniste, speranzosa che il buon senso impedisse ai cristiani una nuova guerra fratricida. In tale attività diplomatica il Pontefice, sempre più convinto che solo le armi avrebbero lavato il segno del peccato, si reggeva sulla profonda esperienza e cultura del cardinale Rafael Merry del Val, porporato poliglotta spagnolo, che molto stava influenzando l'attività politica della Curia romana verso un'adesione incondizionata della guerra.

Merry del Val, che era nato a Londra e che aveva prestato lunghi servigi nel mondo germanico, si era occupato con gli anni di grandi problemi internazionali della Chiesa, tra cui il rapporto difficile con la Francia e la partecipazione dei cattolici italiani alla vita politica del Paese. Fu lui in persona che chiese al vescovo Frühwirth di tenere i rapporti con il *Katholischen Welt*, come sarà sua l'iniziativa di affidare alle attenzioni di sacerdoti cattolici la cura spirituale dei soldati in partenza per il fronte, una volta che l'Italia dichiarò guerra all'Intesa. Da questa proposta nacque l'idea di creare l'istituto dei cappellani militari, che nel corso del 1914 portò gli ecclesiastici nazionali a rivestire una divisa e ad essere assimilati al ruolo degli ufficiali del Regio Esercito e della Regia Marina.

Tale spirito portò come conseguenza pratica il riavvicinamento dello Stato italiano con la Chiesa, tant'è che per la prima volta dal 1870 un re d'Italia venne ricevuto dal Pontefice. La cerimonia avvenne nelle stanze papali il 12 luglio. Vittorio Emanuele III – accompagnato dalla consorte Elena, dai figli Iolanda, Mafalda, Umberto e Giovanna – venne ricevuto con tutti gli onori dal Santo Padre. L'incontro, molto cordiale, fu l'occasione per entrambi di riesaminare le posizioni pendenti tra le due istituzioni, dall'ingresso a Roma delle truppe della fanteria italiana.

Nell'analisi dei fatti, che ci interessano, non bisogna dare però un valore troppo spirituale all'evento. Esso era e rimaneva un fatto di pura politica diplomatica, escludendo quindi un mistico «viaggio a Canossa» nelle intenzioni del sospettoso piccolo Re mangiapreti. Entrambi i monarchi ebbero delle forti riserve, non fosse altro perché il Savoia era nell'animo anticlericale e per tradizione avverso a qualsiasi cedimento politico nei rapporti tra Stato e Chiesa. Dall'altra parte Pio X – o meglio il Segretario di Stato Merry del Val – sperava di ottenere dei piccoli vantaggi immediati, sognando che la guerra favorisse il recupero di influenza ecclesiastica nelle maglie della società civile italiana.

L'incontro non portò a nulla di concreto, proprio perché le posizioni sociopolitiche erano distanti negli animi. Pur tuttavia era stata la mossa vincente per far sedere allo stesso tavolo il Re d'Italia e il Papa "prigioniero". Nei mesi successivi nacque un rapporto amichevole tra Merry del Val e il nuovo ministro degli Affari Esteri Tittoni, succeduto a San Giuliano a fine settembre una volta caduto il gabinetto Salandra, di cui avremo modo di parlare più avanti. Tra i due si arrivò persino a un protocollo segreto, firmato nel Palazzo Laterano l'11 febbraio 1915. In esso a fronte di un appoggio pontificio a far entrare l'Austria-Ungheria in guerra e la massima disponibilità del clero nazionale a favorire il consenso italiano alle ostilità, il Governo italiano – una volta conclusasi la guerra – avrebbe garantito il recupero degli ex beni ecclesiastici in tutti i territori strappati alla Francia. In aggiunta a ciò, il Regno d'Italia avrebbe offerto importanti concessioni di tipo erariale e fiscale sulle merci in entrata e in uscita da quello che per molti religiosi era ancora lo Stato della Chiesa, che rimaneva per il momento, comunque, sotto l'autorità politica del Governo di Roma. In extremis, anche per insistenza del ministro della Pubblica Istruzione Benedetto Croce, venne inserita una clausola nel documento finale, in cui la Biblioteca vaticana avrebbe restituito alla città di Urbino la preziosa raccolta di volumi manoscritti, appartenenti alla collezione di Federico da Montefeltro, sottratti secoli prima dal Palazzo ducale omonimo.

L'apice di questo percorso, infine, si realizzò nella primavera del 1915, al momento dell'elezione in conclave del 258° vicario di Cristo. Gli equilibri europei erano già precari da oltre un anno, quando sopraggiunse la morte dell'ormai ottantenne Pio X. Scegliere un Papa neutro o partigiano di una sola parte poteva valere più di una vittoria militare, per chi riusciva a influenzare gli alti prelati. Con il continente diviso in due, questo evento divenne un ulteriore fardello, per chiunque cercasse una soluzione condivisa. Il conclave, per evitare problemi politici al momento dell'afflusso dei porporati, essendo i confini presidiati dagli eserciti in armi, venne svolto in territorio neutro. La Svizzera, nonostante la sua lunga tradizione protestante, divenne l'unica soluzione praticabile per un cattolicesimo sempre più diviso in opposte fazioni. La città designata, che avrebbe ospitato le sessioni di riflessione e di voto, fu Lucerna. Fu scelta per differenti motivi, tutti apparentemente ecumenici: perché equidistante dalla Germania, dalla Francia e dall'Italia; perché la maggioranza della popolazione era comunque cattolica e avrebbe ben accolto i cardinali intervenuti. Infine, il lago dei Quattro Cantoni e le montagne circostanti avrebbero offerto ai vegliardi porporati momenti di riposo, nei momenti liberi dagli impegni canonici. Nonostante l'ostentato spirito ecumenico, la cattedrale cittadina con la sua abbazia medioevale divenne in pochi giorni sede di molti intrighi e le banche locali elargirono ingenti somme, pur di accaparrarsi le simpatie degli ecclesiastici nelle intenzioni di voto. Al vedere la fumata bianca, la popolazione locale e le corrispondenze estere, ignare di ciò che accadeva nel silenzio del monastero, credeva con vero cuore che il nuovo Pietro fosse portatore di pace e concordia. Dopo diciassette votazioni, dove si alternarono a pendolo candidati italiani, francesi, spagnoli e austriaci, salì al vertice della Chiesa il cardinale tedesco Felix von Hartmann, con buona pace dei cardinali gallicani, divenuti minoranza nel tentativo di cercare con l'occasione pure un accordo con la Chiesa anglicana.

Il nuovo vicario di Cristo scelse il nome di Stefano X, in onore dell'ultimo Papa connazionale, Federico di Lorena, la cui regione di nascita rappresentava in quel momento come del XI secolo una roccaforte dell'Impero germanico. Neanche a dirlo, il nuovo Pontefice divenne l'epicentro di controversie politiche e recriminazioni internazionali. In effetti anche la scelta della numerazione aveva qualcosa di particolare. Era infatti dibattuta la serie dei pontefici chiamatisi "Stefano" per via di quello eletto e poi morto prima della consacrazione nel marzo del 752 che secondo alcuni andava contato e per altri no.

*Il cardinale Merry del Val*

*Il cardinale Felix von Hartmann*

A parte questi particolari – che vennero comunque silenziati per opera dello stesso Hartmann – che impose l'identificazione di "decimo", la sua elezione rappresentò l'ennesimo elemento che legava la Curia romana a quella tedesca. Non a caso Stefano X scelse come segretario di Stato proprio Frühwirth, rientrato dalla Baviera. Come è facile comprendere sia il Governo italiano, che quello germanico usarono tutte le frecce, che avevano ai loro archi, pur di allontanare dalla scena vaticana qualsiasi candidato francofilo. É per questo che non potendo manovrare le leve della successiva politica ecclesiastica, preferirono impegnarsi nel conclave svizzero grazie alla capacità persuasiva del cardinale austriaco Friedrich Gustav Piffl e confidare nella fedeltà patriottica di un papa vicino alla Triplice Alleanza. In assenza (ancora per il momento) dell'intervento del Paese più politicamente cattolico e "pio" come l'Austria, Berlino e Roma compresero che l'unico modo per ingraziarsi i cittadini vicini alla Chiesa e spingerli verso una crociata antifrancese era quello di cavalcare – almeno in apparenza – gli entusiasmi della Curia verso una restaurazione europea del cattolicesimo. La Germania, nonostante la sua maggioranza protestante e gli accesi anni del *Kulturkampf* [15] di bismarckiana memoria, si riavvicinò all'ecumenismo di Roma per puro e spregiudicato opportunismo. Nelle intenzioni del *Kaiser* vi era l'intenzione di usare un Papa tedesco come cavallo di Troia, per scalfire la credibilità internazionale dell'anticlericale Francia e farla così sprofondare in un vortice di rotture diplomatiche all'esterno e di cali di consenso all'interno. Era un piano diabolico, ma ben nascosto sotto a una mitra cardinalizia e ancorato a un bastone da pastore di anime. Pur di accattivarsi le simpatie di Stefano X, Guglielmo ruppe anche con il precedente ostracismo germanico per i gesuiti, sancito da Bismarck nel 1872 e mai ritirato

---

[15] Letteralmente "Battaglia di civiltà", fu l'indirizzo politico applicato in Germania ai tempi di Bismarck per separare le prerogative ecclesiastiche da quelle politiche.

148

anche quando la Germania e la Chiesa cattolica ebbero la loro riappacificazione politica nell'ultimo decennio dell'Ottocento. Il Papa tedesco accolse il provvedimento con somma soddisfazione tanto da procedere con ancor più zelo all'allineamento vaticano verso la politica triplicista. Dal lago di Lucerna era uscito un autentico e diabolico mostro, peggiore del fantomatico di Loch Ness.

Era dal 1523, dai tempi di Adriano di Utrecht, precettore di quello che sarebbe divenuto Carlo V, che sul soglio di Pietro non saliva un papa straniero all'Italia. L'evento fu salutato dallo stesso Vittorio Emanuele III come un evento positivo. Secondo i calcoli del Re, un pontefice forestiero avrebbe avuto meno ascendente sui credenti italici e sollevato poche pretese recriminatorie sul potere temporale della Penisola. Dopo il perfido marchigiano Pio IX, il laziale Leone XIII e il veneto Pio X, un pontefice non avvezzo alla lingua del guelfo bianco Dante, ma piuttosto a quella dello scismatico Lutero poteva finalmente divenire il conciliante risolutore di così tanti contrasti tra le due sponde del Tevere. Il Vaticano avrebbe forse perso quell'ingombrante anima aristocratica, avversa a qualsiasi alternativa monarchica a Roma, per immergere le anime cattoliche nazionali ed estere verso altri, lontani e comuni avversari?

Il nipote del primo re d'Italia sarebbe potuto divenire sul serio il risolutore della Questione romana e magari – con un poco di ottimismo – essere definito da qualcuno addirittura «l'uomo che la Provvidenza ci ha fatto incontrare». Di certo la situazione bellicosa, dove l'Italia si spendeva in prima persona al fianco della Germania contro due potenze lontane dal concetto cattolico di fede cristiana, avrebbe potuto favorire sia la Chiesa che lo Stato. La prima recuperando tutti i privilegi e l'autorità del clero gallicano, ormai persi da secoli, il secondo – identificato come partecipante a una sorta di crociata *ante litteram* – avrebbe ottenuto l'appoggio incondizionato del clero nazionale e dei cittadini alla guerra.

# L'incendio divampa

La convinzione della breve durata del conflitto venne considerata spesso una tragica sottovalutazione. Secondo molti, se vi fosse stata fin dall'inizio una diffusa consapevolezza che la guerra sarebbe divenuta un abisso nella civiltà europea, nessuno l'avrebbe sollecitata o continuata. Ma come sappiamo, del senno del poi sono piene le fosse. Quindi, se nei primi mesi del conflitto gli scontri più feroci avevano avuto come protagoniste le formazioni francesi da un lato e quelle italo-tedesche dall'altra, la situazione – in un momento di stallo – dopo l'estate del 1914 sembrava offrire nuove opportunità per tutti coloro che avrebbero voluto partecipare agli eventi bellici.

Gli schieramenti contrapposti risultavano compatti, ma in balìa di possibili contraccolpi esterni ed interni. La guerra aveva offerto alla Francia, che poteva vantare l'esercito più forte nell'Europa del 1914, la possibilità di sferrare il primo colpo. Se non avesse peccato d'ottimismo e di un'eccessiva baldanza dottrinaria avrebbe concluso nel giro di due mesi il conflitto a proprio vantaggio, anche senza l'appoggio inglese. La Germania – dalla sua posizione geografica e dalla strozzatura industriale ed economica in cui si trovava in quel momento – aveva grandi potenzialità, ma non era preparata a una guerra fulminea di questo tipo.

Considerazioni analoghe potevano essere fatte nei confronti di Gran Bretagna e Italia. La prima, arroccata sulla difesa del mare e del vasto Impero, non era pronta a una guerra continentale su vasta scala. Solo a seguito delle pressioni francesi e per uscire dall'imbarazzo di venire accusata dall'opinione pubblica nazionale di essere asservita ai tedeschi, essa aveva accettato di farsi coinvolgere nel gioco al rialzo in nome della vendetta del principe Edoardo.

L'Italia, infine, disponendo di Forze Armate non troppo grandi, ma di poco inferiori a quelle francesi per professionalità ed addestramento, si spinse in guerra nella promettente speranza di dare finalmente un seguito alla sua incoerente politica estera dell'ultimo quarantennio. Avendo Vienna deciso la neutralità o comunque essendo essa impegnata a presidiare i suoi intricati confini sud-orientali, non restava a Roma che impegnarsi nella priorità che si era prefissata da almeno quattro lustri: arrivare ad avere un impero nel bacino del Mediterraneo.

Pollio era stato l'artefice di questa dottrina, che però divenne presto orfana del suo più autorevole ispiratore. Nella sua casa romana di Piazza Esedra il 1° settembre moriva per infarto il Capo di Stato Maggiore, stimolo dell'azione italiana contro la Francia. Al suo posto venne incaricato dallo stesso Re, il redento e virtuoso generale Cadorna, che lasciò quindi il posto di comandante della 3ª Armata a Emanuele Filiberto di Savoia, cugino del sovrano e secondo duca d'Aosta.

Questo avvicendamento fu molto significativo sull'andamento della guerra. Visti i precedenti, Cadorna con piglio deciso ed energico entrò subito in contrasto con il Governo diretto da Salandra. Delegittimato dal grande potere negoziale del nuovo capo di Stato Maggiore, sotto le pressioni incrociate di Giolitti, che sperava di tornare Presidente del consiglio, e quindi del Re, l'Esecutivo rassegnò le dimissioni il 28 settembre.

Al suo posto rientrò appunto l'uomo di Dronero, che il 30 settembre formò il nuovo gabinetto con Tittoni agli Affari Esteri e Vittorio Italico Zupelli (gradito a Cadorna) alla Guerra. Il nuovo esecutivo ebbe come priorità quella di traghettare in forma completa il Paese da uno spirito da tempo di pace a uno di "Nazione in guerra". L'aspetto finanziario ed economico non era irrilevante al cambiamento politico, visto che l'Esercito chiedeva ingenti investimenti per incrementare gli armamenti e gli effettivi in divisa. Il nuovo ministro del Tesoro, il lucano Francesco Saverio Nitti, in questo fu attivo, soprattutto per il suo obiettivo di far decollare l'economia del Mezzogiorno. Questo accadeva, nonostante le difficoltà frapposte fossero molto radicate nella società, per colmare l'arretratezza industriale esistente. In questo si scontava anche l'impegno per il recente impegno in Libia.

A favorire questo rilancio arrivò anche un aiuto esterno: l'opinione pubblica americana, ben disposta verso le ragioni degli italo-tedeschi, che ai loro occhi apparivano come difensori dell'Irlanda e del Belgio, si mobilitò tanto da incentivare notevoli investimenti e prestiti da oltre oceano. Il presidente americano in persona, Thomas Woodrow Wilson, in un suo messaggio alla Nazione fece intendere l'importanza rivolta ai giovani popoli, come il tedesco e l'italiano. Essi avevano tutto il diritto, come la Federazione delle tredici colonie centocinquanta anni prima, di affrancarsi dallo strapotere delle vecchie Potenze imperialiste. Wilson mostrò in questa occasione di non avere una grossa dimestichezza ed esperienza di cose europee, né tantomeno la minima idea di quali ambizioni potessero avere i membri combattenti della Triplice Alleanza. Tuttavia, Roma e Berlino con i problemi economici, che la guerra stava comportando, gradirono molto il gesto ed ebbero a ringraziare il Presidente offrendogli la cittadinanza onoraria dei due rispettivi Paesi.

In Francia, sotto l'aspetto socioeconomico della collettività nazionale, le cose non sembravano diverse, se si considera la ricerca affannosa di denaro, di armamenti e di energie combattive in ogni strato della società civile. Il governo di Doumergu – dove questi svolgeva pure il ruolo di ministro degli Affari Esteri prima del 10 maggio, dicastero retto poi dall'anziano Alexandre Ribot, grande ispiratore dell'alleanza con la Russia – era in piena ebollizione per le opinioni diverse all'interno dell'esecutivo. In esso i socialisti e i radicali avevano una posizione dominante, sempre sospettosi verso l'alleato britannico, che (come nel caso della Sinistra italiana) rappresentava per molti la patria del capitalismo e dello sfruttamento sul proletariato.

*Il ministro Alexandre Ribot*

Lo scontro però sembrò rientrare quando i tre esponenti di punta dell'esecutivo, Doumergue stesso, Ribot e René Viviani (ministro della Guerra) espressero alle forze politiche, che appoggiavano il Governo l'importanza di rimanere uniti nella scelta fatta. Del resto, il legame con Londra non era ideologico o spinto da amicizia disinteressata. All'interno dell'*Assemblée Nationale* agli occhi di Destra e Sinistra, l'alleanza militare appariva ora come l'unica strada percorribile, per recuperare le terre occupate dai tedeschi nel 1871. In questo senso un ruolo molto incisivo l'ebbe pure la Massoneria. Il Grande Oriente di Francia tornò a dialogare con grande sincerità con le Logge britanniche, nonostante negli ultimi decenni vi fosse stato più un dissenso su aspetti dottrinari e organizzativi. L'idea generatrice della Massoneria come legata ai dignitari della Casa reale inglese divenne un elemento di grande solidità, nonostante i tanti pregiudizi che la Terza Repubblica avesse per l'istituto monarchico.

Tutti questi ragionamenti a Parigi portarono i deputati ad essere convinti quindi che le considerazioni di tipo programmatico sulla futura politica sociale e diplomatica potessero attendere il ritorno alla Patria delle terre francesi sotto il dominio guglielmino. I partiti di maggioranza votarono compatti per il proseguimento della guerra in stretta collaborazione con i britannici, perché questo era quello che conveniva al

Paese, al di là di ideologie e buoni propositi. Cadde però la testa di Joffre, incapace secondo il ministro della Guerra di avvantaggiarsi di tutto quello che la Nazione aveva saputo offrire in quei mesi di sacrifici.

Il 22 settembre in una riunione all'Eliseo tra il presidente Poincaré e i ministri Doumergue, Ribot e Viviani venne dibattuto il successore del Generalissimo. Le opinioni dei politici erano tutte rivolte verso personaggi distanti dalla gestione precedente. Le preferenze erano tra i generali della riserva o posti per dispetto al comando di un Corpo d'Armata, avendo Joffre lasciato i vertici delle Armate a più giovani rampanti, senza una valida dose di esperienza sul terreno.

In questa logica le ipotesi più accreditate furono in favore di Alexandre Percin o di Joseph Gallieni, acerrimi antagonisti alla successione di Joffre. Dopo un'animata disquisizione su particolari speciosi, alla fine spuntò il nome del più defilato Émile Zimmer, su cui convennero tutti gli intervenuti, perché uomo concreto e degno di fiducia. Questi era stato a partire dalla guerra franco-prussiana un valido, onesto e intraprendente ufficiale di Stato Maggiore, ricoprendo incarichi molto delicati anche all'interno del servizio informazioni e operazioni. Perché nato a Strasburgo era padrone della lingua tedesca e conosceva a fondo tutti gli incagli della politica del *Reich*, perché oggetto di studio in anni e anni di preparazione revanscista.

Quello che era ritenuto un pregio, però poteva divenire per i maligni anche un difetto. Il suo cognome dal sapore teutonico, come per il caso di Luigi di *Battenberg* oltre la Manica, adombrava pericolosi fantasmi. Tuttavia, in fondo egli era gradito sia all'opinione pubblica sia alla classe politica francese. Il quotidiano *Le Figaro* non dimenticò nell'edizione straordinaria pomeridiana del 23 settembre di elencare tutti gli episodi in cui il nuovo comandante in capo dell'*Armée* aveva dimostrato con i fatti e non con le chiacchiere la sua capacità combattiva e di comando alla testa di soldati dal puro sangue francese.

Oltre a ciò, la sua storia personale era garanzia di integrità e di poca dimestichezza con gli intrighi di palazzo. Egli, repubblicano e alsaziano protestante, nell'ultimo lustro era caduto in disgrazia proprio ad opera del cattolico e reazionario Joffre. Questa nuova opportunità, offertagli nel momento in cui la Terza Repubblica doveva dare una scossa alla Nazione in armi, voleva consentire a un onesto e valido militare di esprimere al meglio la quintessenza genuina della francesità. Del resto, egli – solo dopo anni di lunga gavetta – ottenne la promozione senza clamori al rango dei generali, voluta dal laico generale Louis André, quando questi reggeva il ministero della Guerra nel 1902. Non a caso, Zimmer era stato uno dei riabilitatori materiali di Alfred Dreyfus, quindi meritevole più di altri di dirigere la strategia militare del Paese, se lo scopo del Governo e di Poincaré era quello di svecchiare il marciume conservatore e clericale della Terza Repubblica.

Con questi presupposti il generale alsaziano fu l'artefice di una nuova militarizzazione del Paese. In essa la società civile e il potere parlamentare sembravano cedere terreno senza speranza, di fronte alla tendenza accentratrice di gestire tutta la vita nazionale con disciplina ferrea e obbedienza cieca. Era l'anticamera della dittatura militare e Poincaré se ne sentiva il padrino naturale. La nomina di Zimmer poi favorì un avanzamento di elementi fino ad allora poco o mal valorizzati sul fronte nord, mantenendo però l'impostazione precedente. Si dice che alla vigilia della nomina a capo di Stato Maggiore dell'*Armée*, egli fosse andato in piena notte a fare visita alla tomba di Napoleone all'*Hôtel des Invalides*, scendendo nella cripta e inchinandosi di fronte al sarcofago di porfido rosso.

Il nuovo Generalissimo affermava che le Forze Armate francesi erano appuntite come scalpelli e solide come pietre, bisognava solo trovare lo scultore capace di usare i primi e di modellare le seconde. Lui si sentiva quell'uomo!

Lanzerac fu l'unico del «piano Joffre» a rimanere al suo posto come comandante d'Armata, probabilmente perché il solo che seppe dare quel tocco di originalità alla battaglia del Belgio. Tra le novità venne destinato alla 2ª Armata il generale de Langle de Cary, intoccabile per volontà di Poincaré, che lasciava la 4ª a Henri Gouraud, mentre la 1ª Armata venne assegnata ad Auguste Dubail. Foch, che era stato molto audace nel penetrare a Liegi, venne promosso e destinato alla nuova 9ª Armata posta a sud della Franca Contea.

La situazione per il Comando francese così si articolava in modo più equilibrato con tre Armate al nord (Belgio), quattro ad est (Lorena-Franca Contea) e tre a sud-est (Rodano-Alpi). A queste si aggiungevano a nord cinque divisioni britanniche (di cui una di cavalleria) e le rimanenti cinque a est (di cui due di cavalleria). Il comando inglese sul continente era retto dal generale French, ma la direzione militare veniva decisa in forma personale dal maresciallo-ministro Kitchener con piglio autoritario ed eccentrico. L'ingerenza del dicastero della Guerra era tanto invasiva sulle operazioni, da mortificare le idee dello stesso French, indispettito e offeso dal protagonismo del proprio superiore politico. Si disse che i dispacci operativi del fronte arrivassero prima a lui a Londra, che a French nel quartier generale nelle retrovie. Lo stesso capo di Stato Maggiore, generale William Robertson, non era in grado di tenere testa alle iniziative del ministro, che voleva essere informato su tutto quel accadeva nel Paese e fuori.

La politica britannica era in quei mesi non ben definita o meglio articolata su innumerevoli centri di potere, tra capi e capetti di turno, tra i quali si sviluppava un autentico scontro da pollaio. Nelle istituzioni politiche e militari lungo il Tamigi vi erano tante parrocchie e parrocchiette, con i rispettivi santi protettori, reverendi, accoliti, perpetue e ministranti.

Vi era quindi la pianificazione del Governo, quella del *War Office*, quella dell'Ammiragliato, quelle personali dei vari personaggi, che gravitavano intorno alle *lobby* economiche ed industriali, e infine la "non politica" del re Giorgio, anch'esso voce strillante in questo coro di galletti e gallinacci. Il problema principale era che l'amministrazione militare del primo periodo di guerra risentiva in modo anche troppo pesante della scelta dell'Esecutivo di attendere la piena popolarità del conflitto, prima di investire il Continente di divisioni di cittadini neo-soldati. In Patria la pressante propaganda per l'arruolamento operata dal generale Henry Rawlinson, che in questo era stato un maestro negli anni passati, non ebbe tutto l'esito sperato.

Si partiva dall'errata concezione che un militare britannico, professionista a vita nell'arte della guerra, valesse come dieci omologhi francesi o tedeschi, non trovando la necessità di un bacino di riservisti pronti ad ogni evenienza. La realtà era ovviamente diversa, visto che il presupposto partiva dall'esperienza delle avventure coloniali. Qui i britannici si erano confrontati contro eserciti agguerriti e spietati, ma in prevalenza armati in modo primitivo e senza una tecnica moderna di addestramento e di dottrina. Era passato troppo poco tempo dal giorno in cui il segretario di Stato alla Guerra Richard Haldane nel 1905 aveva profetizzato una preparazione in più fasi per uno sforzo massiccio all'estero. L'*escalation* del marzo 1914, che portò alla guerra, fu così rapida che nessun campanello d'allarme spinse gli inglesi verso una radicale riforma ammodernatrice del concetto *british* di Forze Armate.

Questa baldanza e l'handicap di avere un esercito ridotto, rispetto al celere ricorso europeo alla leva di massa, portò i francesi nel primo anno di guerra a combattere nella pratica da soli. Ciò accadeva, nonostante Joffre prima e Zimmer dopo avessero richiesto con insistenza il pieno appoggio di nuove unità di fanteria, di cavalleria e d'artiglieria a Kitchener.

L'unica azione degna di nota offerta dal ministro britannico alla causa francese, che vedrà però il suo successo solo nel lungo periodo, fu la mobilitazione degli eserciti originari dai paesi del *Commonwealth*. Forte della sua precedente esperienza in colonia, Kitchener adottò la propaganda e la persuasione nei confronti dei cittadini oltremare dell'Impero, anche con l'ausilio di uno stravagante manifesto. Esso incitava all'arruolamento, dove era centrale il valore della richiesta di giustizia di un padre verso la prematura morte del figlio.

L'effetto sperato fu centrato in pieno. Nella seconda metà di settembre in India, in Sudafrica, in Canada, in Australia e in Nuova Zelanda furono molti i giovani indigeni e i coloni naturalizzati, che scelsero la via dell'imbarco per l'Europa, perché tentati dalla promettente esperienza e dalla propagandata facile carriera, offerta dal *War Office*. La risposta fu così ampia anche perché, a fronte di poche domande sul proprio passato, qualsiasi furfante, ex galeotto, imbroglione o avventuriero poteva ottenere anche un posto da ufficiale in queste formazioni volontarie di militari.

Però quello che illuse il Regno Unito non fu di aiuto materiale ai francesi per sferrare un nuovo attacco profondo contro la Germania. Il *Reich* – avendo scampato per un pelo l'invasione dopo meno di due mesi dallo scoppio della guerra – stava riorganizzando in modo intenso le sue formazioni sul fronte. I tedeschi potevano schierare quattro Armate a nord, ormai spostate dal Brandeburgo e dalla Sassonia (la 2ª di Karl von Bülow, la 4ª di Alberto von Württemberg, la 5ª del principe Guglielmo di Prussia, la 9ª di Paul von Hindenburg) e cinque a ovest, di cui due in Lorena (la 3ª di Max von Hausen e l'8ª di Maximilian von Prittwitz), due in Alsazia (la 6ª del principe Rupprecht di Baviera e la 7ª di Josias von Heeringen) e una (la travolgente 1ª di von Klück), nella zona occupata della Franca Contea.

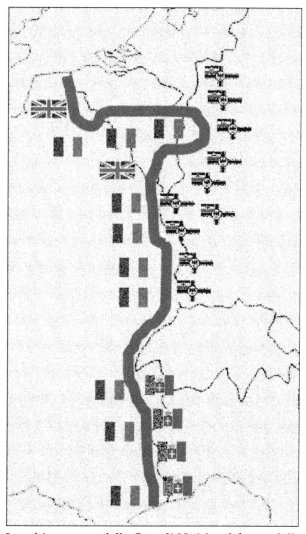

*Lo schieramento delle Grandi Unità sul fronte dalla Manica al Mar Ligure*

Lo sforzo di mobilitazione germanica era stato faticoso e difficile. L'obiettivo tedesco, in linea con i propositi attendisti del Governo, rimaneva sempre quello di: logorare in Francia gli avversari, isolare la Gran Bretagna dall'Europa e dalle sue colonie, per poi avvantaggiarsi dell'inevitabile crollo sociale ed economico di Parigi, anche contando sull'importante appoggio dell'Italia nel Mediterraneo e sulle Alpi.

Nel 1914 i tedeschi non avevano una strategia bellica consolidata da proporre, perché dopo il grande periodo espansionistico bismarckiano (1864 -1871) avevano vissuto un rilassamento degli ambienti militari. La strategia dell'equilibrio nella Mitteleuropa aveva creato qualche ritardo ai comandi e alle strutture, anche se gli slogan velleitari di Guglielmo II offrivano l'immagine di un Paese armato fino ai denti. Per di più l'aver speso nell'ultimo decennio energie, risorse e mezzi nell'inutile politica ottomana, che – come si vedrà – gli si sarebbe ritorta contro, aveva distolto l'obiettivo principale: evitare un doppio fronte tra Francia e Russia. Il risultato involontario fu quello di facilitare Parigi nella sua riorganizzazione diplomatico-militare. Berlino sapeva bene che i francesi potevano disporre di Forze Armate preparate e abbondanti. Comprendeva pure che l'eventuale ingresso della Russia avrebbe creato danni immensi alla possibilità di approvvigionarsi da Oriente. L'Ucraina rimaneva il granaio d'Europa e come tale era necessario mantenervi un canale di collegamento con il *Reich*, finché fosse stato possibile. Tagliare quel cordone significava condannare in pochi mesi il popolo tedesco alla fame. Pur tuttavia il concetto, che la Germania dovesse mettere l'orgoglio e lo sciovinismo prima di ogni altra cosa, stava dimostrando la difficile situazione in cui le sue Forze Armate si trovavano.

La strategia tedesca quindi si articolava sulla possibilità di contenere prima le avanzate francesi, per poi stimolare un coinvolgimento di Austria-Ungheria sul piano militare e degli Stati Uniti su quello economico-industriale. Guglielmo II e Wilson erano due mistici, due sacerdoti laici interessati a dimostrare l'universalità della propria morale al di sopra dei concetti stessi di democrazia e libertà, che in Germania del resto erano semplici astrazioni politiche. Nella loro logica l'umanità era divisa in modo manicheo: tutto era bianco o nero, buono o cattivo, senza sfumature intermedie. Essi non si erano mai incontrati, ma ciascuno sapeva di poter trovare nell'altro un acerrimo nemico dell'imperialismo britannico, fattore che li avrebbe posti prima o poi come alleati in uno scontro comune contro il Regno Unito.

La campagna difensiva del 1914 aveva creato al *Reich* un numero di morti incalcolabile, deceduti anche per cause sciocche o minime. L'assenza di equipaggiamenti almeno pari a quelli degli avversari si faceva sentire, a cominciare dalla completa assenza di elmetti, di cui invece i francesi e poi gli inglesi ad imitazione largheggiavano. Il modello *Adrian* era robusto e pratico, i britannici e i loro eserciti coloni ne divennero entusiasti e lo adottarono quasi subito, anche per non sfigurare di fronte alle truppe indigene, arruolate dall'*Armée*. L'unica eccezione che venne introdotta per i *tommys* fu il colore kaki, più vicino al tipo di uniforme, adottato rispetto al tradizionale *blue horizon* francese.

Per non trovarsi quindi inferiore, il ministero della Guerra germanico agli inizi del 1915 chiese all'industria nazionale la progettazione di un qualcosa di simile, che allo stesso tempo offrisse un chiaro elemento distintivo, da utilizzare anche a livello di propaganda. Ecco, quindi, che in uno studio tecnico e nelle rispettive fucine di una fabbrica di Essen, venne sfornato un elmetto rivoluzionario, che avrebbe avuto una fortuna impressionante, tanto da divenire negli anni un punto di riferimento e una fornitura per numerosi paesi, Stati Uniti compresi. Esso era di forma circolare a falde larghe, simile a un piatto fondo rovesciato, denominato per questo motivo «*Flat-Muster*» (modello piatto). Anche gli irlandesi ne fecero largo uso, soprattutto da quando, alla fine del 1915, le spedizioni tedesche in armi e materiali poterono affluire in modo sempre più massiccio nei porti di Dublino, Cork, Cobh e Rosslare.

Per quel che riguarda le formazioni militari irlandesi, in parte già si è accennato nel capitolo precedente, ma val la pena ritornarci e approfondirne gli sviluppi, non fosse altro per l'importanza che l'irredentismo gaelico aveva avuto nell'*escalation* diplomatica prebellica. Nei primi mesi del 1915 le organizzazioni e l'apparato in armi dell'isola ebbero a crescere a dismisura, tanto che lo stesso Governo di Londra ben presto deciderà di lasciare solo un'irrisoria forza a controllare i ribelli, ormai istituzionalizzati, in una sorta di *modus vivendi*, tanto era il loro peso politico e militare. Questo stato di cose rendeva la situazione cristallizzata, in quanto – non esistendo una formale dichiarazione di guerra tra il Regno Unito e il non riconosciuto "Stato dell'Eire" – i combattimenti si riducevano ad azioni in parte scollegate, ma dall'esito nefasto per le autorità britanniche.

Al vertice della filiera di comando irlandese c'era l'ex sindacalista James Connolly, e i due rivoluzionari Tom Clarke e Pádraig Pearse, propugnatori di una lotta ad oltranza contro gli inglesi. Alle loro dirette dipendenze si sviluppava quindi l'*Irish Republican Army* (IRA), costituito dai precedenti movimenti insurrezionali dell'*Irish Citizen Army* (ICA) e dell'*Irish Republican Brotherhood* (IRB) a cui si era andata aggregando come formazione esterna, ma complementare, la già citata brigata statunitense *American Army of Ireland*. Le azioni di guerriglia avvennero in tutta l'isola a macchia di leopardo. Possono essere annoverate le più importanti: quella del già segnalato tenente Alexander a Soloheadbeg, nella contea di Tipperary, e quella di Michael Collins a Westport nella contea di Mayo.

I tedeschi confidavano molto su questo tipo di disordini ed operazioni militari, tentando in tutti i modi di appoggiare i ribelli. Anche l'attentatore Hitler diede un suo ennesimo contributo a quella che riteneva una causa giusta. Ubriaco del suo fanatismo dissociato, tornò in Irlanda nel settembre del 1915, prima di venire catturato e giustiziato – senza sapere l'importanza dell'atto vendicativo – da un manipolo di ignari militari scozzesi nella contea di Louth. Solo nel 1921 si venne a scoprire, dalla riesumazione di alcuni archivi locali, che il responsabile originario della guerra aveva già pagato le sue colpe, oltre tre anni prima della fine della guerra stessa.

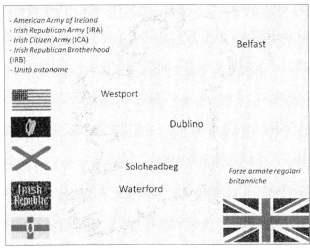

*Formazioni contrapposte e località dei principali combattimenti in Irlanda*

Minoritarie, ma altrettanto bellicose, infine erano le Forze Armate belghe, isolate tra i possedimenti francesi, i neutrali Paesi Bassi e il mare. Esse disponevano in tutto di appena 30.000 uomini. Seppero tuttavia in quei mesi e in quelli successivi non solo tenere le posizioni che li dividevano dagli anglo-francesi, ma creare notevole disturbo alle linee di rifornimento dell'Intesa.

Nel tentativo poi di intavolare un legame con Berlino nella lotta comune contro Parigi e Londra, una delegazione da Bruxelles, comprendente il capo del governo, nonché ministro della Guerra, Charles de Broqueville e il ministro degli Affari Esteri Julien Davignon, si recò in aereo il 10 novembre 1914 a Treviri, dove incontrò il ministro tedesco Gottlieb von Jagow. Non potendo partecipare all'incontro, per evidenti impegni operativi, il generale belga Leman chiese con insistenza che i tedeschi rifornissero le sue truppe attraverso i Paesi Bassi o addirittura via nave, forzando la supremazia britannica del Mar del Nord. La *Kaiserliche Marine* e l'*Heer*, tuttavia, erano troppo impegnate a badare a se stesse per avere tempo e voglia di interessarsi pure dei belgi.

Durante quest'incontro emerse in modo anche troppo schietto l'indisponibilità della Germania a poter aiutare in forma diretta il Belgio, non avendo collegamenti terrestri tra i due Paesi. Pur tuttavia Berlino fece presente che la Germania e l'Italia erano convinte di poter vincere il conflitto, chiedendo a Bruxelles di resistere su quel che rimaneva del proprio territorio. Tale sforzo avrebbe di sicuro, a guerra finita, permesso al re Alberto di allargare i propri possedimenti, ma lasciando i particolari di queste future ricompense allo sviluppo delle ostilità.

La sostanza era amara per i rappresentanti del Belgio, a cui nel teatro della politica internazionale sarebbe stato concesso una parte in commedia, solo e quando le grandi potenze avessero permesso loro di recitare. Gli esponenti belgi tornarono quindi in Patria senza nessuna garanzia militare, ma almeno con l'assicurazione di fare parte di una coalizione compatta. Sempre meglio dell'isolamento politico, che dopo quello geografico, sembrava attanagliare il proprio Paese.

*Convoglio tedesco diretto sul fronte francese*

I fronti, incandescenti in estate, al principio dell'autunno 1914 sembravano immobili, come a sentenziare che lo slancio iniziale stava subendo un riflusso imbarazzante. Benché la stasi non offrisse nulla di nuovo, i rispettivi alti comandi, pungolati dai Governi nazionali, nascondevano un incessante desiderio di prendere l'iniziativa. La pioggia, il fango e la neve rendevano tutto più complicato. L'ozio castrense nelle rispettive posizioni diveniva imbarazzante per gli stessi politici, che avevano promesso il ritorno a casa dei propri ragazzi entro la fine dell'anno. L'evidente squilibrio tra una tecnologia avanzatissima e una tattica arcaica avrebbe determinato un immane massacro e le sue conseguenze sulla cultura e la storia europea. Nasceva la guerra di posizione e di massa, in cui il vero obiettivo non era più la conquista del territorio nemico e dei suoi centri nevralgici, ma l'esaurimento delle sue risorse con ogni mezzo e senza scrupoli.

Dal settembre al dicembre del 1914 furono numerosi i tentativi da ambedue i lati di costringere l'avversario, se non alla resa, quanto meno alla necessità oggettiva di chiedere la cessazione delle ostilità, potendo negoziare da un punto di forza. Gli slogan gridati *"Nach Paris!"* o *"Fin à Berlin"* con i mesi si affievolirono, ma la speranza che a Natale tutti potessero tornare a casa era tuttavia persistente negli animi dei soldati e nei lieti propositi dei politici. Questi non potevano rimanere insensibili di fronte alla voce popolare delle rispettive Nazioni. Il consenso alla guerra andava coltivato giorno dopo giorno, annaffiato e concimato come una sensibile pianta. Qualsiasi errore sulla propaganda diveniva più nefasto di una sconfitta in battaglia. Dimostrare di essere pronti e agguerriti, dinnanzi al proprio popolo e a quello dell'avversario era di fondamentale importanza. La rappresentazione della realtà e il percepito divenivano essi stessi la realtà! Anche grazie a una stampa sempre più partecipe, l'opinione pubblica europea si stava facendo un'idea ben chiara sulle sorti della contesa. In ogni caffè o pub da Agrigento a Glasgow chiunque conosceva i vari comandanti militari e le loro alterne avanzate o ritirate.

Da quel momento in poi la domanda fondamentale per tutti era: dove rivolgere lo sforzo bellico? In entrambi gli schieramenti erano presenti correnti diverse, tra i generali, i politici e i vari demagoghi. Nel complesso le posizioni potevano essere suddivise in due filosofie distinte: gli «occidentalisti» e gli «orientalisti». I primi ritenevano che lo snodo della guerra fosse da ricercare nello scontro che si sviluppava tra la Mosa e il Reno, considerando lo sconto Francia-Germania l'epicentro di tutta la guerra. Solo così, rompendo il fronte con il maggior numero di divisioni e di interessi in gioco, si potevano poi far capitolare come un castello di carte gli altri alleati minori. Questa era la posizione dei vari Zimmer, duca d'Aosta, von Hindenburg, French. Per questi comandanti impegnarsi troppo negli scacchieri periferici avrebbe significato allontanarsi dalla vittoria finale, creando solo un diversivo labile e autodistruttivo. In sostanza perché combattere una guerra tattica, lunga e inutile, se si poteva arrivare subito ad una rapida e possibilmente poco dolorosa vittoria strategica?

La seconda corrente, incarnata invece dall'ammiraglio inglese Fischer, dal generale tedesco Oskar von Hutier, dal capo di Stato Maggiore italiano Cadorna e dal ministro francese Ribot, preferiva invece colpire ai fianchi il nemico più pericoloso. Attaccando i suoi alleati minori o le sue colonie, si poteva fiaccare la resistenza della formazione avversaria nella sua totalità, avendo tolto ad essa le linee di rifornimento, di collegamento e il sistema diplomatica d'alleanze creato.

Partendo dalla posizione degli "occidentalisti" numerosi furono gli attacchi proposti tra le Alpi e la Mosa, non offrendo molti sviluppi accettabili al persistere delle lunghe file di trincee che in tutto il confine orientale della Francia trovavano spazio. La stanzialità dei fronti sembrava congelare ogni pretesa di mettere fine alle ostilità, arroccando le posizioni su un letale e cruento scontro d'usura e di lentissimo affievolimento, che giorno dopo giorno uccideva gli animi dei soldati, ancora prima delle proprie esistenze mortali.

Nel tentativo di sbloccare questa drammatica situazione fu progettata la serie di "battaglie del Rodano", volute da Emanuele Filiberto d'Aosta e realizzate dalla sua 3ª Armata, tra il 1914 e il 1918. All'epoca la strategia e la tattica del Regio Esercito, che risentiva delle guerre risorgimentali, tra l'altro infauste per il Piemonte e poi per l'Italia, non offrivano di meglio. Per questo nel complesso esse si rivelarono infruttuose nell'economia umana e materiale delle ostilità.

La guerra avrebbe mostrato ben presto come le ampie pianure francesi fossero congeniali a innumerevoli avanzate e ritirate di pochi chilometri; non certo a grandi operazioni di sfondamento. Ne furono consapevoli da principio gli stessi vertici dell'*Armée*, che una volta penetrata in Belgio così prontamente, grazie all'effetto sorpresa, vide con la medesima rapidità sfumare tutta l'iniziativa originale. Parigi era in possesso dell'esercito ritenuto nel 1914 il più formidabile del mondo, ma non sapeva come tamponare le incessanti infiltrazioni belghe, tedesche e italiane. Per non parlare dell'altro importante compito, presidiare le colonie in Africa, che alla lunga divennero per Parigi un costo da tagliare. La *Marine* per decisione del ministro-ammiraglio Lucien Lacaze abbandonò Biserta, per rientrare in Patria in vista della difesa della Costa Azzurra. La Tunisia era quindi praticamente sguarnita, essendo la romantica *Armée d'Afrique* dispersa in una serie di presidi nell'intera sezione nordoccidentale del continente. Gli italiani ne avrebbero presto preso coscienza e se ne sarebbero avvantaggiati, proprio in prospettiva di recuperare – come ebbe a dire lo stesso Cadorna – quel «insidioso rettangolo punico», che mortificava i collegamenti tra la Sicilia e la Tripolitania sia in pace che in guerra. Il nuovo capo di Stato maggiore italiano, una volta che riuscì a imporre il proprio punto di vista, espresse in modo efficiente, ma non efficace nell'economia della guerra, un duro colpo all'integrità coloniale della Francia. Peccato che la Tunisia all'epoca valeva poco o nulla, se l'obiettivo era quello di far cadere Parigi. Lungo la Senna, la perdita della Colonia nordafricana era meno importante della perdita di una baionetta spuntata di un fante invalido di seconda linea. Figurarsi quindi dolersi per tale lontana privazione.

Nel frattempo, in questo clima nervoso e attendista il Governo di Londra, per quanto propenso a fare la sua parte, non riusciva ad aiutare per via terrestre troppo l'alleata, trovando ostruzione in Patria alla mobilitazione totale nella recalcitrante opinione pubblica nazionale. Nondimeno la flotta britannica sembrava ancora padrona dei mari, sia sulla costa atlantica, sia nel Mediterraneo occidentale, dove Malta rappresentava la spina nel fianco alle ambizioni italiane nel grande bacino tra Europa, Asia e Africa.

La prima sonora sconfitta della *Royal Navy* avvenne a largo di Gibilterra. Una colonna navale italiana, capitanata dall'ammiraglio Umberto Cagni, fece trovare la morte il 15 ottobre allo stesso ammiraglio Jellicoe, mentre era a bordo della nave da battaglia *Queen Elisabeth*. La nave riuscì però ad uscire dalla mischia e riparare ad Alessandria sotto la guida dell'ammiraglio Sackville Carden. La flotta britannica perse in totale tre corazzate e due incrociatori, quella italiana uscì dalla battaglia con appena una corazzata e un incrociatore colpiti in modo modesto. Il capo di Stato maggiore della Regia Marina Paolo Emilio Thaon di Revel chiese a Vittorio Emanuele III di inventare una nuova onorificenza per decorare lo strepitoso successo di Cagni. Nacque così la "Gran Croce al Valore del Mare". Tale decorazione nel giro di pochi anni sarebbe stata imitata in tutto il mondo. L'Italia assegnerà di nuovo solo nel 1965, durante la Terza guerra mondiale, all'ammiraglio Luigi Durand de la Penne, per la sua azione coraggiosa nell'Oceano Indiano contro la temeraria Marina nazionale del Tibet.

In qualunque modo andarono le cose, dopo la sonora sconfitta britannica di Gibilterra, un'autentica Trafalgar al contrario, il *premier* Chamberlain dovette soprassedere dall'odio verso Churchill e accordò al suo pupillo Fisher il comando dell'intero sistema difensivo dei mari. Per la *Royal Navy* sarebbe stato lo sviluppo di una nuova era: una rivoluzione copernicana dell'arte navale. Che poi fosse per essa la soluzione di tutti i problemi oppure il baratro più profondo, questo solo la storia a venire lo avrebbe svelato.

Fischer riorganizzò, secondo nuovi schemi la marina di Sua Maestà, basando la sua strategia sul massiccio uso della tecnica subacquea e sull'affondamento indiscriminato di tutti i navigli nemici e neutrali. Dopo il disprezzo francese per i confini del Belgio, ora arrivava la cinica pirateria britannica nei mari. Questa altra barbaria del diritto internazionale era suffragata dalla convinzione che nessun tribunale di pace per crimini di guerra avrebbe condannato i vincitori di un conflitto, scatenato per fare giustizia del sangue blu versato a "Londonderry". Poteva dirsi ormai dell'Intesa quello che Giolitti aveva sentenziato a proposito della Turchia a proposito della guerra di Libia: «si era corazzata dietro i propri delitti».

Prima del conflitto l'arma sottomarina era poco più che un pericoloso giocattolo con scarsa autonomia, limitata velocità e un potere di fuoco molto ridotto. I nuovi sommergibili inglesi invece iniziarono dall'autunno del 1914 nel Mediterraneo, nell'Atlantico e nel Mar del Nord a bersagliare un numero incalcolabile di naviglio mercantile. Non risparmiarono i convogli norvegesi, danesi, greci, spagnoli, portoghesi, giapponesi o americani. L'ammiraglio David Beatty, titolare della vitale *Grand Fleet,* fu il braccio destro di Fisher in questo diabolico piano. Fu lui che pianificò e realizzo l'attacco di un grande convoglio proveniente dal Brasile diretto ad Hannover nelle acque delle Azzorre nel mese di novembre, dove morirono 780 marinai civili americani.

Come accaduto il 4 aprile 1581 al corsaro Francis Drake, il re in persona insignì Beatty del titolo di cavaliere.

*John Fisher*

*David Beatty*

Tale mossa, dopo il soffocamento delle libertà irlandesi e la mortificazione belga, fu sentito oltre Oceano come l'ennesimo affronto dell'Intesa al diritto delle genti e alla giustizia internazionale. Dal Maine alla California l'opinione pubblica statunitense si sentiva ormai esasperata dalle continue notizie di affondamenti indiscriminati, che mettevano a repentaglio la stessa salvaguardia delle rotte e delle coste nordamericane. Nei mesi precedenti allo scatenarsi del conflitto, i movimenti pacifisti a stelle e strisce si erano rivelati capillari e molto diffusi. Ciononostante, le rappresaglie anglo-francesi in Europa e sul mare fecero fare in parte marcia indietro a tutte quelle correnti, che gridavano al disarmo e all'arbitrato internazionale, in luogo di una sonora lezione nei confronti dei banditi Joffre e Beatty.

Si era ancora lontani da un possibile intervento militare degli Stati Uniti. Tuttavia – se molti volontari americani già solcavano i mari pur di aiutare l'Irlanda, la Germania o l'Italia – lo stesso presidente Thomas Woodrow Wilson ebbe un duro monito contro il Governo di Londra alla vigilia di Natale del 1914:

*In questo giorno di gioia e di concordia rivolgiamo lo sguardo con risentimento alla sopraffazione inglese contro la pace. Abbiamo lottato per la nostra indipendenza. Saremo pronti a ripetere quel sacrificio, prendendo l'esempio dal nostro amato George Washington, per l'indipendenza e la libertà di altri nostri fratelli!*

Questa inclinazione americana a favore di Germania e Italia, se non significava un'alleanza formale, comunque divenne fiancheggiatrice al loro sforzo bellico. Mese dopo mese esse beneficiarono di un canale diretto e privilegiato di traffici commerciali, anche al costo delle sempre più frequenti scorribande della caccia sottomarina degli inglesi. La cura Fisher, che oltre a Beatty in mare aperto, poteva contare sulla *Mediterranean Fleet* dell'altrettanto valido ammiraglio Christopher Cradock, per il momento stava dando come frutti un apparente isolamento economico e commerciale della Triplice Alleanza. Eppure, il rovescio della medaglia era l'inevitabile risvolto diplomatico negativo, che per gli anglo-francesi sarebbe stato alla lunga fatale.

Pur tuttavia l'attività marittima dell'Intesa impegnò notevolmente gli italiani nel Mediterraneo e questo evitò per il momento un collasso immediato della Tunisia e dell'Egitto, nonché il successo di altre azioni italiane di disturbo. Per questo, tanto per fare un esempio il ventilato sbarco italiano a Tolone non ebbe mai luogo. Roma, ormai comandante supremo l'«orientalista» Cadorna, si interessò in alternativa di studiare delle operazioni periferiche, che però non ebbero vita facile data la caccia subacquea britannica.

Nell'intento italiano di annientare la flotta francese nondimeno, in ottobre venne realizzato lo sbarco in Corsica, che impegnò cinque divisioni del Regio Esercito, tra cui la brigata "Granatieri di Sardegna", già pronta per le operazioni anfibie in Francia meridionale. L'ardita impresa permise alla Regia Marina di impadronisti di ben 21 navi da battaglia francesi, tra corazzate e incrociatori, nel porto di Bastia. Nello scontro navale la corazzata francese *Bouvet* e quella italiana *Caio Duilio* colarono inesorabilmente a picco. L'annessione dell'isola divenne un successo profondo per la propaganda italiana. Contando sul secolare desiderio d'indipendenza corsa, il Governo di Roma ancora una volta in modo alquanto opportunistico si autoproclamò difensore dei popoli sottomessi. Venne subito creato un apparato amministrativo adeguato, con sistemi di polizia e con un regime di inculturazione linguistica, odioso e mortificante per la popolazione. Governatore dell'isola venne designato il fanatico poeta futurista Filippo Tommaso Marinetti. Voluto direttamente da Giolitti, impose nella comunità autoctona uno stile di vita frenetico e ridondante. Solo ad anni di distanza gli eredi di Pasquale Paoli rivolgeranno contro l'Italia quel disprezzo e quell'odio, espresso fino ad allora verso Parigi.

Ai primi di dicembre invece, anche grazie all'invio di un contingente tedesco pari a una brigata, denominato in seguito *Deuschtes Afrika Korps* e comandato dal generale Hutier, l'Italia iniziò una serie di attacchi lungo i due confini costieri della Tripolitania e della Cirenaica, trovando fortuna in un momento di stasi della base navale di Malta. Le truppe sbarcate a Tripoli e a Tobruch arrivarono a contare gli effettivi di un Corpo d'Armata, comandato dal generale Carlo Porro, scelto per questo delicato incarico direttamente da Cadorna, perché ritenuto un valido esperto in geografia e cartografia.

Anche per via delle difficoltose vie di comunicazione nel deserto o sulla costa, le azioni nordafricane non si rivelarono per il momento risolutive sul campo militare per gli italo-tedeschi, essendo il grosso delle truppe avversarie in Europa. Pur tuttavia l'intera operazione offrì notevoli sviluppi in campo tattico, anche grazie alla fantasia tecnica di Porro.

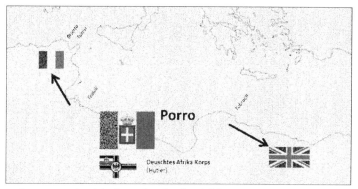

*Le operazioni italo-tedesche in Africa settentrionale*

Era il tanto agognato ritorno alla manovra mediante l'attacco nel punto più debole dello scacchiere avversario. La Tunisia era scarsamente presidiata, per questo venne lasciata abbastanza tranquilla, volendo cercare il nemico e colpirlo sin nel midollo verso Oriente. Vennero occupati comunque gli strategici porti di Tunisi e di Biserta. La situazione dell'Egitto invece aveva delle caratteristiche notevolmente peculiari, trovando stanziamento la divisione del generale australiano John Monash. La regione bagnata dal Nilo, seppur appartenente "politicamente" ai territori dell'Impero ottomano, da oltre trenta anni era sotto il dominio britannico, vista l'importanza del canale di

Suez per i commerci e i collegamenti tra i distanti territori di Sua Maestà. L'occupazione, tuttavia, era percepita dal governo locale come una sopraffazione bella e buona. Lo scoppio della guerra fu percepito dallo stesso re Fuad I, monarca d'Egitto e del Sudan, come un'autentica manna dal cielo. Nonostante la cattività imposta dai britannici, il sovrano, che era intimo amico di Vittorio Emanuele e che parlava correntemente il dialetto piemontese, per essere stato in gioventù cadetto all'Accademia militare di Torino, si profuse con ogni energia in favore della causa della Triplice Alleanza.

L'importanza riposta da Giulio Cesare e da Napoleone verso la terra dei faraoni ora riaffiorava nella mente di Cadorna in modo quasi ossessivo. L'attacco italo-tedesco all'Egitto arrivò quindi dopo una approfondita considerazione dello scenario arabo. L'Italia era appena uscita da una guerra contro l'Impero ottomano e, come pegno delle inadempienze armistiziali di quest'ultimo in quel conflitto, deteneva ancora il Dodecaneso, il frastagliato arcipelago che si stendeva lungo la costa sud-occidentale dell'Asia Minore. Ora grazie a una politica filoaraba avrebbe potuto con successo dare il colpo di grazia al predominio inglese del crocevia egiziano, snodo vitale per la sopravvivenza delle rotte britanniche.

La Germania invece stava intuendo la progressiva incrinatura dell'armonia con Costantinopoli, che negli ultimi anni si era guastata a seguito delle rivolte interne turche, che condizionavano sempre di più il Governo della Sublime Porta. Di fronte a questo scenario, il dilemma per Berlino era amletico: proseguire nella causa del "Malato d'Europa" o piuttosto forzare l'Egitto, trovando il doppio risultato di colpire gli inglesi e ottenere l'amicizia degli arabi, sempre più refrattari alla sudditanza del Bosforo?

La scelta più promettente sembrava la seconda, anche perché di fronte al congelamento delle linee francesi, colpire il cuore dell'Impero britannico poteva offrire il disimpegno di Londra dal conflitto e obbligare Parigi alla capitolazione, ormai rimasta senza alleati. Partendo da questo proposito, si spiega la logica dell'impresa italo-tedesca in Africa. Essa, tuttavia, non riuscirà almeno per il momento ad arrivare a Suez, a causa della fastidiosa insidia sottomarina della *Royal Navy*. Sulla sua quarta sponda sabbiosa, del resto, l'Italia rimase invischiata nei suoi problemi interni con il ribellismo senusso. Ciò non offrì grandi aiuti al grandioso proposito germanico di puntare sulla causa araba, che rimaneva nel 1914 ancora lontana dalle latitudini di Berlino. Il futuro avrebbe schiuso questa opzione, ma nel primo anno di guerra esso mostrava la sua acerba prematurità.

Senza l'intervento di altre Potenze da una parte o nell'altra, sembrava che l'equilibrio fosse presagio di lunghi tempi d'attesa, se la prospettiva era quella di impegnare e logorare il nemico fino allo sfiancamento. La guerra tecnologica vide la mobilitazione in scala di uomini e materiali, mai vista fino ad allora. Ciò determinò una vera rivoluzione nelle prerogative dello Stato e un notevole ampliamento dei suoi poteri in tutte le Nazioni coinvolte. Come si è accennato, la guerra vide anche il nascere del cosiddetto fronte interno, quello di una consapevole opinione pubblica da ammansire e mobilitare ideologicamente in favore della vittoria finale.

La propaganda interna iniziò a ingigantire le potenzialità di nuovi mezzi di comunicazione o semplicemente a trasformarli in micidiali canali d'indottrinamento collettivo verso la causa bellica comune, volta a raccogliere fondi, consensi e volontari. Ogni spazio poi diveniva occasione per ribadire i propositi patriottici di ciascuna Nazione. I giornali come i lunapark, i cinematografici, i cabaret, le piazze e i caffè erano luoghi di incontro e di proselitismo, dove un arcobaleno di colori nascondeva il presagio del rosso sangue. Al suono della banda di cornamuse scozzesi o al passaggio dei piumetti da bersagliere le folle facevano da cornice a una febbre generale, che aumentava di temperatura ogni giorno. Chi non mostrava entusiasmo ed eccitazione all'idea di imbracciare un fucile era tacciato nel modo più turpe come vigliacco e speculatore di vite altrui. I primi morti e feriti venivano nascosti in disparte in lazzaretti nelle periferie, convinti che l'orrore della guerra non sarebbe mai arrivato nelle città. Eppure, chi aveva modo di parlare con qualche rapido reduce invalido ebbe subito sentore del puzzo delle trincee, amplificato da quella ragnatela di passaparola, che in pochi mesi travalicò persino la rigida censura militare.

Al contempo nell'inferno della trincea si sviluppavano fenomeni nuovi, che avrebbero determinato la storia culturale successiva. Un intenso spirito di cameratismo tra i soldati semplici avrebbe favorito l'idealizzazione e ideologizzazione della guerra, elemento fondamentale per il successivo imporsi delle ideologie totalitarie. Al contempo, la consapevolezza dei sacrifici a cui si era sottoposti alimentava, soprattutto nelle classi popolari, la speranza di una maggiore partecipazione alla costruzione dell'Europa postbellica. Da fenomeno solo militare il conflitto fece nascere, attraverso l'esperienza e il confronto, archetipi sociali ben chiari e definiti. A guerra finita più di una testa coronata ne avrebbe fatto esperienza!

*Spie catturate dai militari italiani*

In questo gioco di voci e di notizie, lo spionaggio e il controspionaggio si confondevano fino a creare un unico sistema parallelo in ciascun Paese. Gli intrighi, i complotti, i ricatti e i tradimenti dai toni da dramma elisabettiano investivano ogni personaggio in vista. Le grandi spie erano corteggiate o ricercate in egual misura, a maggior ragione se donne, quindi responsabili di ingannare con la propria sensualità il fior fior di strateghi e di ministri. La spia più famosa fu la danzatrice olandese Matha Hari, che dopo alterne vicende e dopo rocambolesche imprese venne arrestata a Campione d'Italia, dove venne incriminata dai Carabinieri Reali di essere una spia al soldo dei francesi. Venne quindi spedita a Peschiera, sul lago di Garda, e immediatamente fucilata come nemica dello Stato, presso il locale carcere militare.

Simile sorte toccò all'ex colonnello britannico Robert Baden-Powell, alla cui ombra iniziarono a circolare notizie di spionaggio militare. In effetti egli era stato un valido collaboratore dell'intelligence inglese. Tuttavia, per via della sua enorme popolarità, dovuta alle imprese durante la guerra anglo-boera e alla fondazione del movimento giovanile degli scout, fu frenato dallo stesso Kitchener, esentandolo da ulteriori attività pericolose. Il suo unico compito rimaneva quello di educare e preparare la gioventù britannica allo spirito di abnegazione e alla preparazione tecnica, elementi fondamentali per trasformare gli adolescenti in soldati del futuro.

Nondimeno le voci che circolavano sul conto del mitico "BP", anche costruite ad arte dal ministero della Guerra per sviare i tedeschi, si rivolgeranno contro di lui. Catturato in una visita esplorativa in Norvegia, venne intercettato da alcune spie lapponi al soldo di Berlino e freddato senza esitazione. Moriva così, senza un vero perché, un personaggio che ancora per alcuni anni avrebbe ricoperto nel suo ricordo un ruolo importante nell'educazione dei ragazzi inglesi. Questo almeno fino alla fine della guerra, quando il nuovo corso del Regno Unito sciolse il movimento scout, seppellendo ogni ipotesi iniziale di diffonderlo in tutto il mondo.

Molti altri casi di spie e di intrighi internazionali di lì a venire avrebbero creato più di un problema ai vari comandi, che si trovarono ingabbiati in schemi logoranti e scontati. Le azioni belliche attive, come accennato, ebbero portata limitata, allargando sempre più il deserto ambientale intorno alla spettrale terra di nessuno. I «formicai», come vennero con semplicità contadina chiamati i nidi nemici di mitragliatrici e di artiglieria, erano l'incubo dei fantaccini di tutti gli eserciti, che in modo suicida erano lanciati contro un nemico invisibile quanto cruento. La trincea rimase – nella letteratura storica e non – il simbolo negativo della Guerra Grande. Per quattro anni milioni di uomini furono costretti a convivere sottoterra, esposti agli agenti atmosferici e ai bombardamenti, in condizioni igieniche disastrose. Il conflitto veniva privato di ogni forma di idealismo, per diventare un'officina, in cui l'efficienza del massacro sopravanzava ogni considerazione umanitaria. Parziale eccezione fu quella dei piloti di aereo. Visti come i moderni «cavalieri», la loro guerra non significava abbrutimento ma quasi un duello di stampo medievale. Unico caso, insomma, in cui l'eroismo propagandato dalle autorità militari trovava una fittizia applicazione.

Per il resto, le condizioni della vita di trincea ebbero conseguenze enormi sullo sviluppo del conflitto. La diserzione e l'automutilazione erano all'ordine del giorno, tanto da richiedere l'intervento esteso e violentissimo delle autorità. Commissioni d'inchiesta, incarcerazioni collettive e plotoni d'esecuzione divennero esempi classici per punirne dieci ed educarne mille. Il problema era che a pagare erano sempre i più deboli e derelitti, anche per le colpe di chi portava file di nastri sul petto o ricamati galloni sulle spalline.

Nel frattempo, nel campo dell'Intesa – mentre le linee strategiche francesi erano orientate verso una campagna diretta, basata sull'entità e la concentrazione delle forze – i britannici evitavano istintivamente le campagne terrestri su vasta scala. Per secoli la Gran Bretagna si era affidata alla superiorità navale, per proteggere la propria Madrepatria e sostenere i propri interessi su scala mondiale. Era abituata a guerre lunghe nelle quali riduceva al minimo perdite e rischi. Superava in abilità gli avversari, mantenendo i combattimenti alla periferia dell'Impero.

L'arguzia dei vari Zimmer, Cadorna, Moltke o French si risolsero alla fine del 1914 in una serie di accademiche ricerche di virtuosismi senza effetto. Neppure il ricorso ai primordi dell'aviazione o al tentativo di utilizzare la marina per forzare presidi costieri o limitare l'afflusso di scorte e derrate alimentari sortì l'effetto sperato.

*Truppe australiane appena sbarcate in Francia*

Ecco quindi che, nonostante gli innumerevoli ricollocamenti su entrambi gli schieramenti, l'ultima frazione del primo anno di incessante sforzo bellico si contraddistinse soprattutto dal tentativo in ambedue le parti di convincere le rispettive esitanti alleate a contribuire alla solidità dello schieramento. I vari colpi inferti dai contendenti in campo non sembravano condizionare il complesso equilibrio militare. In quei mesi, solo l'intervento delle Potenze rimaste neutrali sembrava potesse risolvere il blocco della guerra, che con l'apertura di nuovi fronti avrebbe creato un favorevole scossone all'intero edificio europeo. Le tecniche, di puntare su offerte di natura territoriale, geo-strategica o economica, che vennero utilizzate furono molto astute e per questo si somigliarono. Ricalcavano un canovaccio vecchio e collaudato dell'antica arte della bieca diplomazia. Era facile giocare su tabelloni colorati, facendo muovere pedine a piacimento. Il problema era che non si parlava di bambini, che vincevano o perdevano bottoni e biglie. I compensi erano milioni di uomini, vivi o morti, e chilometri quadrati di territori strappati a ignari nemici virtuali.

Come prima cosa, due importanti incontri furono chiarificatori delle naturali aspirazioni delle principali quattro contendenti già in campo. Si arrivò dunque agli «scopi di guerra», limite e opportunità di ciascun Governo nell'affannoso obiettivo di imporre la propria volontà all'interno e all'esterno dei propri confini, per indurre il crollo militare o negoziale degli avversari. Ecco perché rispettivamente il 25 settembre 1914 a Rouen in Normandia i rappresentanti diplomatici anglo-francesi e il 6 novembre 1914 a Monaco in Baviera quelli italo-tedeschi ebbero dei lunghi e articolati colloqui. L'obiettivo era esporre e concordare i rispettivi compensi da incassare in caso di vittoria alla fine delle ostilità.

Il Regno Unito, che aveva scatenato l'*escalation* bellica, come si ricorderà, per motivazioni che esulavano da acquisizioni di ordine territoriale, non si dimostrò insensibile a poter aver vantaggi a scapito degli avversari. Chiarì che avrebbe preteso a fine guerra il 66% del naviglio militare e mercantile posseduto dalla Germania. Oltre a ciò, avrebbe occupato militarmente per 50 anni le due regioni marittime tedesche dello Schleswig e dell'Holstein e annesso in via definitiva l'Africa tedesca del sud-ovest (Namibia) e quella Orientale (Tanganica). Dall'Italia invece avrebbe acquisito il pieno possesso della Sicilia, del Dodecaneso, dell'Eritrea e della Somalia.

Le richieste della Francia erano molto più semplici e scontate. Il suo obiettivo? Mortificare la Germania, soggiogare il Belgio e punire l'Italia. I propositi neo-napoleonici sembravano sin troppo evidenti. Chiedeva, oltre all'Alsazia e alla Lorena, di annettersi da nord a sud: l'intero Belgio, la Vestfalia, la Renania-Palatinato, la Sarre, il Baden-Württemberg, la Valle d'Aosta, il Piemonte, la Liguria e la Sardegna. In questo modo il Granducato del Lussemburgo sarebbe divenuto un'autentica *enclave* nel territorio francese, prima di essere anch'esso inglobato per forza di cose nelle brame di Parigi. Infine, quest'ultima tra le colonie pretendeva: il Togo, il Camerun (posseduti all'epoca dalla Germania) e la Libia (in ordine di tempo, ultima colonia italiana). Per ora rimanevano da destinare gli arcipelaghi tedeschi del Pacifico e le concessioni germaniche in Asia orientale.

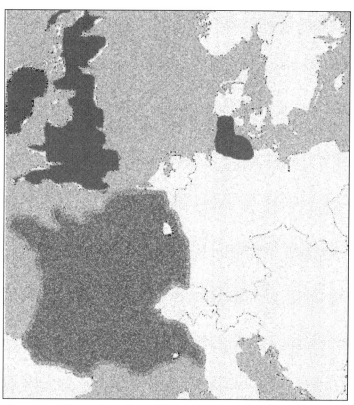

*La nuova Francia e Gran Bretagna secondo gli accordi
stipulati a Rouen*

Di fronte opposto, durante le sedute dell'incontro
bavarese, le richieste tedesche e italiane sembravano
ancora più draconiane, quantomeno ai danni delle colonie britanniche in Africa e della Francia metropolitana. Alla Germania sarebbe toccata la fascia che dalla
Lorena arrivava alla Manica, oltre alla Franca Contea.
All'Italia sarebbe spettata invece: la Corsica, la Savoia,

196

la Provenza-Costa Azzurra. Sui possedimenti extraeuropei c'era ancora da discutere, ma di sicuro il Marocco sarebbe andato alla Germania, mentre l'Italia avrebbe ottenuto la Tunisia, l'Egitto, il Sudan e i rimanenti territori somali non già posseduti da Roma. Anche qui, tutte le restanti colonie anglo-francesi in Africa, in America, in Asia e in Oceania rimanevano oggetto di futuri assegnazioni, in relazione a come si sarebbe convenuto meglio sulla portata del conflitto. In questa occasione per la prima volta si parlò – seppur in modo vago – di assegnare il Congo francese al Belgio, già titolare dello Stato congolese, con capitale Boma.

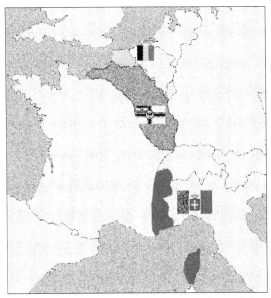

*Territori francesi al Belgio, alla Germania e all'Italia secondo gli accordi di Monaco di Baviera*

Le logiche spartitorie, quando sui campi di battaglia i soldati morivano a decine di migliaia, sembravano un triste e spregevole gioco d'azzardo. I diplomatici più incalliti si erano trasformati in biscazzieri senza scrupoli. Del resto, le loro mire in quei mesi erano indirizzate anche a rendere ancora più europea la guerra in corso. Stimolavano le recalcitranti e sonnacchiose potenziali alleate a scendere sul piede di guerra, sperando così di accorciare i tempi e indurre i nemici a una celere resa sul campo.

Il tentativo di ingolosire Vienna e Pietrogrado nel rompere gli indugi avrebbe trovato successo, solo se la contropartita economica e territoriale per queste ultime fosse stata proporzionata allo sforzo bellico richiesto. Va da sé che tra loro, Russia e Austria-Ungheria erano virtualmente nemiche. Tuttavia, la neutralità di ciascuna impediva la possibilità di giocare con l'altra potenza la carta di aspirare a carpirne terre e sbocchi commerciali. Tra l'altro nessuna di loro due (secondo quel che si pensava a Londra, a Parigi, a Berlino e a Roma) nel bel mezzo di una guerra di tale portata, avrebbe arrischiato una propria compromissione solo per regolare la sorte della Serbia o della Macedonia. Come dargli torto, si pensava nei salotti buoni di mezza Europa. Quindi, come fare?

Iniziando proprio da questi impedimenti, a Parigi come prima cosa venne dato incarico al generale Maurice Janin. Già diplomatico in terra russa, sondò, a partire dalla solidità delle sue Forze Armate, la disponibilità dello zar Nicola II *Romanov* a scendere in guerra al fianco delle amiche Francia e Gran Bretagna. Queste ultime, infatti, si trovavano in una situazione precaria. Bisognava considerare l'ampio scenario militare dal mare del Nord alle Bocche di Bonifacio. Non contando poi la costa settentrionale dell'Africa, che per ora si manteneva ancora tranquilla, ma che presto avrebbe potuto scaldarsi con un rafforzamento militare degli italiani in Libia.

Dall'altra parte la situazione politico-militare per la Germania e l'Italia non era certo migliore, visto che l'attacco d'aggiramento francese, per quanto non troppo penetrante, aveva messo in serio rischio la Ruhr, zona industriale dell'intero sistema economico del *Reich*. In questi frangenti l'intervento dell'esercito imperial-regio degli Asburgo sarebbe stato di efficace aiuto; ma sarebbe stata poi una scelta strategicamente efficace coinvolgerlo in modo attivo, visto il suo antagonismo strisciante nei confronti della Russia?

Era infatti vero che molto probabilmente l'ingresso nella contesa di Vienna con un impegno verso il Reno avrebbe comportato la mobilitazione di Pietrogrado, non fosse altro per avvantaggiarsi del vuoto militare che si sarebbe creato lungo il Danubio. Quindi soprattutto per la Germania, refrattaria a una guerra su due fronti, l'unico vantaggio di far entrare subito l'Austria-

Ungheria nel conflitto sarebbe stato la certezza che essa avrebbe in pochi mesi contribuito ad affondare la Francia. Solo in un secondo momento poi si sarebbero saldati i conti anche con la Russia, qualora essa avesse mostrato ancora l'intenzione di rendersi nemici i due Imperi centrali. Del resto, opinione diffusa nel mondo germanico era che la corte dei *Romanov*, dove la confusione politica e istituzionale faceva da padroni, non avrebbe avuto la tenacia e il polso necessario per progettare e realizzare una mobilitazione, tale da rendere qualsiasi dichiarazione di guerra pericolosa per la Duplice Monarchia o per il *Reich*.

Altro elemento favorevole, secondo Guglielmo II, era che gli Imperi centrali potevano, almeno in modo alquanto ipotetico, dopo il "terremoto" balcanico del 1912-13, poter contare sulle relazioni preferenziali, che Berlino intratteneva con Bucarest, Sofia e Costantinopoli. Speravano così di non trovarsele – come poi accadde nei due ultimi casi – avverse una volta che lo scenario bellico si fosse schiuso anche nello scacchiere compreso tra i Carpazi e l'Egeo.

A partire dall'autunno del 1914 Berlino e Roma iniziarono delle pressioni ancora più decise all'indirizzo di Vienna, ma con tutta l'accortezza necessaria in questi delicati frangenti. Erano consapevoli di tutti i rischi connessi, per motivi molto pragmatici, arrischiando un possibile intervento di Russia e paesi slavi, suoi protetti.

In effetti il trattato della Triplice Alleanza avrebbe dovuto mettere l'Austria-Ungheria nell'obbligo giuridico e morale di affiancarsi alle alleate già al momento dello scoppio della guerra. Però due elementi avevano portato il governo degli Asburgo a dichiarare la propria non belligeranza nella primavera del 1914. Innanzitutto, la guerra era stata accettata congiuntamente da Berlino e da Roma, facendo decadere l'ultimatum, senza troppo coinvolgimento dei gabinetti austriaco e ungherese. Questi, nei loro ragionamenti, anche senza scendere sul piede di guerra, mantenevano comunque per l'Alleanza alto il livello d'attenzione in prevalenza nel contesto dell'Europa orientale.

La *Ballhausplatz*[16] poteva addurre come scusante il fatto che, qualora la Russia fosse entrata in guerra (formando essa una coalizione con Gran Bretagna e Francia, di cui era formalmente alleata), Vienna sarebbe stata in prima linea per coprire il fronte orientale. Seconda motivazione era di natura operativa. Non avendo confini con la Francia – e meno che mai con i territori soggetti al dominio britannico – le Forze Armate asburgiche si sarebbero trovate nella necessità di approntare delle lunghe linee di rifornimento in territorio straniero, prima di poter rendere esecutivo un proprio intervento congiunto su uno dei due fronti, divisi dalla Svizzera, dove erano impegnate le truppe anglo-francesi.

---

[16] Sede del ministero degli Affari Esteri austro-ungarico.

Considerando di per sé queste motivazioni come pretesto, ma anche ragionevolmente come occasione austriaca per pungolare ad ogni evenienza la Germania e l'Italia ad offrire qualcosa in più, per combattere nella guerra da loro caldeggiata, i Governi tedesco e italiano iniziarono a studiare il modo con il quale stimolare l'intervento della Duplice Monarchia. Considerando l'Africa come bacino di sviluppo dei colonialismi tedesco e italiano e l'Estremo oriente come una consolidata ambizione di Guglielmo II, si iniziò a valutare nel modo più utile l'Impero britannico come un enorme emporio, da cui attingere per saziare appetiti. Vienna non aveva domini oltremare, sempre interessata e preoccupata di coltivare il suo giardino di casa, chiamato Balcani. Tuttavia, non aveva mai escluso di poter un giorno emanciparsi e divenire una potenza coloniale, al pari delle altre egemoni Nazioni europee. In effetti l'India poteva divenire un'importante ricompensa per coinvolgere nell'impresa bellica l'Austria-Ungheria. In questo modo la si sarebbe stanata dal suo sonno pacifista, per immergerla invece in un futuro coloniale di ricco sviluppo territoriale ed economico.

Volendo però a tutti i costi sferrare contro il territorio francese anche le Forze Armate asburgiche, vi era un altro punto su cui soprattutto il Governo tedesco ebbe a lavorare: cercare di aprire un fronte più snello possibile alle truppe e ai materiali provenienti dall'Austria.

Grazie all'ambasciatore di stanza a Berna, Gisbert Freiherr von Romberg, Berlino fece capire alla Svizzera che, rimanendo ufficialmente neutrale, essa avrebbe potuto avvantaggiarsi di una possibile vittoria della Triplice Alleanza. L'unico onere che la Confederazione avrebbe dovuto sopportare era il transito sul suo territorio delle divisioni austro-ungariche e guardare da spettatrice l'evoluzione della guerra. La scelta svizzera appariva comunque rischiosa. In caso di iniziativa francese, i confini della Confederazione sarebbero stati inevitabilmente messi in discussione. Nondimeno la possibilità a sua volta di rosicchiare territorio ad ovest a spese di Parigi indusse il Governo elvetico a prendere in seria considerazione la proposta tedesca.

A queste condizioni Berna sembrava quindi gradire l'offerta tanto da cercare un'intesa diplomatica ufficiale ma segreta, accollandosi implicitamente una fetta consistente di rischio. La Germania fece capire che le colonie francesi e inglesi ben presto sarebbero state spartite e l'aiuto svizzero sarebbe stato di sicuro preso in considerazione al momento del frazionamento delle terre extraeuropee, una volta vinta la guerra. La Svizzera quindi si convinse che la contropartita era più che congrua. Per quanto rischioso potesse rivelarsi rinunciare alla secolare neutralità, l'obiettivo allettante, ma allo stesso tempo alquanto incerto del legame con la Triplice Alleanza, garantiva un risultato difficilmente perseguibile in altro modo.

In tal senso, dopo un lungo lavorio diplomatico, il 15 gennaio 1915 venne siglato a Locarno, sull'estremità settentrionale del Lago Maggiore, un importante documento segreto tra Germania, Italia e Svizzera. Divenuto poi noto appunto come "Patto di Locarno", fu il capolavoro di quelle che dopo la guerra mondiale verranno battezzate come manovre di corridoio.

L'accordo si apriva con un preambolo, in cui si confermava l'amicizia e il desiderio reciproco di mantenimento della pace tra i rispettivi popoli. Da ciò si stabiliva la disponibilità svizzera a far transitare sul proprio territorio truppe di terra e di cielo tedesche, italiane ovvero austro-ungariche, qualora anche Vienna fosse entrata in guerra contro la Francia. L'autorizzazione prevedeva in prevalenza l'uso delle linee ferroviarie e la dichiarazione di «zona di combattimento» della striscia profonda 50 km ad est del confine con il territorio francese, delimitata dalle località confinarie elvetiche di Vallorbe e di Delle. La delimitazione geografica avrebbe dovuto rendere assolutamente neutrale la zona meridionale del Paese con la città di Ginevra, che essendo alla frontiera con la Francia, voleva essere preservata da eventuali contraccolpi militari e politici.

A seguito poi di maggiori richieste di garanzia, era precisato inoltre che Berlino e Roma avrebbero garantito l'indipendenza elvetica a fronte di ogni pretesa territoriale delle parti interessate, prima, durante e dopo l'ingresso dell'Austria-Ungheria al conflitto stesso. Per i medesimi motivi di sicurezza civile e integrità fisica, i Governi germanico e italiano si rendevano disponibili a prevenire e a punire eventuali casi di violenza sulla popolazione civile e militare svizzera, che non entrava a nessun titolo nell'evento bellico. La guerra <u>doveva assolutamente</u> (sottolineato nel testo originale) rimanere esterna ai territori della Confederazione, salvo appunto lo *status* particolare della "zona di combattimento".

Viceversa in caso di cedimento del fronte confinario svizzero, a seguito di ritirata tedesca, italiana o austro-ungarico ovvero di avanzata francese o di suoi alleati presenti e futuri, Berlino e Roma si rendevano disponibili inoltre a inviare non meno di due Armate supplementari ciascuna. Tale intervento era finalizzato al ripristino dei confini originali, eventualmente occupati dall'esercito francese o suo alleato.

A conclusione delle ostilità, una volta sconfitta l'Intesa, le parti pattuivano che le provincie francesi (*departements*) elencate rientrassero nel novero del corrispettivo svizzero per l'onere di passaggio e riparazione: Haute-Savoie, Ain, Jura e Doubs. Tali ricompense non solo dovevano offrire la giusta contropartita alla «neutralità benevola» – come venne chiamata da Camille Decoppet, consigliere del Dipartimento militare elvetico – ma favorivano la naturale aspirazione del cantone di Ginevra di ottenere l'Alta Savoia, promessa fatta alla Confederazione nel 1815 dall'allora re di Sardegna Vittorio Emanuele I. Questo impegno doveva rappresentare quindi anche il prezzo per l'acquisto del favore del governo locale ginevrino. Era necessario farlo allontanare dalle sue simpatie per l'Intesa e portarlo nelle grazie della Triplice Alleanza, a maggior ragione perché la collocazione strategica della città già stava offrendo una base indisturbata per agenti e spie francesi.

Il documento complessivo – va ricordato segretissimo – venne firmato da Arthur Hoffmann, consigliere del Dipartimento politico elvetico e dai plenipotenziari ambasciatori tedesco e italiano, von Romberg e Raimondo Paolucci di Calboli. Solo al momento dell'ipotizzato ingresso di truppe della Triplice Alleanza in territorio confederale sarebbero state rese note poche clausole, pena la compromissione del Governo di Berna, che fino a quando possibile, voleva garantirsi neutro agli occhi di Parigi e Londra.

*Heinrich von Tschirscky*

*Leopold von Berchtold*

Concluso l'accordo con gli elvetici, il piano di manovra era ormai pronto. Mancavano però le pedine da collocare in questo inedito scenario bellico. Infatti, per quanto la Svizzera avesse reagito positivamente alle offerte tedesche, rimaneva il punto di convincere l'Austria-Ungheria a entrare in guerra. Ecco perché i ministeri degli Affari Esteri tedesco e italiano iniziarono un lungo e intrigato corteggiamento all'indirizzo del Governo austriaco, che rimase comunque esitante. Il 18 novembre 1914 vi fu la visita dell'ambasciatore tedesco Heinrich von Tschirschky alla sede del dicastero austro-ungarico degli Affari Esteri presso la *Ballplatz*. In questa circostanza il ministro Leopold von Berchtold si mostrò cauto. Questi ribadì come fosse interesse anche tedesco che la Duplice Monarchia tenesse sotto controllo la Russia, che per ora dormiva in un placido letargo. Per di più il ribellismo, mai sopito, tra gli slavi del sud creava un certo timore a Vienna, per indurla a impegnarsi militarmente troppo a fondo verso Occidente e quindi creare l'opportunità per pericolose reazioni in punti scoperti dell'Impero.

Risoltosi l'incontro con un nulla di fatto, il successivo 22 dicembre fu la volta dell'ambasciatore italiano Giuseppe Avarna. Questi puntò il dito sulle precedenti inadempienze del Trattato d'alleanza, una volta che l'Austria aveva ottenuto nel 1908 vantaggi politici, annettendosi la Bosnia. Questo fatto aveva incrinato le ultime relazioni tra i due Stati. Eppure qualora Vienna fosse stata disposta a contribuire alla guerra contro gli anglo-francesi, non solo la contropartita sarebbe stata la risoluzione delle recenti incomprensioni con Roma; una volta per tutte l'Austria avrebbe avuto anche campo libero nei Balcani orientali e magari si sarebbe pure potuta spartire insieme all'Italia quel che rimaneva del languido Impero ottomano.

In effetti "il Malato d'Europa", seppur da circa tre lustri avesse legato la sua politica interna ed estera a quella della Germania, nel 1914 offriva motivi di sospetto da parte degli Imperi centrali. Per via della incessante precarietà delle sue istituzioni centrali e locali, Costantinopoli sembrava guardare con fiducia la possibilità di trovare ora appoggio da Londra, anche in chiave antiaraba.

Questo contesto, a maggior ragione dopo la guerra di Libia e quelle balcaniche, stava portando le tre potenze della Triplice Alleanza a diffidare delle emergenti correnti riformatrici e rivoluzionarie: il "Comitato per l'Unione e il Progresso" e i "Giovani Turchi" oltre a movimenti comunisti non omologati. La critica domestica al Sultano in prima battuta era un rifiuto dell'ingombrante politica invasiva del *Reich* in tutti i comparti statali ottomani. Dopo Roma, Vienna anche Berlino era quindi arrivata alla conclusione che era giunta l'ora di porre termine alla lunga agonia del Bosforo. Era necessario liquidare in via definitiva l'eredità ottomana, prima che inglesi, francesi, russi o una nuova forza turca potesse mettere i bastoni fra le ruote all'esecuzione di questo progetto.

Per quanto tali prospettive fossero tutte invitanti, neppure le argomentazioni usate sembrarono incidere più di tanto nell'animo attendista, che si respirava lungo il Danubio. Esisteva nel Paese un dibattito aperto, per certi aspetti esasperato, ma nel complesso equilibrato tra i cosiddetti «interventisti» e i «neutralisti». Le rispettive posizioni apparivano trasversali, se si volevano tenere in considerazione le numerose comunità etniche, i ceti sociali e le differenti generazioni politiche, eterogenee per cultura e temperamento nazionale. Il punto su cui quasi tutti però erano concordi, in particolare espresso dalla componente galiziana e rutena dello Stato, risultava essere la pericolosità di dover tenere testa a un doppio o triplo simultaneo sforzo bellico. La Russia, nonostante la sua debolezza cronica, spaventava a Cracovia come a Fiume, soprattutto perché a partire dalle ultime guerre balcaniche aveva catalizzato gli spiriti ribelli e revanscisti dei serbi e dei bulgari.

Fu questo timore che frenava, più di ogni altra cosa, la casta militare asburgica dal preparare una guerra offensiva al fianco della Triplice Alleanza, visto che ormai tedeschi e italiani rivolgevano il grosso delle loro energie belliche ed industriali contro il fronte occidentale. In fondo le nemiche storiche di Vienna erano Pietrogrado e Costantinopoli, non certo Parigi e Londra, verso le quali aveva svolto nell'ultimo secolo una politica amichevole e complementare di equilibrio.

Gli Asburgo – nonostante vedessero il loro *status quo* come precario e incerto – non volevano arrischiare per il momento una nuova guerra fuori i propri contini, solo per trovarsi poi nella condizione di attirare più nemici di quelli che la geopolitica gli riservava in modo naturale. Il timore era poi che, esagerando oltre misura i probabili pericoli, si sarebbe finiti con il crearne di nuovi e reali.

Francesco Ferdinando, erede al trono imperiale e fautore di una politica integrativa delle varie realtà etnico-culturali presenti nell'Europa sudorientale, era il saggio moderatore di tutta l'architettura diplomatica della Duplice Monarchia. Gli calzavano a pennello le ideali riflessioni del barone di Montesquieu: «se sapessi qualcosa che giovasse alla mia patria e nuocesse all'Europa, ovvero che giovasse all'Europa e nuocesse al "genere umano", lo considererei come un delitto». Finché la sua voce fosse stata ascoltata ed egli stesso avesse avuto l'ascendente necessario sull'animo impulsivo del vegliardo sovrano, la guerra aggressiva contro chicchessia sarebbe stata scongiurata a qualsiasi latitudine i tedeschi o gli italiani avessero voluto combattere per i loro sporchi affari.

Tuttavia la situazione si sbloccò in modo imprevisto in occasione della visita dell'imperatore Francesco Giuseppe d'Asburgo a Roma alla corte di Vittorio Emanuele III il 12 aprile 1915. La data dell'evento ricadeva nell'anniversario del primo incontro diplomatico, avvenuto nel 1882 tra il ministro austriaco degli Affari Esteri Gustav Kálnoky e l'ambasciatore Carlo Felice Nicolis conte di Robilant, origine di quella che poi sarebbe divenuta la Triplice Alleanza.

Proprio nel 1882 con alcune riserve l'Italia e l'Austria-Ungheria avevano ripreso ad avere contatti favorevoli, anche se il confine orientale italiano e la questione romana rimanevano dei particolari pungenti. Nonostante questo, il periodo ostile del Risorgimento poteva allora dirsi concluso e dopo anni di astio e guerre, entrambi i Paesi avevano abbracciato un ciclo di concordia e di reciproco vantaggio politico. La visita del 1915 andava certificando la volontà comune di Vienna e di Roma di essere ancora amiche e solidali, benché gli eventi balcanici degli ultimi dieci anni avessero offerto qualche scossa alle relazioni tra i due governi. Per la Consulta l'evento rappresentava poi il palcoscenico privilegiato per rinvigorire le offerte italo-tedesche all'esitazione austriaca di scendere in guerra.

Il Re d'Italia, a conoscenza della ragnatela di intrighi diplomatici presenti nelle relazioni tra i rispettivi Paesi, credeva ancora nella validità dell'assioma geopolitico secondo il quale il cammino tra Roma e Berlino passasse inevitabilmente per Vienna. Desideroso quindi di raccogliere le fila inconcludenti dei precedenti corteggiamenti incrociati diretti verso l'*Austria felix*, il Sovrano italiano colse l'avvenimento per dare prova della sua riservata, ma efficace competenza nelle faccende internazionali. In questo trovò ottimo gioco di sponda in un giovane deputato trentino alla Dieta tirolese di Innsbruck, Alcide De Gasperi, che accompagnava quale interprete Francesco Giuseppe lungo il Tevere.

In quella occasione Vittorio Emanuele, formalmente in posizione di inferiorità nella scala nobilitare internazionale perché solo re, precisò che una volta finita la guerra anche lui, come i due sovrani degli Imperi centrali, avrebbe cinto la loro identica corona. Benché la guerra apparisse dura e lunga, il Quirinale già preconizzava di poter allargare i propri domini a tutto il Mediterraneo centrale e ancora al quarto nord-orientale dell'Africa: dal Sinai al fiume Niger.

Il Savoia precisò che la guerra rappresentava per Roma un'occasione imperdibile per arrivare a un impero coloniale, cosa che Paesi come l'Italia e l'Austria-Ungheria non potevano esimersi dall'avere. Continuando su questo tasto, alla fine lo stesso ministro italiano degli Affari Esteri Tittoni precisò rivolgendosi a Francesco Giuseppe: «Sire, una volta che la Gran Bretagna sarà sconfitta, bisognerà pur trovare qualcuno che possa saper amministrare e trovar profitto dall'India e dalle sue ampie risorse economiche». Questa frase prese alla sprovvista l'Imperatore austriaco, che sapeva di trattative in proposito del suo Governo con gli omologhi tedesco e italiano, ma mai aveva preso coraggio a sognare di poter un giorno sul serio rivolgere il suo scettro su quello che era fino ad allora la "Perla" del predominio britannico nel Mondo.

La visita in Italia, quindi, ebbe un risvolto molto serio e carico di conseguenze sia nel contesto interno che esterno della Duplice Monarchia. Infatti, Francesco Giuseppe mise spalle al muro i due Governi di Vienna e Budapest, che nell'impossibilità di ottenere un assenso pieno dei loro rappresentanti, trovarono un'intesa solo caldeggiando la volontà imperiale di scendere in guerra al fianco di Germania e Italia. Il nuovo gabinetto unificato, presieduto dall'autoritario Karl von Stürgkh con l'energico Stephan Burián agli Affari Esteri, si arroccò compatto nell'assecondare gli appetiti del Sovrano. Questi, del resto, forte di una classe militare fedele e di un apparato industriale, che sentiva il bisogno di uno sbocco commerciale transnazionale, da cui procurarsi anche materie prime, già intravedeva il sogno di ripercorrere le orme dell'antico avo Carlo V, questa volta in territorio asiatico.

*Karl von* **Stürgkh**

*Stephan Burián*

Nel giro di pochi giorni, il 26 aprile 1915, si raduna-rono nel castello del Buon Consiglio a Trento i plenipo-tenziari tedesco, italiano e austriaco per la firma del trattato con il quale Vienna si impegnava a intervenire al fianco delle sue trentennali alleate contro i francesi e gli inglesi. La popolazione italofona della città trentina rimase incerta sul significato da attribuire all'evento. La firma di quella nuova alleanza militare con l'odiata Austria doveva essere interpretata come una minaccia o come un'opportunità per la comunità locale, che guardava Roma come stella polare del proprio futuro politico? Lo stesso De Gasperi, che in realtà era a conoscenza da mesi delle lusinghe italo-tedesche, si era mosso con molta cautela con Francesco Giuseppe, proprio nell'intento di perorare la causa dell'italianità della Venezia tridentina. In egual misura si spese molto per convincere i suoi concittadini che la guerra avrebbe portato vantaggio a tutti gli italiani ancora soggetti a domini stranieri, compresi quelli a nord del lago di Garda!

Il documento, firmato quel giorno a Trento, era già pronto da mesi, perché preparato con dovizia dai burocrati della Consulta e di *Wilhelmstraße*.[17] In esso, oltre a ricomprendere una parte del Trattato di Locarno e certificare in forma piena ed ufficiale le passate conversazioni ufficiose sui compensi per l'Italia e la Germania a guerra finita, veniva stabilito che a fronte della partecipazione alle ostilità in prima linea contro Parigi, la Duplice Monarchia avrebbe ottenuto i domini britannici dell'India e il Madagascar.

Divenendo alleata alla pari, in quell'occasione l'Austria-Ungheria andava quindi ad accettare tutte le richieste fino ad allora solo dichiarate dalle altre due contendenti. La Germania otteneva in forma ufficiale e non contestabile la fascia terrestre che dalla Lorena arrivava

---

[17] Sede del ministero degli Affari Esteri tedesco.

alla Manica, comprendendo le regioni della Champagne-Ardenne, la Piccardia, l'Alta Normandia, la Borgogna orientale e la Franca Contea settentrionale. Inoltre, tutte le colonie britanniche a sud del Congo Belga e quelle francesi dal Marocco alla Costa d'Avorio. In Oriente avrebbe ottenuto tutte le colonie francesi e inglesi nel sud-est asiatico e tutti i protettorati e concessioni in terra cinese prima dipendenti da Parigi e da Londra.

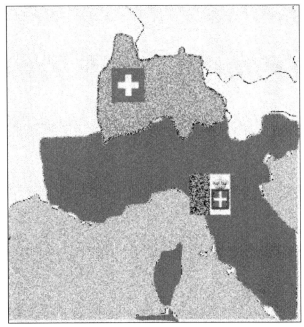

*I nuovi confini italiani e svizzeri ai danni della Francia,*
*secondo il trattato di Locarno*

Infine, l'Italia avrebbe ottenuto le colonie francesi ed inglesi dello scacchiere nord-orientale dell'Africa a settentrione del Congo Belga. Della Francia metropolitana, oltre alla Corsica, avrebbe ottenuto – eccetto quello già promesso alla Svizzera – la regione del Rodano-Alpi, la Provenza-Costa Azzurra e il dipartimento del Gard, per rivendicare la romanità del ponte presso l'omonimo fiume. In Asia avrebbe ottenuto la Birmania e alcuni diritti commerciali nel territorio di Hong Kong, che comunque diveniva territorio esclusivo tedesco.

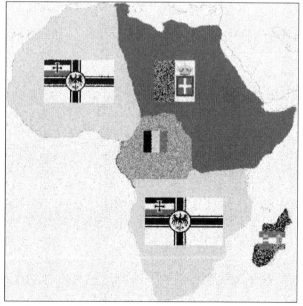

*Spartizione dell'Africa tra le potenze avverse alla coalizione anglo-francese*

Tutti gli altri territori, come l'Australia, la Nuova Zelanda e il Canada vennero lasciati in sospeso, non trovando una collocazione definitiva e – con somma lungimiranza – nell'opinione che la guerra potesse allargarsi ad altri contendenti, da dover prima o poi ricompensare in qualche modo. Particolare attenzione venne rivolta ancora al Congo francese, che veniva confermato come possibile corrispettivo, qualora il Belgio avesse meritato un risarcimento del torto subito, oltre alla regione francese del Passo di Calais, già promessale in via informale durante l'incontro di Treviri.

Con questi presupposti il 24 maggio 1915 l'Austria-Ungheria dichiarò guerra alla Gran Bretagna e alla Francia, ottenendo un notevole appoggio italiano. Il Regio Esercito dislocò a Neuchâtel, a pochi chilometri dal confine franco-elvetico, una nuova Armata: la 5ª retta dal generale Guglielmo Pecori Giraldi. C'era ancora da ufficializzare la questione del fronte, che però entro un mese divenne un affare da lasciarsi alle spalle. Infatti, la Svizzera rese operanti le clausole del Trattato di Locarno e decretò la concessione dello spazio di transito sul proprio territorio all'Esercito imperial-regio degli Asburgo. Le fabbriche della boema Škoda per l'occasione avevano prodotto un numero impressionante di mezzi su ruote, così da facilitare il trasporto di uomini e materiali attraverso l'impervio territorio elvetico e consentire un rapido concentramento delle truppe imperiali sui crinali occidentali dello Stato alpino.

Questi avvenimenti crearono qualche preoccupazione a Parigi, che ormai si trovava a presidiare tutto il suo confine orientale senza soluzione di continuità. I francesi, ricacciati in territorio vallone al nord, iniziarono quindi un'opera di contenimento a partire dalle pianure di Liegi fino alla costa mediterranea. Si adattarono a dover tenere testa nello stesso tempo agli eserciti belga, tedesco, austriaco e italiano. In effetti l'azione dell'Esercito imperial-regio nella zona a nord del Lago di Ginevra venne a prendere corpo solo a partire dal luglio successivo. Tuttavia, a livello psicologico il fatto di trovarsi a dover contenere quattro possibili ondate, anche nella zona per tradizione sguarnita tra le Alpi e il massiccio del Giura, costrinse l'Intesa a tentare di forzare oltre misura la posizione non belligerante di Pietrogrado.

Il 14 luglio, data scelta appositamente nella speranza che la giornata di festa francese riducesse ancora di più l'allerta dell'*Armée*, le due Grandi Unità austro-ungariche – in precedenza schierate sulla riva occidentale del Lago di Neuchâtel – superarono il confine del Giura. Trovarono come unica difesa alcune formazioni confinarie afferenti alla 9ª Armata di Foch. Quest'ultimo nei giorni successivi seppe però rinsaldare lo schieramento ed evitare il dilagare incessante delle truppe asburgiche del generale Conrad von Hötzen-dorff, tornato capo di Stato Maggiore dell'Esercito imperial-regio.

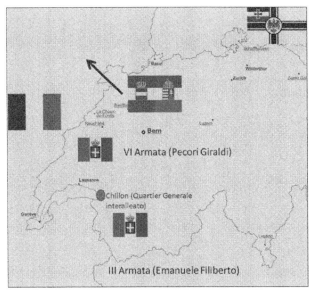

*L'attacco alla Francia dalla Svizzera*

Come è facile comprendere, la situazione creatasi in Svizzera, interruppe ogni rapporto diplomatico ed economico tra i governi di Parigi e Londra con quello di Berna. Tuttavia, come compenso in soccorso degli elvetici arrivarono grossi aiuti in derrate alimentali dall'Italia, dall'Austria e dalla Germania, per supportare la popolazione di Ginevra. Essa per forza di cose, nonostante le clausole a lei favorevoli, iniziava a risentire della pressione del conflitto bellico a poche decine di chilometri dal centro abitato. In aggiunta a ciò, anche se non pregiudicavano la vita civile della regione, proprio in più punti del cantone di Vaud erano dislocati i comandi delle unità asburgiche, preposte al coordinamento delle operazioni sulle frontiere settentrionali del Paese elvetico.

A questi centri di potere si sommava poi un comando interalleato, istallato nel castello di Chillon, antica fortezza dei duchi di Savoia a ridosso del Lago Lemano, reso celebre dalla penna di Lord Byron e da altri racconti ottocenteschi. Per evidenti riferimenti dinastici, proprio Emanuele Filiberto, secondo duca d'Aosta, vi trovò la sua sede operativa nel corso di quattro delle successive dodici battaglie del Rodano. Egli, comandante della 3ª Armata, ebbe modo di conoscere e per questo apprezzare i principali generali austriaci, per i quali faceva da anfitrione in castello e con i quali era solito ipotizzare azioni belliche, anche al di fuori delle ricorrenti riunioni di Stato Maggiore interforze. Per questo s'instaurò un rapporto eccellente e cordiale con il generale von Hötzendorff e con l'omologo tedesco von Moltke.

*Il duca d'Aosta in una trincea in Savoia*

Fu Emanuele Filiberto il punto di contatto tra i diversi eserciti alleati. Il suo legame parentale con Vittorio Emanuele rappresentava, tra mille gelosie tutte interne a casa Savoia, la carta vincente per far accordare alla sua 3ª Armata quanto di meglio offrisse l'industria bellica italiana e un numero maggiore di giovani rincalzi chiamati alle armi.

La situazione sulle Alpi però non sembrò troppo a lungo favorevole alla Triplice Alleanza, proprio perché gli equilibri erano difficili da mantenere. Qualora la bilancia militare del continente si fosse spostata troppo a Occidente, anche l'Oriente ne sarebbe stato presto o tardi condizionato, come un contrappasso ciclico e inevitabile. Se quindi l'ingresso dell'Austria-Ungheria nelle ostilità si risolse solo grazie all'intervento di Vittorio Emanuele III, la decisione della Russia di schierare anch'essa il suo esercito in battaglia, dipese proprio dall'impegno di Vienna.

Infatti, rivolgendo le proprie attenzioni soltanto sulle Alpi, gli Asburgo per forza di cose lasciarono la presa sui Balcani, spingendo il taumaturgo mistico della corte zarista, Grigorij Efimovič Rasputin, a influenzare lo stesso sovrano Nicola II a mobilitare le proprie Forze Armate in direzione degli sguarniti domini austro-ungarici. Lo Zar si convinse del resto che se la Russia non si fosse svegliata in tempo e non si fosse mossa con rapidità verso il Danubio, sarebbe arrivata a banchetto ultimato, quando della fantastica cuccagna non fossero rimasti che i rifiuti.

*Consiglio di guerra presieduto dallo zar Nicola II*

L'anziano primo ministro Ivan Logginivič Goremykin, incapace fino ad allora di portare avanti una coerente e lineare politica estera per il Paese, si ritrovò invischiato nelle trame della zarina Alessandra e del suo pupillo Rasputin, cedendo giorno dopo giorno l'effettivo potere a forze interne alla Corte, ma sempre meno influenzate dal Governo legittimo o dai rappresentanti della *Duma*. Il ministro anglofobo e filogiapponese degli Affari Esteri Sergey Sazonov fu costretto alle dimissioni, anche per i suoi proponimenti di accordare una certa indipendenza alla Polonia.

Prese il suo posto il lunatico Boris Stürmer, che secondo molti era un autentico burattino nelle mani di Rasputin, per altri un bellimbusto al soldo dei tedeschi, per via della sua origine germanica, desideroso solo di tenere i due Paesi in relazioni cordiali. Opinione più veritiera sarebbe quella di inquadrare anche lui in quel ginepraio di cortigiani adulatori e alti burocrati ruffiani, gravitanti nei corridoi del Palazzo d'Inverno o della piccola reggia di Aleksandrovskij.

Se la politica diplomatica era in balia degli umori e dei capricci volitivi degli uomini di corte di Pietrogrado, la gestione militare del Paese non era da considerarsi in migliore condizione. Il generale Sukhomlinov era sempre più lontano dalla stanza dei bottoni e delle leve di comando, mortificando oltre misura la preparazione e l'efficienza dell'esercito e della marina imperiale. In queste condizioni fu lo Zar in persona a ordinare alle Forze Armate di preparare un'offensiva contro la Duplice Monarchia. Ciò avveniva senza suscitare implicazioni diplomatiche più ampie, nella logica di rimanere indifferente alla guerra parallela che la Francia e la Gran Bretagna stavano intrattenendo contro la Triplice Alleanza.

Erano ancora forti a Pietrogrado le opinioni, che consideravano le società francese e britannica troppo liberali o democratiche, per trovarvi un solido vincolo ideologico, necessario a legarsi in una guerra comune. Era vero che la Russia intratteneva un'alleanza difensiva ventennale con Parigi e solidi accordi politici con Londra. Pur tuttavia trovando l'origine del conflitto, scatenato nel maggio del 1914, nella sola iniziativa anglo-francese di regolare i propri conti con la Germania, senza aver coinvolto per nulla il governo Goremykin nell'evoluzione della crisi, ogni pretesa giuridica di collaborazione appariva decaduta.

Quel che Nicola non afferrò, però, fu la situazione insostenibile del suo popolo. Questo, se mal tollerava uno sforzo bellico per una causa esterna al Paese, pari reazione si sarebbe sviluppata se la causa fosse in modo unico da ricercare nelle mire espansionistiche dello Zar e non piuttosto per una causa patriottica condivisa. I movimenti nazionalista e repubblicano erano molto diffusi in quei mesi nei vasti territori dell'Impero russo; non sarebbe servito molto ancora perché si decidesse di imitare anche sul Baltico la laica Marianna con il proposito di decapitare la bigotta Sant'Anna.

Tali considerazioni erano però lungi dall'essere valutate con attenzione alla corte di Pietrogrado, dove al massimo ci si preoccupava di come organizzare l'esercito già fiacco in tempo di pace, demotivato e mal comandato. Licenziato il generale Sukhomlinov, che aveva tra alterne vicende creato un esercito elefantiaco, ma di scarso valore pratico, al principio del 1915 come *Stavka*[18] fu nominato l'energico granduca Nicola Nikolaevich, cugino dello Zar. Nei confronti di quest'ultimo egli esercitava un ascendente simile a quello che Rasputin utilizzava verso Alessandra.

Nikolaevich era nell'intimo panslavo e non avverso alla Germania per principio, visti i mille legami parentali tra le due famiglie regnanti. Fu anche per questo

---

[18] Il Comando supremo russo.

che la Russia fu refrattaria sin dal principio a dichiarare guerra ai vicini occidentali della Prussia, nonostante le relazioni diplomatiche con Parigi e Londra fossero "moralmente" invogliate in questo senso. Di massima il Granduca era un ottimo comandante di uomini, ma un pessimo stratega. Aveva poca esperienza di guerra combattuta, perché sempre messo in disparte da Nicola II a causa del perenne odio-amore, che esisteva tra i due. Questa sua mancata abilità di conduzione bellica sarà deleteria negli anni a venire, tanto da pregiudicare la solidità militare del suo esercito. Ciò rendeva nel tempo la Russia, per chi cercava di blandirla, rispettivamente un'acida dama da corteggiare, un'amante infedele, una moglie viziata e capricciosa.

Per il momento però Pietrogrado si adagiò sugli allori e pensò che agli inconvenienti recenti della struttura militare russa si potesse rimediare altrimenti. Si ritenne che Vienna avesse altre beghe a cui pensare ad Occidente, oltre al fatto che la causa dei *Romanov* poteva trovare valide alleate nella Serbia e nella Bulgaria, invocando la crociata salvifica di tutti gli slavi contro gli Asburgo.

Va qui ricercata quindi l'origine delle alleanze firmate rispettivamente con Belgrado il 17 febbraio e con Sofia il 24 marzo, di cui il nuovo ministro Stürmer fu un invisibile regista in una commedia buffa scritta da altri. I due trattati vennero firmati entrambi di mercoledì (perché quello era il giorno di nascita di Nicola)[19] nella fortezza di Azov, sullo stesso tavolo, utilizzando in entrambe le circostanze le stesse penne. Alla fine di ciascuna cerimonia una coppia di colombi venne liberata dal balcone della stanza luogo dell'incontro. Anche in questo ridondante cerimoniale si evince la schizofrenia di Rasputin e la piaggeria di Stürmer, segnali indicatori che prima o poi la monarchia zarista avrebbe provocato un pericoloso corto circuito.

Era ormai lontano il periodo a cavaliere dei due secoli, in cui lo zar Nicola si rivolgeva in modo salvifico ai popoli del Mondo, predicando il disarmo e la pace mondiale, divenendo l'idolo di una generazione di idealisti. La Russia, invece, con questi due trattati preparava la belligeranza. Essa diveniva forte di due importanti e strategici satelliti, non contando poi la cordialità che la legava sempre alla Francia, al Regno Unito e all'Impero ottomano.

Sarebbero state condizioni necessarie e sufficienti per imbattersi in una guerra lunga e faticosa? Con il senno del poi risponderemmo di sicuro in forma negativa, ma fatto sta che qualche Cassandra anche all'epoca avrebbe potuto controbattere in modo simile. Ormai però i cannoni erano puntati e i reggimenti schierati. Nicola non poteva esimersi dall'imitare il suo

---

[19] Mercoledì 6 maggio 1868.

avo Pietro, senza sapere che questi incarnava una solidità morale e militare di tutt'altra pasta.

In questo modo, senza alcuna dichiarazione di guerra il 14 luglio 1915 – lo stesso giorno dell'attacco asburgico in Francia – l'esercito zarista, dopo una sommaria mobilitazione, invase la Galizia dal nord, sfondando presso Cracovia e Leopoli. Le Armate interessate erano la 5ª di Paul von Rennenkampf, la 9ª di Vladimir Dragomirov e la 12ª di Nikolai Yudenich.

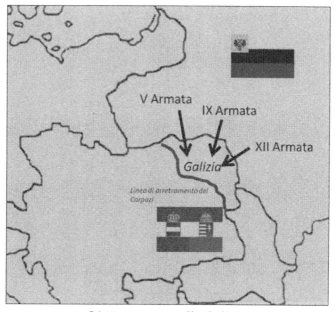

*L'attacco russo alla Galizia*

L'esile Corpo d'Armata asburgico posto a presidio del confine orientale, comandato dal molto criticato ex ministro della Guerra, generale Moritz Auffenberg von Komarów, dovette indietreggiare fino oltre i Carpazi in territorio ruteno, pur di trovare una difesa naturale adeguata a fermare l'avanzata russa. I soldati croati e tirolesi di presidio indietreggiarono vestiti di uniformi logore, coperte di fango, senza un sorriso, coi volti rassegnati, le guance incavate.

Le poche divisioni di fanteria zarista in ordine riuscirono quindi ad avere ragione sulle fragili difese austro-ungariche, proprio perché il grosso delle truppe imperial-regie erano in quei mesi in territorio elvetico. Nonostante un'eccessiva ambizione e un'esecuzione a dir poco improvvisata, la fortuna fu favorevole allo Zar. L'azione russa, quindi, fu significativa nella sua banalità strategica e operativa, creando però un'impressione molto maggiore del previsto, tanto da portare la Serbia ad attaccare anch'essa la Duplice Monarchia in Bosnia.

Ormai da decenni Belgrado vedeva in Pietrogrado la sua referente esterna per imporre quel vago ma sentito concetto di irredentismo panslavo, che l'annessione asburgica di Sarajevo del 1908 aveva rinvigorito in modo esponenziale. Non stupisce quindi che non appena l'esercito zarista di Nikolaevich occupò Leopoli e raggiunse il fiume Dniestr, anche il Re serbo volle beneficiare della malconcia situazione politico-militare di Vienna.

*Il granduca Nicola Nikolaevich passa in rassegna le truppe a Leopoli*

Pietro I *Karađorđević*, benché all'epoca malato in forma grave, era in modo inequivocabile spinto sia verso la Russia che verso la Francia. Con la prima vi erano evidenti legami etnici e familiari. Con i secondi esisteva un afflato di tipo sentimentale, essendo stato egli in gioventù un ufficiale della Legione straniera, partecipando pure alla guerra franco-prussiana, avvenimento per lui indicativo nella successiva maturazione politica antitedesca. Non potendo però gestire in prima persona l'azione bellica, si affidò alla reggenza del suo secondogenito Alessandro. Questi da quel momento in poi alternò la pacatezza, ereditata dal padre, al più sanguigno desiderio di arrivare al compimento politico del sogno di unire tutti gli slavi del sud. Del resto, il Principe reggente era un abile comandante militare. Autentica mente grigia del Paese, egli deteneva il vertice dell'esercito nazionale, subordinando solo in maniera modesta all'abilità del ministro della Guerra, il generale Radomir Putnik, e del capo di Stato maggiore, il generale Stepa Stepanović.

Nonostante le divisioni di fanteria e cavalleria serbe avessero dimostrato un notevole valore nel Banato, il legame formale con la Russia avvenne però solo il 23 agosto, con il cosiddetto patto di non-aggressione «Putnik-Nikolaevich». Nonostante il nome, l'accordo in realtà era rivolto a fare piazza pulita dell'ingombrante Stato retto da Francesco Giuseppe. In quell'occasione, grazie ai buoni uffici dell'anziano primo ministro serbo Nikola Pašić, venne infatti siglato anche un protocollo segreto. Esso legava fino alla morte Belgrado e Pietrogrado con il proposito di voler combattere uniti per la vittoria degli slavi nella ormai secolare guerra contro gli Asburgo, per potersi poi spartire l'immenso Impero danubiano. Era un vero e proprio assalto alla diligenza.

*Batterie serbe lungo il Danubio*

Nel frattempo, la fibrillazione creatasi nell'Europa sudorientale, dopo l'attacco russo, creò un terremoto politico a Vienna. Qui il Gabinetto presieduto da von Stürgkh, voluto di prepotenza dall'imperatore Francesco Giuseppe nei suoi desideri espansionistici, cadde nel volgere di poche settimane il 3 agosto 1915. Anche lo stesso Sovrano, capo delle Forze Armate, fu oggetto di durissime contestazioni. Esse vennero soprattutto sviluppate dall'opinione pubblica magiara, che ormai si sentiva schiacciata tra gli ardori tedeschi degli Asburgo e le pressanti oscillazioni interne ed esterne con la minoranza slava. In questi frangenti venne a risentirsi quella mancata riforma strutturale dell'Impero, diretta conseguenza del traballante compromesso austro-ungarico (*Ausgleich*) del 1867, dove l'elemento ungherese aveva trovato pariteticità rispetto alla predominanza tedesca dello Stato.

Sin dall'inizio del secolo, anche per frenare quei continui spiriti ribelli di panslavismo meridionale, molti avevano chiesto a gran voce che la Duplice Monarchia si riformasse ancora, tra le spinte centrifughe delle nazionalità che la componevano. In quella rivisitazione tutta mitteleuropea della Torre di Babele in salsa *gulasch*, un allargamento alla pari della componente slava avrebbe potuto ancora nel 1915 rivitalizzare la struttura centrale duale, che mal si coniugava con l'assetto multietnico e frastagliato esistente. La decisione di perseguire ad Occidente la politica della Triplice Alleanza invece non solo sottovalutò ancora una volta questa opportunità, ma fece riaprire il sipario su una zona calda come i Balcani dove la Russia e la Serbia mostravano il desiderio recondito di allargarsi oltre misura a spese dell'Austria-Ungheria.

Francesco Giuseppe si ritrovò quindi invischiato in un lancinante vortice politico, che a causa dell'età e della precaria condizione di salute, gli provocò un ictus fulminante, rendendolo inabile in modo permanente alla direzione dello Stato. Pochi giorni prima di questo tragico evento, in un tentativo disperato, chiese all'ex ambasciatore austriaco a Londra, ora riparato a Dublino, Albert von Mensdorff-Pouilly-Dietrichstein di intercedere su Giorgio V in favore di un armistizio. Nonostante Mensdorff fosse conosciuto in terra britannica come sincero anglofilo e in rapporti cordiali con lo stesso Sovrano inglese, in modo misero la sua richiesta fu negata dal *War Office*. Venne quindi rinchiuso nella Torre di Londra, insieme ad altri prigionieri illustri. La leggenda – e come tale viene in modo unanime considerata – tramanda che *Buckingham Palace* abbia interceduto su di lui. Lo liberò, offrendogli di cambiare identità, per divenire poi un *Beefeater*, ossia un guardiano della

Torre di Londra. Egli avrebbe accettato questa prigione dorata lungo il Tamigi, pur di vivere libero e con la coscienza pulita. Non se ne sentì più parlare, anche dopo la fine della guerra.

In questo clima palpitante e schizofrenico avvenne quindi l'inevitabile abdicazione del senile Imperatore in favore del nipote Francesco Ferdinando, erede legittimo alla successione. Questi, il cui nome era associato alla tendenza di inglobare alla pari tutte le popolazioni balcaniche sotto un'unica corona, aveva tutti i requisiti per portare la Duplice Monarchia verso un futuro migliore. Aveva idee fresche, anche se troppo legate alla sua estrema religiosità, era molto istruito e, soprattutto, era pieno di buona volontà.

Proprio lui, che nel decennio precedente si era posto come ago della bilancia, offrendo a tutte le componenti dell'Impero pari dignità, ritenendo la tutela della pace e della concordia tra l'Adriatico e i Carpazi l'unico obiettivo da perseguire, ora si trovava a gestire un conflitto senza precedenti. Doveva vedersela sia sui propri stessi confini contro gli slavi del Nord (Russia) e quelli del Sud (Serbi), sia a distanza contro i francesi e gli inglesi in una guerra poco sentita dall'intera popolazione multinazionale dello Stato.

Il problema, respinto da Bismarck per la Germania sopra ogni cosa, si rivelava ora per l'Austria-Ungheria un tranello pericolosissimo. Infatti, le ostilità sviluppate su un doppio fronte emergevano nella loro più acuta drammaticità: una guerra aggressiva ad ovest, frapposta da uno stato neutrale come la Svizzera, e una guerra di difesa patriottica, dove le componenti magiara e galiziana si stavano dimostrando come il massimo sentimento di protezione nazionale ad oltranza. Vienna era nel mezzo, senza una strategia politica e militare adeguata, convinta fino a quel momento dell'inevitabile passività russa, a seguito delle cocenti sconfitte giapponesi in Oriente di un decennio prima.

L'azzardo compiuto da Francesco Giuseppe si stava risolvendo nel più completo disastro politico-militare. Il Sovrano si era spinto sul trapezio per effettuare un doppio salto mortale senza rete: non poteva che concludersi in un tonfo colossale. Quel che fu temuto dalle più lungimiranti Cassandre, accadde senza possibilità di appello. Con il grosso dei Corpi d'Armata in viaggio di ritorno dal Giura verso il Danubio e verso i Carpazi, la Duplice Monarchia ora si trovava a tamponare tre fronti distanti anni luce l'uno dall'altro. La situazione era drammatica, senza un'adeguata rete stradale o ferroviaria corrispondente, visti gli irregolari promontori, che tagliavano perpendicolarmente le linee di rifornimento.

Prima decisione del nuovo Imperatore asburgico, in questo caso voluta piuttosto come re d'Ungheria, fu la volontà di inviare tutte le risorse militari possibili ad est e a sud. Il proposito era quanto meno frenare le avanzate nemiche che, senza trovare pressoché ostruzione, nel giro di quattro settimane avevano occupato quasi tutto il Banato occidentale, la Bosnia orientale e buona parte della Galizia.

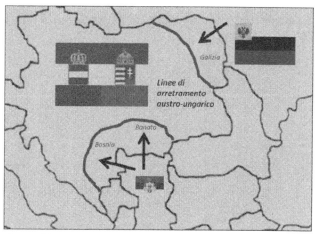

*Attacchi russo e serbo nei territori dell'Impero austro-ungarico*

Finiva così la guerra di conquista, proprio dove cominciava la guerra di liberazione con chiari espedienti pedagogici, se il tentativo era quello di creare una comune nazione balcanica. In questo campo il Sovrano trovò il pieno appoggio del nuovo cancelliere unico, il magiaro István Tisza, che era stato messo a riposo appena pochi mesi prima, quando von Stürgkh aveva preso con modi aggressivi e assoluti il timone dell'intera politica austro-ungarica. La politica diplomatica imperiale del dimissionario ministro degli Affari Esteri

Burián si andava infrangendo di fronte allo spettro del dilagare slavo. In quei giorni il Governo della Duplice Monarchia in crisi istituzionale ripensò a quella espressione geografica chiamata "Polonia", che era stata smembrata e spartita alla fine del XVIII secolo da parte di Austria, Prussia e Russia. Avrebbero fatto la stessa fine anche i territori asburgici divisi dal fiume Leitha: la Transleitania[20] e la Cisleitania[21]?

Nell'operazione di riorganizzazione ai vertici dell'Esercito cadde (di nuovo) von Hötzendorff, che rimase comunque in Svizzera nel disperato tentativo di mantenere qualche difesa. In effetti la tentazione di un armistizio con i francesi era grossa, ma in quelle condizioni Vienna non poteva inimicarsi pure i tedeschi e gli italiani con un tradimento di questa specie. Sperando che le cose potessero migliorare in un prossimo futuro, nelle intenzioni dello Stato Maggiore imperial-regio vi era la convinzione di riaprire il fronte elvetico il prima possibile e continuare, se possibile, nella lotta all'interno della Triplice Alleanza. Questa considerazione serviva anche per saggiare Roma e Berlino nel proposito di attaccare anch'essi la Russia e facilitare così le difese del fronte orientale.

Il governo dell'oculato ed equilibrato Tisza fu in modo chiaro ed energico indirizzato prima a risolvere

---

[20] Il Regno d'Ungheria.
[21] I territori appartenenti all'Austria.

l'emergenza difensiva ad Oriente. Poi avrebbe proseguito la guerra contro i francesi, che fino a quel momento si era rivelata la peggiore iattura nella breve storia della Duplice Monarchia.

Forte dell'amicizia, prima in chiave antiturca e poi antirussa, che si era andata consolidando con la Romania, il nuovo ministro degli Affari Esteri austro-ungarico, il moderato boemo Edvard Beneš, anche grazie all'ambasciatore a Bucarest Ottokar von und zu Chudenitz Czernin, convinse il governo locale di Ionel Brătianu e il re Ferdinando I (della famiglia degli *Hohenzollern-Sigmaringen*) a unirsi agli Asburgo nella lotta contro gli slavi.

*Ionel Brătianu*

*Ferdinando di Romania*

Beneš, che partiva da posizioni nazionaliste macro-regionali, comprese che, dopo il periodo oscurantista e accentratore di Francesco Giuseppe, la salita al trono del nipote avrebbe offerto un complessivo giovane indirizzo alla politica multietnica dello Stato. L'emancipazione dei popoli interni poteva essere complementare alla federazione. Praga non si proponeva quindi di abbattere l'Impero, ma di rendere la grande famiglia slava più partecipe e quindi garantire un autentico equilibrio in tutti i territori asburgici. Come accaduto nel giugno del 1848, in occasione di un solenne congresso nel capoluogo boemo a cui parteciparono 350 delegati, provenienti dalle principali regioni slave dell'Europa centro-orientale, in quei giorni tutte le nazionalità danubiane aderirono alla causa comune per frenare l'avanzata russa.

In questa ottica fu tra l'altro merito di Beneš, se i cechi e gli slovacchi a fine guerra avrebbero ottenuto un grande elettore ciascuno nella nuova formula a suffragio per la successione al trono imperiale, seguendo le ambizioni di Praga risalenti alle origini della guerra dei Trent'anni. Ma questo è un aspetto che vedremo a tempo debito nei suoi più intimi dettagli. In quel momento la parola d'ordine era: prima combattere, poi dividere in parti uguali il bottino.

Intanto la Romania, nata a tappe durante la seconda metà del XIX secolo nella regione romana della Dacia, a seguito del continuo declino della potenza ottomana nell'Europa sudorientale, guardava con rinnovato interesse i territori, che la circondavano, popolati da neolatini. Poteva nascere un accordo con il confinante Impero asburgico, così da unire per etnia i Carpazi al Mar Nero? Il nuovo governo asburgico di Budapest aveva altri obiettivi per la sorella povera romena: non certo concederle a titolo gratuito sue regioni come la Transilvania o la Bucovina. Tuttavia, usò il sentimentalismo del Re romeno per carpire la simpatia della sua Nazione. Questa, qualora avesse accettato l'offerta di aiutare l'esercito imperial-regio e attaccato a sua volta le formazioni zariste sul Mar Nero, avrebbe potuto nell'immediato ottenere a spese della Russia quanto meno la Bessarabia. Dopo aver ricevuto da Roma e Berlino la promessa dell'India, offrire a sua volta in regalo merce di altri rimaneva un grande investimento per gli Asburgo!

Nel lungo periodo invece, in caso di vittoria, ci sarebbe stata la realizzazione del più grande progetto istituzionale degli ultimi decenni, che tanto stava a cuore a Francesco Ferdinando. La Romania avrebbe fatto parte, insieme ad Austria, Ungheria e a uno Stato definibile come "Slavia" di un soggetto federale completamente nuovo. In esso l'elezione del sovrano da parte di un novero di grandi elettori, a imitazione della prassi imperiale medioevale e proto-moderna, offriva il segno tangibile della parità tra i popoli, di cui il ringiovanito Impero era parte essenziale.

L'idea aveva dei tratti romantici, per certi aspetti anacronistici. Eppure, appariva in quel ginepraio di lotte e contrasti l'unica speranza per Francesco Ferdinando di vincere la guerra e mantenere unita sotto una stessa monarchia quell'unione disordinata e capricciosa di popoli, religioni ed etnie, retta fino ad allora dalla traballante sovranità degli Asburgo.

Se non era la rivisitazione del "Sacro Romano Impero", poco ci mancava. Forse proprio questo sogno fu la molla che spinse molti romeni, magiari, croati e galiziani a combattere con più veemenza contro il sopraggiungere dei serbi e dei russi. In fin dei conti, allo stato delle cose, per tutte le popolazioni dell'Europa sudo-rientale, in quei frangenti, la scelta era tra un paese cattolico che si avviava alla modernità (l'Austria-Ungheria) e uno ortodosso arretrato e feudale (la Russia). L'Imperatore asburgico conosceva i limiti di un fronte bellico incerto, dove solo la sinergia politica e militare appariva come fondamentale. Proprio per questo motivo egli aveva capito pure che la ricchezza di tradizioni seppur diverse, unite da secoli e secoli all'interno di una storia comune, avrebbe potuto tornargli a vantaggio.

Del resto, Francesco Ferdinando aveva come primo ispiratore Mattia Corvino, il re d'Ungheria del XV secolo, battuto da Massimiliano d'Asburgo nella successione imperiale nel 1493. Mattia aveva avuto un'inclinazione umanista e umanitaria della politica. Proprio questa caratteristica attraeva il contemporaneo Imperatore d'Austria. Voleva offrire un clima favorevole per rendere nel modo più pieno, multietnico ed ecumenico il sogno di uno Stato cristiano, regno di concordia e di pace sociale. In questa logica Francesco Ferdinando voleva rompere con l'Impero inteso come proprietà privata degli Asburgo, per trasformarlo in un'entità sopranazionale e solidale. Non parlava di *Commonwealth* dell'Europa centro-orientale, ma quello era il senso, credendo soprattutto nella collaborazione dell'amica Romania.

Alimentare la propria popolazione dal granaio d'Europa a buon mercato era una priorità per Francesco Ferdinando come per Guglielmo II. Quello di coinvolgere Bucarest contro Pietrogrado era un consolidato obiettivo della Duplice Monarchia nel tentativo di creare anche sulla costa del Mar Nero un efficace grimaldello alla penetrazione verso la ricca Ucraina. L'apertura russa delle ostilità creò questo presupposto, proprio perché la zarista Bessarabia rappresentava per i romeni quel che era la guglielmina Alsazia per i francesi: una terra nazionale da riscattare.

Il re romeno Ferdinando era desideroso di ottenere la regione posseduta dai russi e altrettanto ambizioso di poter ottenere un credito maggiore nell'intera zona balcanica. Impose quindi al *premier* Brătianu la nomina come nuovo ministro della Guerra del generale Alexandru Averescu, in precenza anche capo di Stato Maggiore dell'Esercito. La scelta del Sovrano ricadde su di lui non solo perché era un ottimo soldato, ma perché, non fidandosi troppo del francesizzante Brătianu, il Re aveva bisogno nel Governo di un ministro più vicino alla Triplice Alleanza. Infatti, Averescu aveva nella sua carriera una serie di frequenti e prolifiche collaborazioni con il mondo militare italiano e tedesco. Era stato frequentatore della Scuola di applicazione di Torino, in stretto contatto con altrettanti futuri illustri comandanti italiani. Lasciato il capoluogo piemontese si era strasferito come addetto militare a Berlino, trovando stima reciproca con Moltke, di cui era divenuto un intimo amico per via della comune antipatia verso i russi.

Questo breve *curriculum* del nuovo ministro dimostra quindi non solo la chiara intenzione della Romania di aiutare l'Impero asburgico nella sua lotta contro gli slavi, ma anche la predisposizione del re Ferdinando di legarsi a doppio filo anche con le strategie belliche di Roma e di Berlino, oltre che a quelle di Vienna e Budapest. Pietrogrado finalmente avrebbe dovuto bere l'amaro calice e cedere la contesa Bessarabia agli odiati latini riviereschi. Come la maggior parte dei loro coetanei, i giovani romeni erano eccitati, pieni di aspettative e sensazioni esotiche, ma soprattutto erano del tutto ignari del pericolo insito nell'assalto alla Russia. Alla vigilia dell'attacco, nel cuore della notte, i comandanti militari svegliarono i parroci dei villaggi. Nell'intento di una nuova crociata, i propri sottoposti dovevano confessarsi e ricevere l'eucarestia prima di affrontare la morte. In ogni villaggio vi furono poi le benedizioni dei fucili e le vecchie beghine cinsero il collo di ogni soldato di un rosario consacrato.

Con questi presupposti, malgrado non potessero contare su una grandezza militare consolidata, le Forze Armate romene, comandate dal generale Vasile Zottu, ebbero il battesimo del fuoco. Attaccarono senza esitazione il 15 ottobre 1915 l'Impero russo, partendo dalla Moldavia storica. Trovarono però una certa resistenza soprattutto perché la flotta zarista di Odessa, essendo prigioniera degli Stretti, rimase in quei mesi impegnata nel Mar Nero a sferrare una serie di bombardamenti sulle difese costiere intorno alle foci del Danubio. Trovato ostacolo sulla zona rivierasca per via di questi frequenti attacchi, Zottu si lanciò quindi su una decisa offensiva lungo il corso e presso le sorgenti del fiume Prut. L'azione era finalizzata a inserirsi tra la Bucovina e la Bessarabia, tanto da ottenere ottimi successi. La 1ª Armata del generale Costantin Prezan partì dalla città confinaria di Galati, puntando verso nord-ovest e ricacciando i russi oltre il fiume Dnjestr. Era il primo, di una lunga serie, di campanelli d'allarme per le sorti dello zar Nicola. Nessuno alla corte di Pietrogrado ne seppe interpretare gli effetti.

La situazione per la Romania però si aggravò quando simultaneamente anche la Bulgaria scelse il ricorso alle armi, stringendo tra i denti la regione meridionale della Valacchia come neppure il suo personaggio letterario più illustre avrebbe fatto: il conte Dracula.

Sofia, benché negli ultimi anni si fosse avvicinata agli Imperi centrali, in quei frangenti negò la sua fedeltà alla causa germanica, per abbracciare la più logica preferenza slava. In effetti questa scelta non avvenne in modo troppo pacifico, visto che il precedente zar bulgaro, Ferdinando I (della famiglia *Sassonia-Coburgo-Gotha*), aveva con gradualità sciolto i legami con la madrina Russia, anche a seguito dell'umiliazione subita da Sofia di non essere stata aiutata durante la seconda guerra balcanica.

*Ferdinando I di Bulgaria*

*Boris III di Bulgaria*

Tuttavia, l'assassinio proprio di Ferdinando per mano di un rivoluzionario comunista romeno nel settembre del 1914, portò al trono il figlio ventunenne Boris III. Questi, per la situazione internazionale isolata del suo Paese, decise di ripercorrere la tradizionale politica filorussa nazionale, allontanando dal potere il ministro filotedesco Vasil Radoslavov. Al suo posto subentrò Aleksandăr Malinov, senza dubbio più vicino ai russi non fosse altro perché, essendo lui originario della Bessarabia, non poteva sopportare il revanscismo romeno verso quella regione. Per principio il popolo bulgaro non amava la guerra, ma avendola avuta in casa per tanti anni, ormai si era rassegnato a doverci convivere. In tutto il Paese ai piedi di ogni letto c'era un fucile, buono per combattere contro qualcuno. Che questo qualcuno fosse un vicino invadente, un greco o un romeno poco cambiava. Le cartucce non avevano un nome.

Come è stato accennato, fu del marzo 1915 l'alleanza panslava che legava le Nazioni russa e bulgara, evento che aveva schiuso al Governo di Sofia la possibilità di raggiungere le foci del Danubio senza problemi, avendo in questo l'appoggio di Pietrogrado. Malinov era ritenuto uomo molto saggio. Partendo da posizione moderate, anch'egli però poteva vantare una sana dose di fanatismo e fatalismo, tipici di quel clima politico incandescente. Egli aveva avversato lo spirito aggressivo delle guerre balcaniche, ma chiedeva per il suo Paese il primato, che gli sarebbe spettato come guida morale della Penisola. Odiava i romeni sopra ogni cosa, ritenendoli dei *parvenu* alla tavola dei Balcani e degli ibridi per etnia e cultura. Una frase celebre – e anche piuttosto rozza – gli venne attribuita: «A che razza appartengono i romeni? Non sono pienamente latini, né slavi, forse ha ragione Darwin: discendono dalle scimmie!»

Per questi motivi, accattivata dalla suadente attrazione dello Zar russo, padre di tutti gli slavi, nonché dalla possibilità – una volta per tutte – di eliminare l'ingombrante e scomoda vicina neolatina, la Bulgaria scelse il campo dell'Intesa, attaccando proprio la Romania il 27 ottobre 1915. I bulgari benché male armati, erano fanatici fino alla follia. L'avanzata fu sin trovo facile, una volta posta l'offensiva in Dobrugia e guadato il Danubio nelle località di Turtukai e di Silistria. La strada per Bucarest era già ormai segnata!

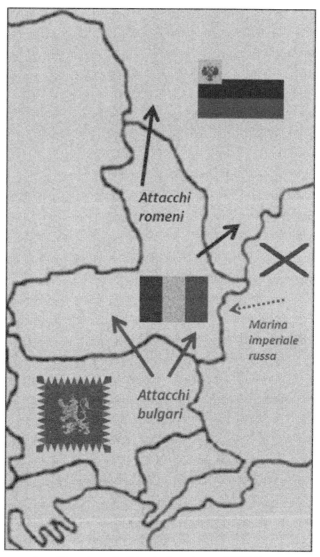

*La situazione bellica balcanica nel 1915*

La difesa romena fu di una lentezza che impressionò gli stessi attaccanti, che si trovarono di fronte a un autentico colabrodo. Il fatto che i bulgari avessero attraversato il Danubio non era necessariamente una catastrofe, se fossero stati respinti da un rapido contrattacco sulla costa. Le truppe romene invece si radunarono in maniera apatica, poi avanzarono con esitazione e alla spicciolata. Risentivano dello sforzo settentrionale e le divisioni di riserva non riuscirono a comunicare tra loro. Le operazioni si concentrarono quindi a livello di reggimento, senza un'unicità d'indirizzo complessivo. Era come scrivere una lettera ai pompieri quando la propria casa brucia. Lo stesso Zottu, benché rimasto freddo di fronte all'accaduto, non riuscì a coordinare i due fronti, tanto da trovarsi egli stesso impantanato in un accerchiamento presso la città moldava di Jassy, dove cadde prigioniero dei russi. Si suiciderà, infliggendosi un colpo di badile in testa, dopo un anno di vita detentiva nel campo di concentramento kazako di Semey il 12 novembre 1916. Malato, affamato e ormai privo di forze, arrivò all'estremo gesto solo perché disgustato da alcuni prigionieri, suoi compagni, che facevano ricorso al cannibalismo. Se doveva essere mangiato, quanto meno da morto!

Dopo la cattura del capo di Stato Maggiore romeno, prese il suo posto Dumitru Iliescu, che però non convinse del tutto il ministro Averescu, tanto da spingerlo a cercare in un altro comandante d'Armata una persona più adatta al ruolo. Il punto debole dell'esercito romeno stava nella mentalità e in molti in quei giorni si domandarono che cosa insegnassero prima della guerra negli istituti di formazione militare. Proprio quando i bulgari erano sul punto di minacciare la ferrovia Bucarest-Cernavoda-Costanza, la Romania aveva bisogno di qualcuno che potesse quanto meno riequilibrare lo scenario bellico del Paese. Non era necessario avere più uomini validi al fronte, ma un uomo valido al comando.

Alla fine di dicembre del 1915 venne quindi chiamato al vertice dell'esercito il generale Prezan, impegnato sin a quel momento nella difficile campagna dei Carpazi. Le credenziali del vecchio e canuto comandante erano fuori discussione. Tra mille difficoltà si era rivelato un autentico mastino della guerra, nonché esperto in fortificazioni montane e marittime. Tuttavia alla lunga incappò in notevoli difficoltà, visto che nella primavera del 1916 troverà a contenersi la riva sud-occidentale del Mar Nero anche con la spedizione ottomana, venuta in aiuto dei bulgari e contro gli ellenici. Ma non anticipiamo troppo gli eventi futuri.

Vale la pena però in questa sede puntualizzare che, nonostante l'interferenza austro-ungarica nella politica estera e militare romena, sia Averescu che Prezan continuarono nei loro incessanti contatti con gli omologhi italiani e tedeschi in funzione di una guerra complementare e integrata tra i due scenari europei. Solo con gradualità la Romania sarebbe divenuta un satellite dell'ex Duplice Monarchia, ma all'alba del 1916 essa ancora poteva vantare una netta indipendenza militare e politica sia da Vienna che da Budapest.

Senza voler quindi troppo anticipare quel che avverà in seguito, si può già premettere l'ispirazione romena offerta a Cadorna e a Moltke di aprire un fronte nei Dardanelli, evento che si risolverà con la catastrofica campagna italo-tedesca di Gallipoli del novembre del 1916.

*Lo zar Nicola decora le forze cosacche operanti nei Carpazi*

Tornando invece alla realtà dell'estate del 1915, tutto lo sconvolgimento politico-militare ad Oriente, dovuto all'ingresso della Russia in guerra, come è facilmente intuibile, creò un certo imbarazzo a Roma e a Berlino. Queste ultime avevano visto solo poche settimane prima l'ingresso di Vienna nelle ostilità occidentali come un'autentica manna dal cielo. Il *dietrofront* asburgico, se comprensibile sotto l'aspetto della difesa nazionale, rendeva gli impegni dell'Alleanza in balia degli eventi, proprio in concomitanza con una ventilata nuova offensiva anglo-francese lungo il Giura. Appena dietro le formazioni francesi si era andata posizionando infatti la 1ª Armata britannica del generale Douglas Haig, stratega tradizionalista con esperienze coloniali, poco portato a scenari aspri come quelli alpestri. Zimmer aveva previsto per lui un attacco verso la più pianeggiante Franca Contea, favorendo così la direttrice che dal centro della Francia portava in Baviera.

In tal senso, ormai sguarniti delle grandi unità austro-ungariche, la Svizzera nord-occidentale ora era presidiata solamente da truppe di rincalzo, comandante da von Hötzendorff, provenienti in prevalenza dalla *Landwehr* austriaca. Tra l'altro esse erano senza una guida militare appropriata, essendo il generale depotenziato delle sue migliori energie. Non esattamente quello che sarebbe servito in quel momento di pieno sviluppo nella strategia bellica di entrambi i fronti!

L'incendio divampato lungo il Danubio toglieva le luci della ribalta al fronte occidentale, che per lo Stato

Maggiore tedesco e per gli ambienti industriali e commerciali italiani rappresentava il centro nevralgico per arrivare alla vittoria finale nella strategia di vicendevole logoramento economico e militare. Ora che al di là dell'Adriatico e poco distante dai confini orientali tedeschi s'innescava uno scontro all'ultimo sangue, la Francia sembrava corroborata. Vedeva le sue due avversarie preoccupate anche da altri problemi internazionali, nel caso in cui vi fosse stato un allargamento sconsiderato delle beghe della zona sudorientale europea.

Trovando quindi elemento profittevole nell'espansione orientale della guerra, Parigi pianificò due obiettivi da realizzare a breve scadenza, uno militare e l'altro diplomatico. La prima mossa sarebbe stata attaccare in forze la Svizzera, anello debole della catena della Triplice Alleanza e da lì penetrare rispettivamente in Piemonte e Lombardia a sud e in Baviera a nord. Le Armate interessate sarebbero state la 9ª di Foch e la neocostituita 10ª di Louis Ernst de Maud'huy. Tale azione, qualora si fosse realizzata, avrebbe scompaginato con una manovra d'aggiramento i due fronti principali e avrebbe fatto capitolare almeno Torino e Stoccarda, mentre con un pizzico di fortuna sarebbe penetrata sino a Milano e a Monaco, decretando la fine inesorabile della guerra. La Germania e l'Italia, una volta disimpegnatasi l'Austria-Ungheria dal fronte occidentale, avrebbero retto questo grave colpo in una zona

259

così delicata per l'esistenza economica dei rispettivi Paesi?

L'altra mossa, questa volta tutta interna al *Quay d'Orsay*,[22] era quella d'indurre l'alleata Russia a dichiarare a sua volta guerra alla Germania, così da rendere ancora più efficace l'accerchiamento degli Imperi centrali. In questo modo si sarebbe realizzato altresì quel nemico comune, che fino a quel momento era mancato tra le due realtà dell'incompiuta Triplice Intesa, i cui aderenti avevano come scarso collante ancora nel 1915 solo l'ostilità operante contro l'Austria-Ungheria.

*Fanti francesi all'attacco presso il lago di Neuchâtel*

In questo modo, già messa all'angolo Vienna perché impegnata su tre fronti, un doppio impegno anche di Berlino avrebbe garantito un alleggerimento dello scacchiere belga-lorenese. In questo modo sarebbe stata possibile anche in quel settore una pianificazione perforante dei francesi. Questa volta però supportati pure dalle riserve, che dalla Gran Bretagna con più frequenza si andavano radunando a nord-est di Parigi.

---

[22] Sede del ministero degli Affari esteri francese.

Per questi motivi l'ambasciatore francese Maurice Paléologue a Pietrogrado articolò le sue pressioni su tutti i vantaggi sinergici che l'operazione congiunta avrebbe comportato, partendo dal presupposto che la Russia aveva trovato conveniente attaccare Vienna, proprio perché quest'ultima era già in lotta contro Parigi e Londra. Di tono diverso fu l'incalzare dell'ambasciatore britannico George Buchanan, che non risparmiò neppure promesse su accomodamenti in Persia e in Afghanistan in favore dei russi, pur di indurli ad allargare la loro azione bellica anche in Polonia e in Prussia ai danni dei tedeschi.

Le argomentazioni usate con lo Zar però non trovarono l'effetto sperato, rinviando di mesi la possibilità di obbligare anche gli *Hohenzollern*, dopo gli Asburgo, a cedere l'iniziativa alla Francia e alla Gran Bretagna, perché impegnati in una lotta su due fronti. La causa del diniego russo, oltre alla contingente arretratezza militare e alle scarne linee di rifornimento, che causavano ritardi e incidenti ai convogli, fu mossa dall'atteggiamento dissociato di Rasputin, che diffidava delle Potenze occidentali. Il suo piano prevedeva due fasi, di cui era opportuno approfittare. In cuor suo era convinto che allo stato dell'arte, la Germania e l'Italia avrebbero sconfitto le loro avversarie nel giro di qualche mese, ma dopo un'estenuante guerra. A quel punto si sarebbe offerta alla stessa Russia l'occasione di invadere il *Reich*, spingendosi con facilità in Prussia e nel

Brandeburgo, ottenendo a basso costo la massima estensione possibile fino all'Elba. In tale ottimistico scenario poi Pietrogrado non si sarebbe accontentata di qualche rettifica territoriale nell'Asia centrale, ma avrebbe potuto occupare tutto l'Afghanistan e tutta la Persia. Una volta che la Triplice Alleanza avesse sconfitto l'Impero britannico, la Russia poteva a quel punto beneficiare di un vantaggiosissimo sbocco direttamente sul mare nel Golfo persico.

Di fronte a queste argomentazioni allucinate, ma per certi aspetti realistiche, vista la difficoltà in cui versavano tutte le contendenti già in lotta, lo Zar rimase sordo a qualsiasi nuova opportunità. Escluse anche quella molto vantaggiosa, offerta dai governi di Parigi e di Londra di rifornire dal Mar del Nord o dall'Asia generi alimentari, che l'inverno avrebbe reso scarsi alla popolazione russa. Nicola preferiva affamare il proprio popolo, in alcuni contesti dedito già a mangiare i propri animali domestici, che legarsi alle democrazie occidentali. Come tutti i tiranni sanno, lo Zar valutava il conflitto in corso a secondo delle proprie opportunità, senza preoccuparsi dei bisogni dei propri sudditi. Voleva accrescere il proprio territorio senza dividere la torta con nessuno. Dal punto di vista zarista accettare l'aiuto anglofrancese avrebbe reso Pietrogrado nell'imbarazzante obbligo di ricambiare la generosità, aprendo il secondo fronte contro la Germania.

Per questo Nicola II anche in tale circostanza fu energico, risoluto e a tratti autoreferenziale. Confidava che la rapida avanzata verso il Danubio avrebbe concesso alla Russia ampi margini per sostentarsi da sola anche nei mesi più rigidi dell'anno. Il monarca fece presente piuttosto, in un colloquio con il generale Janin del 20 novembre, se non fosse la Francia a dover cercare l'appoggio di qualche buon benefattore straniero, che potesse evitare nell'avvenire di dover far mangiare a tutti i parigini «crauti, patate e salsicciotti».

La frase fu condita, nella migliore tradizione umoristica dei *Romanov*, da una fragorosa risata e dall'innalzamento al cielo di un bicchierino di vodka calda, il settimo che lo Zar beveva dall'inizio dell'incontro con il delegato di Parigi. Non è facile capire l'effetto che l'alcol può infondere nei comportamenti degli individui. Sta di fatto che la frase fu peggiore di un colpo di ghigliottina sulla testa del suscettibile Janin, tanto per rimanere in tema di retaggi francesi.

All'udire tali parole i mustacchi del militare-diplomatico francese si sollevarono di botto. Questi rimase impressionato da questa affermazione, ritenuta offensiva, se si consideravano gli ingenti sacrifici che l'*Armée* e la Nazione tutta stavano facendo da oltre un anno. Nell'animo del generale tornarono alla memoria i ricordi del 1871 in un terrificante *déjà vu* con i cannoni tedeschi lungo i *boulevars* intorno all'*étoile* dell'Arco di Trionfo. Egli si sentì quindi subito di tagliare corto con l'irriverenza del monarca russo. La risposta imprudente dello Zar ruppe qualsiasi nuova trattativa in corso con il Governo francese, che da quel momento comunicò all'omologo britannico che eventuali successive intese con Pietrogrado da parte di Londra sarebbero state da intendersi a unico titolo esclusivo e non più a nome dell'Alleanza nel suo complesso.

Di conseguenza il 22 novembre la Francia troncò ogni relazione diplomatica con la Russia. Ciò produsse un'ulteriore ostilità politica all'interno delle ostilità belliche preesistenti, che in maniera sempre maggiore vedevano i due fronti europei dell'ormai ex Triplice Intesa su pianeti differenti, quasi su versanti a loro volta antagonisti. Era la fine di un legame, che ormai durava da quasi cinque lustri tra Parigi e Pietrogrado. Nonostante la reciproca lontananza ideologica e di mentalità politica, aveva offerto vantaggi indiscutibili ad entrambi i Paesi su tutti i piani della politica estera. La laica, democratica e rivoluzionaria Marianna tagliava così ogni rapporto con la bigotta, feudale e conservatrice Sant'Anna.

Come esempio di questo amaro divorzio, a Parigi nella cornice di una pomposa cerimonia goffa e anacronistica, il presidente Poincaré celebrò la nuova intitolazione del viale e del ponte sulla Senna che si sviluppavano tra i Campi Elisi e il piazzale dell'*Hôtel des Invalides*. Quel che un tempo era il *Pont Alexandre III*, in onore dello Zar amico e alleato incondizionato della Francia, il 25 novembre divenne *Pont 24 juin 1812*, anniversario dell'attacco napoleonico alla Russia. Per ironia della sorte era stato lo stesso figlio Nicola II nel 1896 a posare la prima pietra del ponte che avrebbe preso il nome del padre. Fu sempre lui che ne condizionò i destini successivi. Nella logica di una coeva *damnatio memoriae* il sentimento gallicano del tempo voleva dimostrare così il massimo dello sdegno e della superiorità sciovinista. Nella mente del governo di Doumergue, se non fosse esistita come frapposizione la Germania, la Francia avrebbe di sicuro aperto le ostilità oltre la Vistola, marciando direttamente su Mosca e Pietrogrado, come fatto dal Grande Corso poco più di cento anni prima. Il pomeriggio dello stesso 25 novembre Poincaré e Viviani portarono una corona di fiori alla tomba di Napoleone, sperando che la Francia repubblicana avesse miglior fortuna dei due, militarmente sconfitti, imperi precedenti. Ribot, vedendo crollare la sua idea di alleanza con la Russia, rassegnò le dimissioni. Al suo posto al *Quai d'Orsay* arrivò Georges Clemenceau, fautore di una politica ancora più aguerrita, tutta indirizzata, una volta sceso il sipario sull'alleanza con Pietrogrado, a cercare altri interlocutori alla causa dell'Intesa. Era noto alle cancellerie di mezza Europa che egli disponeva di molti serpenti nel cassetto e nei mesi successivi sarà proprio lui a tentare il tutto per tutto nel disperdere zizzania nelle relazioni tedesche, pur di carpire le simpatie di Costantinopoli o di Copenaghen. Vedremo in seguito i risultati e gli insuccessi di questa nuova politica diplomatica.

Nonostante questo clima iracondo tra francesi e russi fosse favorevole alla Triplice Alleanza, Berlino e Roma non avevano nulla di cui rallegrarsi. Il disimpegno asburgico dal confine svizzero e l'apertura di uno scenario nefasto ai margini orientali del continente non promettevano nulla di buono nel presente e nel futuro. Va da sé che questa situazione entrò di prepotenza nell'agenda politica anche dei Governi tedesco e italiano, che ormai sentivano franare sotto i loro piedi la posizione di vantaggio posseduta appena pochi mesi prima. A posteriori, forzare l'Austria-Ungheria si era rivelato un grave errore strategico, confidando troppo sulla convinzione che da Pietrogrado la guerra europea fosse interpretata come un evento distante e fuori portata.

A questo punto, in tali condizioni la risposta più semplice, ma anche la più compromettente per Roma e Berlino, sarebbe stata quella di portare alla dichiarazione di guerra congiunta italo-tedesca nei confronti della Russia. Era l'antica lotta dei Germani e dei Latini contro gli Slavi, la difesa della cultura europea contro l'avanzata asiatica. Questo nuovo scenario bellico però si sarebbe rivelato un pesantissimo fardello e una benevolenza gratuita in favore della maldestra Vienna, proprio nel momento in cui essa aveva voltato le spalle alle due sue insofferenti alleate. Per di più un doppio fronte anche per il *Reich* avrebbe creato quel rischio tanto temuto da Berlino e tanto desiderato da Parigi, di trovarsi in contemporanea Francia e Russia come nemiche sul piede di guerra. Tuttavia, questo rischio per il momento sembrava scongiurato proprio per la ritrosia dello zar Nicola a farsi coinvolgere nelle beghe anglo-francesi contro un nemico ritenuto troppo potente per lei come la Germania.

Ecco, quindi, la necessità per Berlino e Roma di trovare una soluzione alternativa ma rapida, cercando di distogliere truppe nemiche dalle posizioni austro-ungariche a Oriente, senza rischiare un allargamento a domino delle ostilità, sin troppo sviluppate proprio a partire dall'ingresso nel conflitto della Duplice Monarchia.

Secondo taluni uomini politici e gruppi di pressione nazionali in Italia e in Germania, queste ultime avrebbero potuto anche lasciare al proprio destino l'Austria-Ungheria. In fondo quanto credito si dava ai russi di poter vincere rapidamente in Europa orientale? Ma cosa sarebbe successo invece, se Vienna e Budapest fossero sprofondate nel volgere di pochi mesi nel baratro, per mano di quella Russia potenzialmente alleata ancora della Gran Bretagna? Senza più barriere nei Balcani, nessun limite avrebbe frenato le mire di Nicola II verso Occidente e verso il «mare caldo» Mediterraneo.

Proprio questo scenario apocalittico portò del resto i governi Giolitti e von Bethmann-Hollweg a riesaminare i loro propositi e sviluppare le loro riflessioni in modo più accurato. Ecco quindi tornare al dilemma centrale della faccenda: come creare fastidio a Pietrogrado, senza farlo in prima persona? Era fondamentale sforzarsi almeno per tenere in vita l'esercito imperialregio a sufficienza, per avere il tempo di vincere la guerra militarmente a Occidente. Arrivò l'invenzione di uno nuovo scenario rischioso, ma non del tutto folle, studiato e messo a punto da un generale "orientalista" dello Stato Maggiore italiano, il napoletano Armando Diaz. Il problema era come colpire gli slavi, senza farsi travolgere dalla burrasca russa.

Di conseguenza, se l'Impero zarista si rivelava come una palude troppo gravosa da superare, almeno nell'immediato, probabilmente colpire la Serbia, con la sua posizione a punta di lancia nell'Europa sudorientale, avrebbe alleggerito di un nemico fastidioso l'accerchiata Austria-Ungheria. Roma avrebbe potuto agire in questo senso, potendosi inserire al momento giusto nel posto giusto. Toglieva le castagne dal fuoco a Vienna e magari la costringeva così a farsi cedere, a guerra finita, le tanto agognate regioni irredenti del Trentino, della Venezia Giulia con l'Istria e della Dalmazia. La metaforica fava con cui prendere due piccioni! L'Adriatico sarebbe diventato un lago italiano.

Del resto, il Regio Esercito sin dal 1912, al termine delle guerre balcaniche, aveva pianificato un intervento oltremare, finalizzato a sottomettere il giovane Stato albanese. Pur tuttavia la necessità di rinforzare il crinale alpino in previsione di possibili implicazioni militari ben più impegnative, aveva per il momento messo in soffitta il progetto del colpo di mano in terra schipetara.

L'azione, ora riesaminata alla luce del globale scenario bellico, offriva i suoi vantaggi: ottenere la costa dirimpetto alla Puglia e impegnare da lì le agguerrite, ma in fondo esigue Forze Armate serbe, allentando la loro morsa sull'Ungheria. Il viatico offerto avrebbe permesso anche alla 1ª armata austro-ungarica, comandata dal generale Viktor Dankl von Krasnik, e alla 4ª, retta dall'arciduca Giuseppe Ferdinando, di tamponare il principale nemico orientale, quello zarista, e magari con un poco di fortuna indurlo a un armistizio, tanto da offrire tempo prezioso a tedeschi e italiani di rimettersi in gioco contro l'esercito di Zimmer.

L'idea sembrava promettente, ma secondo il comando tedesco di von Moltke non garantiva tutto quell'aiuto sufficiente a rimettere in pista la squassata carrozza chiamata Duplice Monarchia. Per Berlino bisognava cercare altri fronti su cui attaccare i vasti territori zaristi e quelli dei suoi alleati serbi e bulgari, impedendo però di creare nuovi attriti con altrettanti contendenti pericolose. In questo senso nacque l'idea di trovare nuovi adepti alla causa della Triplice Alleanza.

Il Giappone – che da circa vent'anni aveva dimostrato la sua supremazia in Estremo Oriente – poteva servire allo scopo, proprio con l'obiettivo di distogliere forze, uomini ed energie alla Russia. Impegnandola in un difficile scontro all'altro capo del suo Impero, non si sarebbero peggiorati i rapporti diplomatici "non belligeranti", che Pietrogrado ancora rivolgeva verso Berlino e Roma. In fin dei conti, benché Tokyo avesse un'alleanza difensiva con Londra, la dichiarazione di guerra di quest'ultima nei confronti di Berlino non aveva impensierito, né creato preoccupazioni nipponiche per il conflitto europeo. Perché ora i britannici avrebbero dovuto lagnarsi che lo stesso Giappone volesse regolare i suoi conti in Asia con la Russia, di cui la Gran Bretagna si trovava in via teorica e per il momento solo sulla carta alleata?

Il discorso, che lo si volesse vedere a Berlino, a Roma o a Tokyo, non faceva una piega sotto il piano strettamente giuridico, ma ciò non sembrava ancora sufficiente sul piano militare a snellire i nemici schierati ai delicati confini dell'Austria-Ungheria. In parallelo, quindi, venne anche la proposta al re Costantino I di Grecia, antico amico e consanguineo della Germania, di contribuire anch'esso alle ostilità, questa volta contro la Serbia e contro la Bulgaria. In effetti era dal termine delle guerre balcaniche che Atene, come Sofia del resto, riceveva corteggiamenti incrociati dai differenti schieramenti, nel tentativo che la scelta fosse verso l'una o l'altra formazione. Tutti i protagonisti del «grande gioco», tanto per riprendere un antico canovaccio di intrighi diplomatici e di astuzie militari, prendevano parte in commedia, pur di surriscaldare le cancellerie e le corti ancora neutrali nei Paesi-chiave dell'Europa orientale. L'avrebbe spuntata chi poteva mettere sul piatto diplomatico sia compensi adeguati di natura politica o economica, ma anche motivazione di tipo ideologico o storico.

Tutto questo entusiasmo ellenico alla causa della Triplice Alleanza però nacque quando Guglielmo scrisse una lettera molto emotiva a suo cognato Costantino il 28 ottobre 1915, l'indomani dell'attacco bulgaro alla Romania. La missiva, se da un lato dimostrò ancora una volta il carattere paranoico del *Kaiser*, dall'altro manifestò in modo ancora più palese come la sua smania di grandezza non avesse limiti:

*Caro fratello Costantino,*
*sai bene quanto la Prussia prima e la Germania poi hanno avuto a cuore la sopravvivenza e la sicurezza del tuo Paese. Sai quindi tutto lo sforzo profuso per offrire il massimo appoggio morale e materiale in ogni occasione in cui ho agito sull'animo del Sultano, per indirizzarlo ancora verso l'Asia e offrire a Voi ellenici di tornare padroni dell'Egeo.*

271

*Oggi come ieri i nostri destini sono vicini. Questa volta i nemici sono gli slavi, i loro compari inglesi e francesi, con la loro fame insaziabile di spadroneggiare a casa d'altri, anche a costo di annientare quel che rimane della cultura occidentale.*

*La tua antica ma giovane Nazione ha tanto da offrire e tanto ancora a pretendere, soprattutto a spese degli inglesi, che dietro alla meschinità della loro falsa amicizia hanno soggiogato le nobili ambizioni del tuo Popolo.*

*Noi siamo pronti a restituire tutti i tesori ellenici strappati agli ottomani e da noi conservati a Berlino. Recupereremo tutto quel che i britannici con il dolo e la ruberia hanno portato a Londra senza vergogna e senza scrupoli.*

*Segui la via che il destino ci ha indicato, sconfiggiamo insieme gli slavi e gli inglesi!*


*Guglielmo*


La lettera fu oggetto di vive discussioni, anche perché la delicata situazione militare greca pagava l'ingente sforzo profuso nelle guerre balcaniche. Tuttavia, la rivalità verso i serbi e verso i bulgari non era mai sopita, avendo Costantino come primo obiettivo per il suo Paese quello di liberare l'intera Macedonia dal giogo slavo. Voleva ottenere poi quel che restava della regione chiamata nei secoli passati «Rumelia», per via della propria appartenenza ai bizantini, che dal Mar Ionio arrivava al Mar Nero, passando per tutta la zona europea bagnata dal Mar Egeo.

Ecco perché ad Atene la Triplice Alleanza, dopo un momento d'esitazione, trovò la situazione istituzionale più favorevole. Oltre ai possibili arrotondamenti territoriali a spese degli slavi, alla Grecia – su pressione dell'ambasciatore ellenico a Roma – fu offerta a guerra finita l'isola di Cipro, occupata dagli inglesi dall'epoca della Conferenza di Berlino del 1878.

*Costantino I*

*Eleftherios Venizelos*

Queste motivazioni portarono quindi il ministro cretese Eleftherios Venizelos a interessarsi alla causa italo-tedesca, tanto da incoraggiare alcuni incontri con le omologhe diplomazie. Il primo abboccamento avvenne in concomitanza di un suo viaggio in Spagna, dove era ospite del re Alfonso XIII di Borbone. In tale occasione gli ambasciatori italiano e tedesco ebbero diversi contatti con il *premier* ellenico, finalizzati a lusingare oltre misura la Grecia, pur di entrare nella coalizione.

Altro importante incontro fu quello in cui i re Ferdinando I di Romania e Costantino I di Grecia ebbero a Patrasso il 30 novembre. L'occasione fu la celebrazione della festa di Sant'Andrea, patrono di entrambi i Paesi, le cui spoglie mortali trovano riposo proprio nella città ellenica, all'interno di una chiesa monumentale. Il Re romeno, pur di essere presente e poter perorare la causa della Triplice Alleanza con la Corte di Atene, fece un viaggio avventuroso via mare per evitare il territorio ostile della Bulgaria, passando per Costantinopoli. Il Sovrano ellenico rimase sbigottito da tanta religiosità e infatti non capì subito il secondo fine che Ferdinando aveva in cuore, al seguito del suo mistico pellegrinaggio. Atene rivolgeva molta ammirazione per Bucarest, perché in fin dei conti anch'essa aveva combattuto con onore e coraggio pur di strappare la propria indipendenza dalle grinfie ottomane. Oltre a ciò, tutti sapevano che il Re romeno era anche incline all'ambiguità, se non addirittura al sotterfugio, pur di mettere i bastoni tra le ruote agli odiati slavi o agli infedeli turchi. Rischiare di essere intercettato dai bulgari, pur di realizzare quell'incontro era più che zelo. Era pura esaltazione patriottica! I due monarchi, dopo la cerimonia in onore del martire, ebbero quindi modo di concludere una lunga conversazione politica, alla presenza dei rispettivi consiglieri diplomatici e militari. Costantino, già colpito dalla lettera di Guglielmo, rimuginò sopra la questione, stimolato dalle promesse su Cipro e sulla possibilità di unificare la primordiale Macedonia. Egli non era un mistico, né tantomeno un megalomane. Era piuttosto un pragmatico, un borghese nato principe, con ottimo fiuto per gli affari, amante del buon vino e delle donne più peccaminose. La sera dell'incontro, per scaricare l'entusiasmo, decise di festeggiare nel miglior bordello del Peloponneso, tra le braccia e le grazie di una certa Irene. Uscì dal postribolo fiero e gagliardo. Dopo aver fatto male a Irene, era intenzionato a farne pure ai bulgari e ai serbi!

L'incontro di Patrasso, seppur slegato dalle trattative in corso con i tedeschi e gli italiani, nella visione del Governo greco rappresentava la rivisitazione riveduta e corretta della precedente alleanza antibulgara di due anni prima. Grazie all'incontro con Ferdinando I quindi si può ben dire che la Grecia decise già di entrare in guerra, sfidando la Serbia e la Bulgaria, al fianco della Romania e quindi implicitamente della Triplice Alleanza. Tuttavia, non pubblicizzò troppo l'impegno assunto, proprio per garantirsi una contropartita aggiuntiva dalle interessate Berlino e Roma: ricevere il Dodecaneso, oltre alla già ventilata isola di Cipro, e l'assicurazione che un contingente italiano fosse inviato oltre l'Adriatico in appoggio dei greci sul fronte serbo.

L'astuzia ellenica ebbe quindi i suoi frutti, se la sua calcolata incertezza portò il Governo di Roma a concedere alcuni compensi nell'Egeo e l'impegno a rendersi partecipe dello sforzo sul fronte balcanico. Il leggendario spirito levantino aveva colpito ancora. Ecco, quindi, di massima un accordo. Atene si rendeva disponibile entro il 1° febbraio 1916 a dichiarare guerra a Belgrado e a Sofia, potendo contare su un appoggio militare dell'Italia. Per l'occasione Roma già teneva pronto a Taranto un Corpo di spedizione per occupare l'Albania e procedere verso l'interno della sponda orientale dell'Adriatico.

*Una nave da battaglia italiana esce dal porto di Taranto*

Il lungo lavorio diplomatico si concretizzò comunque solo il 29 dicembre 1915 con la firma a Venezia di un trattato segreto d'alleanza offensiva, che consacrava Atene alla causa della Triplice Alleanza, divenuta a questo punto "Quadruplice Alleanza". Nel documento definitivo erano sintetizzate le clausole che garantivano a fine guerra agli ellenici tutto il territorio conquistato ai danni degli slavi, aggiunto all'isola di Cipro. In quella circostanza, Venizelos ottenne pure dall'Italia la cessione ufficiale del Dodecaneso, occupato da Roma sin dal 1912 come pegno ottomano per la smilitarizzazione della Libia. Costantinopoli non aveva adempiuto ai suoi doveri armistiziali e quindi l'Italia continuava a tenere l'arcipelago *sine die*, considerandolo a quel punto un'area strategica della sua primordiale influenza nel Mediterraneo orientale. Con questi presupposti la richiesta greca sembrava dover imbarazzare l'Italia e obbligarla a un netto rifiuto. Tuttavia, la sagacia e la lungimiranza di Tittoni offrirono un'opportunità di uscita da quel *cul de sac* diplomatico. L'Italia avrebbe riconosciuto la cessione di tutte le isole dell'arcipelago, tranne Rodi dove sarebbe stato indetto un referendum nel 1922 (allo scadere del decennio d'occupazione italiana) per decidere il suo destino. Come contropartita Atene avrebbe riconosciuto però una benevola neutralità alle mire di Roma sull'intera Albania. Questo accordo aggiuntivo, denominato "Tittoni-Venizelos", venne siglato sempre a Venezia in forma separata rispetto al trattato d'alleanza il pomeriggio dello stesso 29 dicembre.

Firmato ormai il patto militare, come pattuito il 1° febbraio tre Armate greche varcarono i confini settentrionali, entrando nella regione macedone annessa alla Serbia nel 1912. La campagna invernale si sviluppò in condizioni proibitive, per via dei promontori aspri e innevati, nonostante i greci non avessero trovato da principio molta resistenza. La semplice invasione creò nel Governo di Belgrado un certo turbamento. L'esercito austro-ungarico da quel momento ebbe la meglio contro la fino ad allora ostica difesa serba, tanto da reprimere ogni ulteriore resistenza slava. Il conflitto che durò pochi mesi fu caratterizzato da un gravido odio razziale e da una cultura del massacro, che ebbe pochi precedenti. Gli ellenici si accanirono contro gli slavi senza nessuna pietà. Incendiarono villaggi, stuprarono le donne, sgozzarono i vecchi e i bambini. La Serbia fu piegata prima che nello spirito militare, nella stessa anima civile. In maniera inaspettata, il fianco meridionale della "Quadruplice Alleanza" diveniva il più sanguinario e il più meschino. Ferdinando I di Romania rimase basito, di fronte al racconto di questi eccidi insensati. Lui che era stato l'artefice dell'alleanza con la Grecia, si impensierì ora ad aver contribuito a portare ai propri confini soldataglia di tale spessore.

Di fronte alla furia greca, la Bulgaria, tra alterne vicende, invece resisteva. Era ormai accerchiata tra tutti Paesi ostili e l'unico rimasto neutrale: l'Impero ottomano. L'esercito dello zar Boris, dopo un estenuante attacco a settentrione, aveva occupato parte della Dobrugia romena tanto da minacciare la stessa Bucarest, il cui esercito era fortemente impegnato in Moldavia contro i russi. Tuttavia, aveva perso pure terreno a meridione ad opera degli ellenici, ritirando le sue truppe leggere dietro il fiume Struma da un lato e perdendo gran parte dell'accesso al Mar Egeo. Viceversa, i greci già bombardavano l'importante crocevia di Alessandropoli e si sentivano inorgogliti perché avevano liberato gran parte della costa irridente posseduta dai bulgari, tanto da arrivare quasi al confine con la Tracia ottomana. Costantino si poteva considerare ben più che soddisfatto, di aver accettato una nuova guerra patriottica. Aveva ottenuto tanto, in pochi mesi e creato soggezione ai propri stessi alleati romeni.

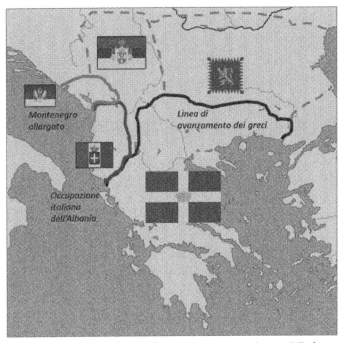

*Penetrazioni greche, italiane e montenegrine nei Balcani*

Nel frattempo, anche grazie al gradimento montenegrino, nel mese di aprile il piccolo Corpo di spedizione italiano, comandato dal maggior generale Alberto Cavaciocchi, aveva – cogliendo come pretesto il fatto di aiutare la Grecia sulla sponda orientale dell'Adriatico – spazzato via dalla carta geografica l'Albania. L'annessione diveniva senza possibilità d'appello, visto che Atene aveva acconsentito e Belgrado era divenuta poco più che pascolo per le pecore. Nessun'altro avrebbe avuto voce in capitolo, se la

guerra si fosse conclusa con la vittoria finale della Quadruplice Alleanza. Infatti, secondo alcuni accordi segreti con Nicola I del Montenegro (suocero di Vittorio
Emanuele III), l'alleanza con Venizelos diveniva per
l'Italia il pretesto per sottomettere lo stato schipetaro,
così da poterlo spartire fra Cettigne e Roma. Alla prima
sarebbero toccati i distretti di Alessio Kukës e Scutari,
quest'ultimo ceduto a Tirana nel 1913 sotto le pressioni
della diplomazia internazionale, nonostante fosse stato
occupato per evidenti ragioni etniche. Alla seconda andava invece tutto il resto del Paese, offrendo all'Italia il
pieno controllo delle bocche dell'Adriatico. In attesa di
avere le chiavi delle due porte del Mediterraneo, ancora in mano britannica, quanto meno si era riusciti a
rendere lo stretto di Otranto una Gibilterra in salsa ita-
lica.

In aggiunta a ciò, il Montenegro diveniva a sua
volta uno Stato vassallo sotto l'influenza italiana, successo tutto personale dei Savoia, dopo il matrimonio
politico di vent'anni prima tra l'allora principe di Napoli e la principessa Elena, figlia di Nicola. Prose-
guendo tale politica, quest'ultimo aveva promesso che,
a fine guerra, il suo regno poteva divenire una monarchia semi-indipendente sotto il patrocinio di quello che
sarebbe divenuto l'Impero d'Italia. In questi frangenti
venne tra l'altro profilato – ma si rivelerà un'opzione
alquanto utopica – di cedere la corona slava al comune

erede al trono, il principe di Piemonte Umberto di Savoia, una volta divenuto maggiorenne.

*Nicola I del Montenegro*

Ma lasciamo questa parentesi nobiliare-dinastica, per tornare a parlare di guerra reale sul fronte occidentale. Gli anglo-francesi a cavallo tra il 1915 e il 1916 pianificarono ben tre offensive, non tutte riuscite, ma quanto meno espressione dello spirito combattivo, che ancora esisteva a Londra e a Parigi, prima della graduale rassegnazione verso l'amara realtà del logoramento di posizione.

Trovando vantaggio nella frettolosa ritirata austro-ungarica dalla Svizzera, ai primi di novembre del 1915 (come anticipato) due Armate francesi, la 9ª di Foch e 10ª di de Maud'huy, effettuarono un attacco in profondità presso il Giura. Nel giro di due mesi superarono il Lago di Neuchâtel e si accinsero ad assediare Ginevra. Le operazioni militari furono compiute con ottima tecnica, visto che Zimmer le pianificò sin nei minimi dettagli. Egli era stato scelto dal Governo a quel ruolo perché non era un eccentrico pioniere del virtuosismo come Joffre, ma per via del suo essere un professionista del fare. In decenni di onorato servizio aveva visto il volto della guerra cambiare, spogliata della sua gloria e della sua patina di ardore nobilitante. Entrò in Svizzera convinto che solo un atteggiamento pragmatico e risoluto portasse i frutti del successo. Non tradì le aspettative, anche se alla lunga si dovette imbattere in due tra i nemici più infidi che un condottiero possa immaginarsi: la subdola propaganda avversaria e lo spirito patriottico di chi difende casa propria contro un invasore esterno, per giunta giudicato ad arte come un volgare bandito.

Dal punto di vista dell'Intesa, l'aggressione alla Confederazione venne giustificata dal fatto, che essa stessa aveva ceduto all'illegalità, offrendo il passaggio alle aggressive truppe della Duplice Monarchia. *Le Figaro* annunciò l'attacco anglo-francese verso Ginevra, commentando così: «Non saremo vendicativi nei confronti della Patria di Jean-Jacques Rousseau, ma rivendichiamo solo il diritto di voler vivere in un Mondo in cui possano valere sempre gli insegnamenti universali del grande illuminista». Era vuota retorica o autocompiacimento intellettuale? Oggi diremmo che era semplicemente guerra!

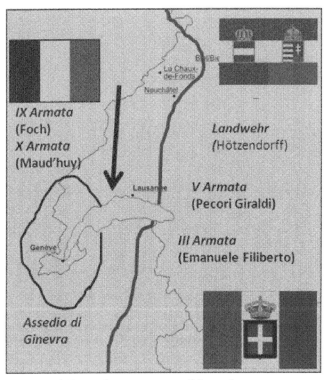

*Attacco francese verso il Lago Lemano*

Se in via giuridica il ragionamento di Parigi non sembrava trovare difetto, tale logica fu confutata dalla martellante propaganda italo-tedesca, per la quale la pacifica e indipendente Svizzera veniva sopraffatta dall'ormai usuale pirateria anglo-francese. La pessima fama che Francia e Gran Bretagna si erano costruiti in due anni di guerra ora diveniva una pesante clava sopra le proprie teste. In quei mesi, in tutti i Paesi gli uffici governativi, interessati alla promozione della guerra in chiave patriottica, costruivano fandonie e racconti iperbolici con la stessa tenacia e abnegazione con cui gli olandesi erano soliti costruire dighe. Il *Corriere della Sera* nel rinfocolare gli animi si esprimesse in questi termini:

«3 Novembre. Dal nostro corrispondente a Berna.

In data odierna il Presidente elvetico Giuseppe Motta ha fatto la seguente dichiarazione:

*"Il governo centrale della Confederazione rende noto alle Nazioni civili, che le sue frontiere sono state violate dall'arrogante superbia degli eserciti dei Sigg. Poincaré e Giorgio V. Senza una formale dichiarazione di guerra, le truppe francesi e britanniche offendono e amareggiano un Popolo, come quello elvetico, che ha come origine del suo fondamento la pace e la concordia tra le genti.*

*In questo momento di angoscia e di irritazione ogni uomo o donna, che abbia a cuore il valore della pace e della*

287

*giustizia, è esortato a prendere parte alla lotta comune al fianco della cittadinanza elvetica. La mobilitazione è iniziata"*».

Il comunicato nel suo virtuoso, ma machiavellico, candore nascondeva tutto quel che di nefasto era accaduto nei mesi precedenti. Il ribollire incessante del fronte elvetico-francese per mano dell'esercito del precedente imperatore Francesco Giuseppe era taciuto; ogni possibile complicità agli eventi bellici dell'amministrazione svizzera sconfessata. Del resto senza esitazione Gengis Khan aveva fatto uccidere milioni di uomini, donne e bambini, depredato e distrutto l'Asia centrale. Gli storici recenti lo consideravano soltanto un vittorioso comandante e un astuto governante.

L'effetto sperato venne sortito in pieno, non potendo offrire agli avversari il beneficio dell'informazione. Come ammonisce un proverbio cinese, «quando c'è la volontà di condannare, c'è anche la prova» per farlo. L'opinione pubblica internazionale, ignara della complicità dietro le quinte del Governo elvetico all'originario attacco degli Imperi centrali, abboccò all'inganno propagandistico di Berna. Anche in Russia la semplice notizia di un Presidente che chiedeva solidarietà nel momento del bisogno, costruì un senso di disprezzo per i francesi, a coronamento della recente virata politica zarista, antagonista alla precedente amicizia verso Parigi.

Persino la rete di circoli del *Rotary Club,* associazione umanitaria di solidarietà planetaria nata a Chicago nel 1905, ruppe ogni rapporto con gli iscritti francesi e inglesi, perché convinta che i rispettivi Governi stessero lavorando in modo completamente contrario ai valori dell'organizzazione. L'adesione alle ragioni della Quadruplice Alleanza era piena e condivisa. Tra l'altro il primo circolo in Europa era nato proprio a Dublino e i più anziani tra gli associati, come ovvio, parteggiavano per Berlino e Roma. Solo il rifiuto della cittadinanza e la migrazione in Paesi neutrali, avrebbe garantito il distacco morale degli associati appartenenti agli Stati dell'Intesa, così da potersi ancora fregiare del titolo di rotariani. L'evento fu epocale, perché rappresentava un colpo netto per tutti gli iscritti, che in buona fede da soldati invece combattevano contro la Quadruplice Alleanza. L'ostracismo però non creò loro troppo imbarazzo, tanto che da lì a poco tempo gli anglo-francesi esclusi dal *Rotary* confluirono in una serie di nuove organizzazioni, questa volta di stampo esclusivamente patriottico e dedite in tutto e per tutto alle rispettive cause nazionali.

Infine, alla Casa Bianca il comunicato di Motta venne letto come la conferma che le due sponde della Manica erano da considerarsi le nuove Sodoma e Gomorra. Alcuni cronisti riportarono il pettegolezzo che Wilson, avuta la notizia, si fosse rifiutato a tavola di bere *champagne Dom Pérignon* e mangiare *foie gras* del

Périgord, per non essere contaminato dalla sporcizia francese. Il maestro di sala dovette ripiegare su un più modesto pranzo a base di crauti e Würstel, annaffiato da birra *Paulaner*.

L'occasione fu quindi molto propizia per istaurare un più articolato rapporto di fiducia tra l'amministrazione a stelle e strisce e l'ambasciatore tedesco a Washington, Johann Heinrich von Bernstorff. Questi divenne un intimo amico del «colonnello» Edward Mandell House, a sua volta fiduciario e consigliere diplomatico di Wilson. Da quel momento la coppia Bernstorff-House sarà la sapiente guida e suggeritrice della politica ostile all'Intesa, imbracciata dal Presidente degli Stati Uniti.

*Johann Heinrich von Bernstorff*

*Edward Mandell House*

Nonostante lo sdegno diffuso nell'opinione pubblica internazionale e lasciando al prossimo capitolo la narrazione degli sviluppi dell'invasione francese in terra elvetica, quel che più importava per Zimmer era che questa azione militare, coronata da successo, favorisse un ottimismo smodato su tutta la linea offensiva. Tale stato di grazia portò l'*Armée* e il *War Office* a progettare altre operazioni d'attacco anche in Alsazia e in

Renania, sperando di colpire a morte la Germania e costringere le sue Forze Armate alla resa. Come due anni prima in Belgio, questa operazione sembrava l'occasione buona per chiudere i giochi e far suonare le campane di Pasqua col significato di pace e vittoria.

Con questo obiettivo il comando francese, desideroso di apportare la spallata necessaria per penetrare in territorio tedesco, nel febbraio del 1916 cercò uno scontro senza precedenti, che si sarebbe rivelato carico di lutti per entrambi gli schieramenti e inutile sotto l'aspetto strategico. Le operazioni presero avvio il 21 febbraio intorno alla località di Simmerath, a sud di Aquisgrana. La località renana divenne un immenso campo di battaglia, dalle proporzioni inimmaginabili. La pressione di due Corpi d'Armata francesi, comandati dall'ormai generale Pétain e dal pari grado Marcel Serret, vomitò contro la sonnacchiosa 9ª Armata di von Hindenburg un attacco micidiale.

Lo scontrò durò settimane, senza apportare nessun esito. Tra le trincee distrutte e i crateri scavati dalle granate, martellate in modo incessante dall'artiglieria, due potenti Nazioni furono impegnate in una lotta mortale. Il concetto di *bataille d'usure* e il principio di difesa elastica si confondevano fino a quando Hindenburg non decise di arretrare le sue unità, tanto da lasciar dilagare i francesi fino a minacciare la città industriale di Düren. Per la seconda volta la Germania stava incassando ed

era messa alle corde. Quanti altri round avrebbe soste-
nuto prima del definitivo KO di Parigi?

La falla creata in terra tedesca appariva inarrestabile tanto che la cavalleria britannica, sopraggiunta in
quei giorni, ne seppe cogliere alcuni importanti frutti.
Però quello che sembrava una rotta senza speranza, offrendo a Parigi e a Londra la convinzione di aver for-
zato una volta per tutte la strada verso Berlino, si rivelò
un'avanzata effimera e senza futuro.

Con un'azione aggirante da Aquisgrana la 2ª Armata di von Bülow ruppe la linea dei rifornimenti francesi, isolando l'unità di Pétain e riducendo alla resa
quella di Serret, che a fine maggio morì colpito da un
colpo d'artiglieria presso Nideggen. L'azione avrebbe
dovuto decapitare le Armate del *Kaiser*. Per il momento
sembrava solo averle risvegliate dopo il rigido inverno.
La spinta profusa dai tedeschi offrì pure alla Germania
l'occasione per avanzare in territorio belga, tanto da
raggiungere Verviers e garantire alle divisioni belghe
comandate da Deguise di recuperare la strada per Namur, che capitolò il 25 luglio. Il capoluogo della Vallo-
nia tornava un presidio fortificato e invalicabile in
mano delle Forze Armate di re Alberto.

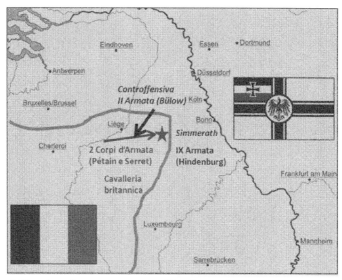

*Offensiva francese e controffensiva tedesca a Simmerath*

La battaglia di Simmerath rimase negli annali della storia militare tedesca non perché fosse stata premiante in se stessa, ma perché aveva indotto in errore l'avversario, tanto da farlo cadere in un involontario tranello ad incastro. L'Alto comando del *Reich* aveva capito che non bisognava imitare i francesi, che continuavano a svenarsi con attacchi a ripetizione, pur di avanzare. Le migliori vittorie arrisero invece a Berlino, solo perché attaccavano solo quando convinti della propria superiorità quantitativa e qualitativa. L'insperata astuzia germanica diveniva la carta vincente contro il rozzo avanzare a testa bassa degli ormai stanchi fanti francesi.

L'effetto raggiunto fu l'accerchiamento e l'annientamento di unità scelte e veterane dell'*Armée*, anche se il costo fu ingente in entrambi gli schieramenti. L'esercito francese lasciò sul campo circa 90.000 uomini tra morti, feriti e dispersi; quello tedesco 45.000 oltre all'uccisione di 15.000 civili. Pur tuttavia il contrattacco di von Bülow garantì quella reazione necessaria a segnare il giro di boa dell'avanzata francese in territorio altrui. Hindenburg, sconfitto e umiliato, venne messo a riposo, tornando nella natia Prussia. La 9ª Armata, ricostituita con nuovi rincalzi, ai primi di settembre venne quindi affidata al generale Wilhelm Groener.

Il furioso attacco francese a Simmerath avrebbe dovuto essere il ritorno alla manovra, anche se alla fine ne uscì una forma alternativa di cruento logoramento. Di simile spessore va interpretata l'altra grande offensiva occidentale dell'Intesa nell'anno 1916: la battaglia di Belfort.

La 1ª Armata britannica di Haig, che si era trovata in difficoltà in montagna contro il confine elvetico, fu protagonista invece di un'aspra offensiva, ma alla lunga prolifica, perché sviluppatasi in un contesto pianeggiante e privo di ostacoli naturali. Forzando le linee trincerate dei tedeschi, anche grazie ad un uso sproporzionato di artiglieria pesante, i *tommys* britannici riuscirono a valicare la serie incessante di linee fortificate, tanto da penetrare all'interno del territorio alsaziano.

La strategia era quella di risparmiare al massimo la fanteria, senza sparare nella fase preparatoria neppure un colpo di fucile. Così si sarebbe mantenuto intatto il grosso degli effettivi, necessari alla bonifica delle trincee, spianando la strada alla celere cavalleria inglese. Questa, una volta libera di dilagare lungo la valle del Reno, ebbe quindi compito facile. L'8 agosto raggiunse Mulhouse, dove però fu falcidiata dal contrattacco dell'avanzata delle unità alpine (*Alpenkorps*) del generale Konrad Krafft von Dellmensingen, appartenenti alla 7ª Armata di von Heeringen.

Gli inglesi avevano liberato in modo completo la Franca Contea, ma avevano trovato alla lunga un muro insuperabile in Alsazia. Una nuova vittoria di Pirro per gli anglo-francesi. Ciò avrebbe costretto tutti i contendenti a rinviare per un nuovo intero anno ogni possibilità di iniziativa sul fronte francese. Le acque del Reno erano ormai divenute rosse e le zolle di territorio a cavaliere tra le Fiandre e le Alpi erano esse stesse gronde di sangue. La popolazione maschile era crollata in picchiata e anche quei circoli femministi che nel 1914 avevano visto nella guerra una riscossa di un genere sull'altro, rimasero raccapricciati dell'ecatombe raggiunta. La magra corrente degli «occidentalisti» aveva sparato i suoi colpi, senza offrire una via d'uscita al reciproco massacro. Ora la massima iniziativa spettava agli «orientalisti», che contavano sull'indomita capacità molesta di greci, romeni, turchi e arabi.

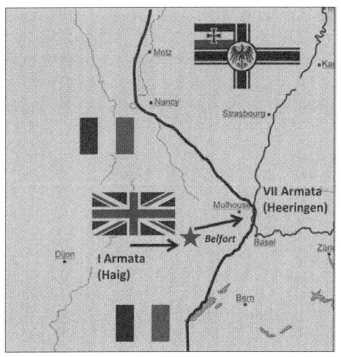

*L'attacco britannico verso Belfort e Mulhouse*

Per questi motivi se sul fronte occidentale le alterne vicende offrivano un infruttifero e mortificante equilibrio, nello scacchiere balcanico l'intervento ellenico nel conflitto si era rivelato fondamentale. Ciò avvenne non tanto perché il suo peso fosse preponderante nello scenario apertosi dopo il proposito bellico della Serbia e della Russia di attaccare la Duplice Monarchia, quanto piuttosto sotto l'aspetto psicologico. L'Austria-Ungheria aveva infatti rotto il suo isolamento militare ad

Oriente. Contando su un nuovo nemico del piccolo esercito mobilitato da Belgrado, riuscì – come visto – a piegare senza fatica l'esercito serbo, tanto da ricacciarlo oltre il Danubio, occuparne la capitale e spartirsi il territorio assieme alla Grecia.

Dopo poco meno di tre mesi l'Armata austro-ungarica, comandato dal generale Oskar Potiorek, e quella ellenica, comandata dal generale Konstantinos Nider, si incontrarono il 25 aprile nella città kossovara di Pristina. Senza esitazione decretarono la fine politica dello Stato serbo ad appena 38 anni dalla sua dichiarazione d'indipendenza. In quella sede venne stabilito di fatto il futuro confine tra i due Stati allargati. La Grecia aveva occupato la Macedonia "serba", mentre l'Austria-Ungheria la parte restante del Paese, comprendente la Vojvodina, la Serbia centrale e il Kossovo.

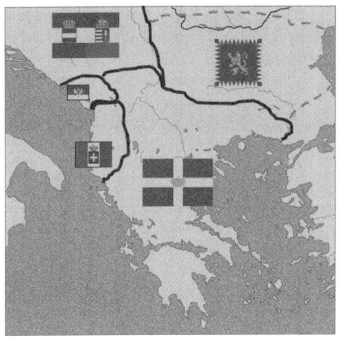

*I nuovi confini balcanici, una volta "estinta" la Serbia*

Non era difficile prevedere che questo epocale terremoto avrebbe avuto altri inesorabili movimenti tellu-
rici. Il Sultano non poteva rimanere indifferente a tutto
questo trambusto, non lontano dai propri personali interessi. Nella regione in cui un tempo imperversava
senza colpo ferire, ora vedeva gli antichi vassalli greci
e romeni farla da padroni. É per questo che l'ingresso
in guerra di Atene, portò all'interessamento anche
dell'Impero ottomano, preoccupato dalle rapide vittorie elleniche sulla costa egea e nell'entroterra macedone. In una sorte di gioco d'incastro, la Sublime Porta

dichiarò guerra allo Stato retto da Costantino I, antico rivale del Sultano a partire dal 1830, data in cui il Regno ellenico aveva in modo romantico trovato l'indipendenza. Si preannunciava un conflitto dal sapore epico, combattuto nel ricordo della più grande lotta tra macedoni e persiani, di antica memoria. Anche nei Balcani resisteva e si accresceva la perenne lotta tra l'Europa civilizzata e l'Asia dai sapori reconditi e meschini.

L'iniziativa turca, che si inseriva all'interno delle occasionali alleanze e dei traballanti armistizi seguiti alle guerre balcaniche del 1912-13, favorì così un avvicinamento di Costantinopoli a Pietrogrado e a Londra, rompendo con la recente tradizione ottomana di politica complementare a quella del *Reich*. In questa logica si spiega perché dalla primavera del 1914, quando la temperatura tra Germania, Francia e Gran Bretagna saliva in modo vertiginoso, la Russia stava premendo per allontanare il Sultano dal *Kaiser*.

Di impostazione simile la politica estera di Sua Maestà. Costantinopoli, dopo il periodo germanofilo, a partire dal 1913 aveva intravisto la possibilità di legarsi proprio alla Gran Bretagna, anche per via dei vantaggiosi accordi industriali intercorsi con la *Turkish Petroleum Company* sui territori della Mesopotamia e della Persia. Il passo per far divenire il legame economico anche politico e militare era quindi breve. Nel gennaio del 1915 un contingente della *Royal Navy* era stato destinato alla riorganizzazione della Marina ottomana, proprio nel periodo in cui l'unità tedesca, comandata dal generale Otto Liman von Sanders, stava lasciando Costantinopoli, per raggiungere l'*Afrika Korps* di von Hutier in Cirenaica.

Tale scelta così radicale per la Sublime Porta fu una successione di eventi, spiegabile solo alla luce dell'inarrestabile decadenza dell'Impero. Dal 1908 la Sublime Porta aveva visto incessante anche la pressione dell'ala militare riformatrice, tanto da portare le istituzioni politiche e religiose a concedere una Carta costituzionale. L'evento era patologico, se la ribellione si affiancava al largo malcontento delle truppe e alla diffusa avversione che la popolazione civile rivolgeva alle dominazioni straniere, alle guerre di conquista e ai sogni di potere del Sultano. I contadini anatolici poco gradivano le ingerenze sempre più pressanti degli emissari governativi, che lucravano sulle decime dei raccolti, sulle esazioni fiscali e sulla gestione del patrimonio delle municipalità. Per non parlare delle comunità arabe, sempre più refrattarie a una dominazione ritenuta scarsamente rappresentativa, priva di autorità e inferiore per razza.

Per tutti questi motivi proprio negli ultimi mesi del 1914 il Governo ottomano risentì in modo sempre più aspro delle pressioni interne delle frange rivoluzionarie del movimento Giovani Turchi e di quello che per certi aspetti ne era la propaggine politica e partitica: il Comitato per l'Unione e il Progresso. Minoritario, ma di belle speranze, era infine il movimento comunista anatolico. Esso partiva da radici oscure, quasi mitiche, probabilmente quando alcuni scritti di Marx arrivarono per caso ad Alessandretta dentro una cassa di una nave inglese naufragata, diretta a Cipro. Da quel momento la critica alla società conservatrice ottomana divenne una priorità per alcuni intellettuali illuminati. I seguaci turchi dell'ideologia collettivista vivevano in incognito, all'interno delle istituzioni militari e civili dello Stato aristocratico. In pochi mesi i propugnatori del "Sol dell'avvenire" avrebbero non solo conquistato la leadership delle contestazioni contro il Sultano, ma l'intero Paese, divenendo il sogno proibito di ogni rivoluzionario incallito.

Questo stato di cose provocò quindi il desiderio del *gran vizir* Said Halim e del sultano Mehmet VI di scegliere una via rischiosa, ma senza dubbio possibile di innovativi sviluppi. La guerra contro la Germania e i suoi alleati poteva servire allo scopo. Significava una cesura netta con il recente passato di penetrazione tedesca economica e commerciale, nella cui logica anche le influenze personali e autoritarie del *Kaiser*, avevano fatto percepire alla popolazione il Sultano come un despota capriccioso e irresponsabile. Cercare poi di giocare la carta dell'Intesa, per recuperare alcune delle recenti perdite territoriali subite in Europa orientale, sembrava l'ultimo disperato esperimento di trasformazione interna, prima del possibile crollo istituzionale dell'Impero. Combattere in una coalizione variegata e multiforme, come appariva nel 1916 quella che traeva origine dal desiderio di vendicare Edoardo d'Inghilterra, dava indubbi vantaggi a Costantinopoli. Poteva offrire alla corte del Bosforo la possibilità di riconquistare non solo il Dodecaneso dall'Italia e tutte le altre isole dell'Egeo, ormai sotto l'orbita ellenica, ma tentare il tutto per tutto e riprendere quel che era possibile della stessa Grecia continentale. In più avrebbe avuto l'occasione di dare un segno tangibile della propria vitalità ai movimenti ribelli intestini, soprattutto radicali e comunisti, e alle comunità arabe recalcitranti.

Tutto ciò, tuttavia, non significava automatica alleanza con ciascuno degli altri aderenti alla guerra contro la Quadruplice Alleanza e suoi adepti. Né voleva dire tantomeno avere mano libera, dovendo obbedire a un disegno bellico delineato da altri. Offriva tuttavia alla Russia la speranza di redimere l'antica rivale degli Stretti e al Sultano la speranza che la guerra potesse far sfiorire un promettente nuovo corso alle delicate istituzioni ottomane, ormai da decenni in profonda crisi. Nonostante la situazione deficitaria degli apparati periferici, l'Impero manteneva un simulacro di potere con il quale chiunque volesse reggere i destini della regione, doveva per forza di cose confrontarsi.

Vi furono per questo molti incontri al vertice, che trovavano la Sublime Porta ancora come protagonista del crocevia che dall'Europa orientale portava in Asia centrale. Le altre Potenze si accorsero subito di trovarsi di fronte rappresentanti senza controllo del territorio, ma che avevano dalla loro una cattiveria e una predilezione per il massacro, molto utile alla causa dell'Intesa. Tanto per fare un esempio i battaglioni composti dai biondi circassi erano una massa informe di mercenari, dalla mano lesta e dal fiuto per gli affari. Era sufficiente trovare un prezzo e avrebbero combattuto fino alla morte: propria e del proprio avversario. Le milizie afferenti alle altre nazionalità seguivano un po' come caproni le direttive dei propri comandanti. Bastava lusingare loro e l'esercito era bello e schierato nella direzione voluta. Bastava cercare nel mucchio e qualche buon elemento poi si trovava.

Il generale Ismail Enver Pascià, che nel 1916 era ministro della Guerra, messo in disparte fino al 1914 dalla precedente politica militare "tedesca" dell'Esercito ottomano e grande nemico dell'Italia nel 1912, rinfocolò gli animi bellicosi del Governo contro la Quadruplice Alleanza. La sua azione era rivolta affinché Costantinopoli facesse pressioni su Pietrogrado pur di coinvolgere anche la Germania e l'Italia nello scontro in Europa orientale. Seguendo propri istinti personali, Enver raggiunse un proficuo accordo in questo senso con l'omologo zarista Alexei Polivanov, durante un abboccamento a Odessa il 17 febbraio 1916.

*Ismail Enver Pascià*

*Alexei Polivanov*

La riunione ebbe risvolti interessanti, anche perché dopo decenni di antagonismo, la Russia sembrava interessata a soprassedere sul suo obiettivo di occupare gli Stretti, perché concentrata a liquidare l'Austria-Ungheria e proteggere il suo fianco estremo, nel frattempo invaso dai giapponesi. Su pressioni del viceammiraglio Aleksandr Vasil'evič Kolčak, forte delle sue origini musulmane, fece intendere che l'alleanza russo-ottomana offriva incalcolabili vantaggi ad entrambi i Paesi, sia sul piano tattico-strategico che ideologico. La medesima concezione assoluta della politica e il desiderio di conservare la propria sopravvivenza come impero tentacolare e multietnico a cavallo tra Asia ed Europa, ne condizionava le somiglianze più che i recenti dissidi, spesso orchestrati ad arte per tutto l'Ottocento dal "Grande Gioco" britannico. Il momento era talmente critico in entrambe le società civili e ai rispettivi confini, da trovare un essenziale *modus vivendi,* che portasse a una seria e reciprocamente vantaggiosa amicizia politica, anticamera di un'alleanza militare. L'istinto di sopravvivenza e il bisogno di evitare un cambiamento troppo brusco al proprio interno avevano unito due istituti monarchici, perennemente in antagonismo e in contrasto tra di loro.

La Russia, pur di ottenere un'alleata nel Mediterraneo, fece ampie concessioni di tipo territoriale ed economico a Costantinopoli. Lo Zar, mentre subiva passivamente l'avanzata giapponese in Estremo oriente (di cui parleremo tra poco), pagava il prezzo dell'isolamento militare a Occidente. Non poteva infatti più chiedere aiuto, dopo la rottura con i francesi, neppure agli inglesi, che avrebbero voluto dai russi come inevitabile contropartita l'apertura delle ostilità in Prussia contro i tedeschi.

Per motivi di autarchia strategica, da poter spendere come atto d'indipendenza anche nei confronti di

Londra, le concessioni zariste alla Sublime Porta furono ampie e straordinarie: l'Azerbaigian e l'Armenia, ovvero le regioni storiche al centro delle numerose contese ottocentesche tra i due imperi. Consapevole che in Estremo Oriente con i giapponesi la partita era quasi persa, la Russia ambiva a divenire potenza europea. Fu invogliata quindi volentieri a lasciare al proprio destino le regioni asiatiche del proprio stepposo Impero. L'accordo rimase segreto. A Baku la ventilata cessione avrebbe suscitato consensi in previsione di un ricongiungimento con i fratelli turchi, ma a Erevan sarebbe stato motivo di feroci rappresaglie e vendette incrociate. Tutti sapevano che bisognava temere gli armeni, fanatici e cattivi fino all'inverosimile. In tempi di magra cucinavano gambe e braccia dei propri avversari, pur di cibarsi di carne fresca, di cui erano gran ghiotti. Indispettirli senza motivo o prima del tempo significava trovarsi dentro casa un esercito di cavallette divoratrici.

Vista l'inconsueta ma decisa generosità russa, i turchi furono ben lieti di offrire tutte le proprie energie per combattere insieme la Duplice Monarchia e la Grecia sua soccorritrice. Per mostrare subito la disponibilità reciproca, durante l'incontro gli ottomani accordarono generosi favori militari. Tra questi il permesso alla flotta zarista del Mar Nero di passare gli Stretti e iniziare, anche grazie alle unità disponibili provenienti dal Baltico, un avventuroso secondo giro del mondo (dopo quello similare compiuto nel 1905) per andare a incontrare di nuovo i nipponici, che ormai erano padroni della costa asiatica del Pacifico settentrionale.

*Aleksandr Vasil'evič Kolčak*

*Andrei Eberhardt*

Le due flotte imperiali, rispettivamente del già citato Kolčak e di Andrei Eberhardt, una passante per Suez e da lì attraversante l'Oceano Indiano, l'altra passante per Panama iniziarono il viaggio verso il Giappone. Avrebbero impiegato un'eternità a raggiungere il loro obiettivo, ma nella mente dello Zar, ormai in pieno inverno con le linee terrestri impraticabili, sembrava la mossa migliore per dimostrare a Tokyo la solidità russa e una chiara volontà di saper reagire agli iniziali sbandamenti. C'è da dire che Nicola II non capiva assolutamente nulla di mare, di questioni e strategia navale.

L'azione aveva molto di velleitario e offriva l'idea della schizofrenia presente a Pietrogrado, dove a parte la politica mistica di Rasputin e le dichiarazioni arroganti di Nicola, i vertici delle Forze Armate erano divisi praticamente su tutto. Otteneva ragione chi la sparava più grossa, perché convinti che la guerra avrebbe premiato il più originale. La sfida era quindi agguerritissima. L'obiettivo di farla pagare ai "musi gialli" era in quei mesi alla moda e la proposta trovò il consenso generale. L'impresa navale non serviva quindi assolutamente a niente, ma in qualche modo bisognava pur iniziare.

Visto che i militari russi parlavano un'altra lingua, qualche ragionevolezza venne invece partorita da coloro che erano ai margini della scena politica. In queste circostanze il dilemma fondamentale in alcuni circoli nazionalisti repubblicani non era tanto se allearsi con la Turchia o meno, scelta probabilmente inevitabile. Ritenevano Nicola un orco da eliminare primo o poi, sconfessando il suo operato domestico e diplomatico. Il dubbio amletico era quindi come impostare le relazioni con gli anglo-francesi, con i quali nella sostanza per motivi di natura militare si era sempre più indirettamente legati, nonostante la rottura diplomatica che lo Zar aveva creato con Parigi.

Il politico Alexander Guchkov, esponente di punta del Partito nazionalista russo e legato da un'amicizia fraterna con il generale francese Janin (che nel frattempo era rientrato a Parigi solo intraprendendo un avventuroso viaggio attraverso la Scandinavia e il Mar del Nord), meditava un colpo di Stato per liquidare lo Zar e Rasputin. Come le frange comuniste in Turchia, i nazionalisti in Russia profilavano una defenestrazione dei vertici istituzionali, per istaurare un nuovo corso della politica interna dei rispettivi Paesi.

L'azione violenta in Russia, oltre a una rivoluzione domestica, avrebbe permesso di riappacificarsi con Parigi, migliorare i rapporti con Londra, grazie al sincero desiderio della parte sana del Paese di riannodare i legami dell'antica Triplice Intesa e affrontare in battaglia anche Berlino e non solo Vienna. Secondo i circoli sediziosi interni alle istituzioni russe, la Germania era la nemica naturale di Pietrogrado per il predominio sull'Europa baltica. Era ancora nella memoria tradizionale l'azione dell'eroe locale Aleksandr Nevskij, che nel XIII secolo si era imposto con energia e valore contro le schiere dei cavalieri teutonici. I valorosi che venivano dall'est avevano spazzato via i perfidi e agguerriti germanici. La Storia si doveva ripetere, ancora più sanguinosa per i nemici occidentali e vittorioso per il destino degli slavi.

Partendo da motivazioni istituzionali diverse, anche alcuni esponenti legittimi dello Stato zarista consideravano con interesse la possibilità di puntare su Berlino. Se il turcofilo Polivanov guardava con ottimismo questo punto di vista, viceversa il cugino dello Zar, Nicola Nikolaevich, ancora al vertice dell'Esercito avrebbe preferito concludere prima la campagna sul Mar Nero e in Oriente. Solo in un secondo momento poteva dare quindi voce ai cannoni in Polonia contro i tedeschi, con i quali per ragioni di famiglia sperava in alternativa di arrivare a un accordo chiarificatore dei rispettivi reciproci sospetti.

In questo duello strategico l'ultima parola fu dello Zar nella migliore tradizione dei *Romanov*. Solo lui poteva dettare la politica nazionale, nonostante le mille influenze che giungevano da Rasputin o dal germanofilo Granduca suo cugino. Nicola II aveva sperato fino all'ultimo di legarsi militarmente con Guglielmo II. Lo aveva dimostrato nell'incontro baltico a Björkö del luglio 1905 e aveva visto con simpatia l'accordo sugli interessi persiani di Potsdam dell'agosto del 1911. Non trovava – almeno per il momento – opportuno, utile o necessario sconfessare la politica di amicizia verso la Germania. Per questo lo Zar ancora per il momento era della stessa opinione di chi lo indirizzava verso il Mar Nero, in favore della più misurata neutralità con il *Reich*. Pietrogrado non era nella condizione e nell'interesse di inimicarsi Berlino, a maggior ragione in quel momento in cui il debole esercito russo era impegnato su due fronti, distanti quasi 5.000 chilometri l'uno dall'altro. A chi lo pregava di cercare un nuovo nemico ad occidente, egli chiedeva se non fossero già sufficienti quelli a Oriente e quelli a meridione. Le linee poi, che attraversavano la Siberia, in pieno inverno erano ancora più frammentate rispetto agli altri mesi dell'anno, impedendo i rifornimenti adeguati contro l'efficace avanzata nipponica. Contare invece sui collegamenti via mare significava attendere mesi preziosi. Nicola rimase dunque convinto dei suoi propositi autoritari. Giuste o sbagliate, utili o dannose che fossero, ne avrebbe pagato presto le conseguenze.

Se la politica della Russia era incerta sulle sue relazioni con le Potenze occidentali, l'Impero ottomano nella sua affannosa ricerca di sopravvivenza, si assunse ogni rischio possibile, oltrepassando senza reticenze persino le colonne d'Ercole della politica estera nazionale. In aggiunta quindi ai contatti con i russi, Ahmed Djemal, ministro della Marina ottomana, incontrò a Malta l'ammiraglio britannico Fisher. Il proposito del confronto era organizzare un'operazione in grande stile nel Mediterraneo e liquidare completamente le formazioni navali della Regia Marina e quindi spezzare le infiltrazioni italo-tedesche dirette verso Suez e lo strategico crocevia arabo.

L'evento fu l'anticamera dell'alleanza anglo-ottomana, che trovò la sua realizzazione il 28 agosto 1916 a Londra a opera dell'ambasciatore Tevfik Paşa e del ministro degli Affari Esteri britannico Balfour. L'evento fu di portata storica per l'Impero ottomano. Esso ormai non solo faceva parte a pieno titolo della grande formazione avversa alla Quadruplice Alleanza, ma diveniva l'anello di congiunzione tra quei due schieramenti paralleli e complementari dell'ex Triplice Intesa, che per il momento avevano in comune solo un nemico: l'Austria-Ungheria. Tale condizione imponeva una domanda cruciale e fatale per i destini di tutti i contendenti e a maggior ragione per quella corrente «orientalista», che in quei mesi tanto aveva credito ai vertici dell'Intesa: avrebbe Costantinopoli favorito indirettamente Parigi e Londra, convincendo Pietrogrado a dichiarare guerra a Berlino? Chi avesse avuto la risposta certa a questo dilemma planetario avrebbe ottenuto onori e ricchezza, per quanto ingarbugliata era in quel momento la matassa diplomatica europea. Probabilmente neanche il più smaliziato allibratore inglese avrebbe accettato una puntata su un evento così aleatorio.

L'opportunità di allargare il campo d'azione tanto da imporre a Guglielmo II un doppio fronte, però per quanto apparentemente favorevole addirittura per i russi, aveva le sue mille incognite, tra l'altro anche interne alla politica nazionale ottomana. La guerra, per molti ambienti riformatori turchi, non sembrava la soluzione degli innumerevoli problemi esistenti, ma solo epifenomeno di come i propositi imperiali e aggressivi fossero l'effimero spauracchio di un ammodernamento serio e concreto.

In un abboccamento segreto ad Angora il 23 settembre 1916, il ministro socialisteggiante degli Interni ottomano Mehmed Talat Pascià incontrò alcuni esponenti ribelli di punta della società turca, tra cui il generale comunista Mustafa Kemal. I rivoltosi militanti sembrava essere in procinto di attuale il loro piano epocale: una rivoluzione marxista per la creazione di una nuova Anatolia, egalitaria, nazionale ed esclusivamente turca. Nella situazione caotica del loro Paese, quel che i comunisti turchi colsero, e di cui il ministro Talat Pascià sembrava consapevole, era l'irrealizzabilità della riforma "liberale" voluta dai Giovani Turchi per modernizzare il ruolo del Sultano. L'Impero era di per se stesso ancora legato a significativi retaggi autocratici e antidemocratici. Bisognava far saltare tutto il Palazzo, per ricostruire su basi nuove un edificio aperto a tutti.

Di fronte alla scelta di ottomanizzare greci, bulgari, armeni, arabi, ebrei o cristiani, espressa dal ministro della Guerra Enver, Kemal propose a Talat Pascià di concentrarsi al benessere unico dei turchi e alla bonifica socialista dell'economia delle regioni da essi abitate. Proprio il generale Kemal al fronte ogni giorno vedeva morti e feriti nella lotta contro gli stranieri. Era quindi dell'opinione che il "Sol dell'avvenire" non solo avrebbe portato la pace. Era convinto che la dittatura del proletariato avrebbe unito a raccolta i diseredati di tutto il mondo verso la nuova Turchia atea e aperta all'ecumenismo secolarizzato, che per la sua missione marxista non aveva bisogno di cannoni o di torpediniere. L'obiettivo era spingere indietro i confini del feudalesimo e del capitalismo.

Le incognite per Costantinopoli però non si limitavano a questi gravi malumori domestici, se si considera che le periferie orientali dell'Anatolia erano altrettanto pervase da altrettanti fuochi ribelli, in questo caso avversi a tutto ciò che suonava di turco. In Armenia, dove vivevano numerosissime comunità greco-ortodosse, la dichiarazione di guerra ottomana alla Grecia fu il pretesto per costituire, all'interno dei confini del "Malato d'Europa", una quinta colonna pronta a impiegare le Forze Armate del Sultano anche all'interno degli stessi confini turchi.

In questo contesto vi fu da parte di alcune bande irregolari, composte da armeni ed ellenici, la realizzazione di così consistenti carneficine e rappresaglie, tanto da sfiorare addirittura un massacro coordinato e su vasta scala. Il potere centrale a Costantinopoli, già incrinato da sommosse e rumoreggiamenti sparsi ai quattro angoli dei suoi possedimenti, non seppe reagire a queste stragi. Il Governo centrale divenne impotente spettatore dell'autentico genocidio commesso dagli armeni contro la popolazione turca.

Per di più le popolazioni arabe, residenti nelle estreme regioni ottomane, già offrivano il pretesto a tedeschi e italiani per l'organizzazione di un movimento separatista. Questo doveva distogliere altre energie alle Forze Armate turche nel Vicino Oriente e a quelle britanniche in Egitto, che seppur giuridicamente ottomano, sin dal 1882 era occupato militarmente dagli inglesi. Lasciando il tempo di approfondire questi avvenimenti al seguito della narrazione, possiamo già anticipare la presenza in Cirenaica di un giovane ufficiale tedesco, proveniente da un reggimento di fanteria del fronte del Reno, interessato alle questioni coloniali ed esperto di Oriente. All'interno di un personalissimo poema epico, egli avrà modo di essere uno tra i protagonisti del ribellismo arabo in chiave antiturca e antinglese: il capitano Erwin Rommel, il futuro "Rommel d'Arabia".

# Il Pianeta in fiamme

Nella prima metà del 1916 lo scontro, che era iniziato come una farsesca diatriba tra tedeschi e britannici per l'assassinio di un acerbo principe inglese, divenne un conflitto senza precedenti. Del resto, esso non investiva più solo gli eserciti o le regioni del Vecchio continente. Anche altre popolazioni del Mondo – a svariato titolo – rivendicavano ora interessi e desideravano vantaggi economico-politici, tanto da irrobustire le due rispettive formazioni in combattimento. Lo scollamento tra i buoni propositi e gli obiettivi reali era evidente. Lo spettacolo bellico allestito in commedia sul cartellone annunciava la vendetta per i fatti irlandesi, ma non disdegnava comparse e mestieranti d'altra provenienza teatrale.

Il nuovo anno fu oggetto di grandi eventi: battaglie cruenti, sonore sconfitte, roboanti vittorie, incontri al vertice, ma anche avvenimenti frivoli e popolari. I popoli in armi andavano compiaciuti e ubriacati, prima di metterli di fronte a una tragica morte. Nella migliore tradizione di *panem et circenses*, i governi della Quadruplice Alleanza organizzarono come da programma i "Giochi della VI Olimpiade", estromettendo per ragioni di ordine politico il comitato internazionale, patrocinato dal francese Pierre de Coubertin.

*La cerimonia di apertura dei Giochi della VI Olimpiade*

Le competizioni si svolsero a Berlino, città che solo tre anni prima l'aveva spuntata nella corsa alla candidatura organizzativa. L'evento nel suo complesso fu impeccabile. Il *Deutsches Stadion*, la struttura principale degli interi giochi, divenne per tutta la durata dell'evento il centro del Mondo, anche se le delegazioni di sportivi intervenuti furono limitate. Esse erano quelle degli alleati della Germania e di quei paesi simpatizzanti o neutrali, che non si crearono scrupoli di incrinare le proprie relazioni diplomatiche con Londra, Parigi o Pietrogrado, pur di essere invitati a questo spettacolo di ludica mondanità. Se negli ospedali e nei lazzaretti europei non vi fossero ricoverate generazioni di mutilati e di invalidi, si potrebbe ben dire che la migliore gioventù dei Paesi era a contendersi attraverso lo sport il primato nelle discipline olimpiche. L'evento aveva molto di posticcio e di melodrammatico, visto che negli ultimi due anni non vi erano stati più significativi eventi agonistici nazionali o internazionali.

Il medagliere finale fu dominato dagli americani. Anche i tedeschi e gli italiani fecero la loro bella figura negli innumerevoli ed inediti sport in calendario. Tra gli atleti che spiccarono, vi furono: il capitano statunitense George Smith Patton, vincitore del pentathlon moderno, già piazzatosi in buona posizione nei precedenti giochi a Stoccolma di quattro anni prima; il saltatore tedesco Hans Liesche e lo schermitore italiano Nedo Nadi. Portabandiera dell'Italia comunque rimase il vincitore della maratona Dorando Pietri, rientrato in attività per l'occasione dopo un periodo di ritiro. Riuscì nell'impresa, dopo l'incidente nei giochi di Londra del 1908. In quell'occasione, seppur vincitore morale, era stato penalizzato per un ingenuo intervento del giudice Arthur Conan Doyle, il creatore del mitico investigatore Sherlock Holmes. Perché soccorso negli ultimi metri dallo scrittore di polizieschi più famosi in Inghilterra, l'atleta romagnolo fu ritenuto avvantaggiato e quindi escluso ingiustamente dalla gara. Il morituro principe Edoardo in persona aveva, quindi, decorato il secondo corridore arrivato, il newyorkese Johnny Hayes, ritenuto per l'occasione il vincitore della corsa. Pietri invece nel 1916 fu decorato direttamente da Guglielmo II e un'ovazione oceanica lo ripagò del torto subito lungo il Tamigi.

I giochi si chiusero il 27 settembre, concludendo così ogni spiraglio di distrazione civile fino al termine della guerra. Quel che era stato per i greci classici un motivo di forzata sospensione di guerre, non era divenuto anche per i posteri del XX secolo la temporanea distrazione dall'uso cruento di morte e violenza. Oltrepassati i confini e affilate le armi, il proposito di governanti e militari rimaneva solo la vittoria totale e finale, senza preoccupazione alcuna sul motivo o sul dramma stesso della guerra. Ogni sacrificio dal popolo, nessuna pietà per il nemico.

Una volta allargato il conflitto a tutta l'Europa sudorientale, interessato il Vicino e l'Estremo Oriente, negli Stati Maggiori europei accresceva la dualistica spaccatura tra «occidentalisti» e «orientalisti» su come pianificare il proseguimento della guerra. Come è facile capire, a seguito della rottura diplomatica con i russi, a Parigi tutti erano diventati «occidentalisti». Solo attaccando in direzione del Reno e verso le Alpi si poteva obbligare Berlino e Roma a capitolare. Viceversa, a Londra il governo Chamberlain appoggiava senza limite la corrente dei «neo-orientalisti». Essi avevano intravisto l'idea di abbattere gli Imperi centrali, interessandosi alla causa ottomana e colpire così tutto l'edificio della Quadruplice Alleanza, partendo dai Balcani.

In campo avverso le posizioni strategiche dei tedeschi e degli italiani erano distribuite in modo equo e risentivano di massima dell'altalenante volgere degli eventi. Le cinque Armate italiane dislocate sul confine francese meridionale dalla Costa Azzurra al Lago Lemano erano di massima smaniose di forzare le linee difensive avversarie, una volta superati i picchi innevati sulle Alpi. Tuttavia, le cosiddette "battaglie del Rodano", in cui era impegnata la 3ª Armata di Emanuele Filiberto, si rivelarono delle incessanti e ridondanti azioni di mordi e fuggi, tipiche della guerra di logoramento. La trincea tra le rocce era ormai il luogo tradizionale dello scontro, l'inizio e la fine di ogni ciclico attacco mortale. I semplici soldati erano isolati dal resto del mondo. La loro vita era contraddistinta dal ridondante rituale quotidiano: sveglia, attacco mattutino, rancio, difesa pomeridiana, ispezione serale, secondo rancio, avanscoperta notturna, ritiro in branda. L'arrivo settimanale della posta era l'ossessione di ogni combattente. Scrivere e leggere – per chi ne era capace – oppure ascoltare notizie da casa diveniva l'unico e vivo mantenimento di un legame con l'esistenza umana.

Se questo era quel che accadeva in Savoia, verso il mare la 1ª Armata di Brusati non era riuscita a superare neppure il villaggio confinario di Mentone. In quelle circostanze anche la città di Nizza e l'italianissimo Ponte Carlo Alberto sul fiume Varo sembravano miraggi lontani dietro alle folte linee di filo spinato srotolato all'orizzonte. Vittorio Emanuele III aveva creduto già nell'estate del 1914 di poter brindare all'hotel Negresco sul lungomare nizzardo. Invece, quasi due anni dopo, mordeva ancora il freno, vedendo l'avanzata del suo Esercito ancora cristallizzata. Morta insieme a Pollio l'idea di concentrare sulle Alpi lo slancio deciso della guerra, mese dopo mese a Roma si ipotizzava di guardare al Mediterraneo Orientale come chiave di volta per l'intero conflitto.

Nel tentativo di rompere questa stasi, nelle settimane successive Brusati, prima di essere spedito a Tokyo in una missione diplomatica, verrà sostituito dal generale Luigi Capello, molto apprezzato dagli alleati, per non appartenere alla tradizionale classe militare degli aristocratici dalle carriere facili. Per di più era massone e ciò accresceva la simpatia rivoltagli oltreconfine. Su di lui si riponevano molte aspettative, essendo considerato da Conrad l'unico generale italiano di statura europea, l'unico competente in azioni offensive. Vista la situazione ristagnante sul fronte costiero ligure, si assunse in questo modo una grande responsabilità.

Abbiamo già visto che Cadorna puntava molto sul Mediterraneo, mentre Moltke avrebbe preferito rivolgere nuovi rinforzi al delicato scenario elvetico, dove Zimmer aveva intuito il nervo scoperto della formazione avversaria. Tuttavia, la componente «orientalista» dei rispettivi Governi si rafforzava mese dopo mese, convinta che solo una grossa coalizione potesse piegare gli sterminati imperi francese e inglese. In questo senso andava intesa la politica di coinvolgimento, che era partita con il corteggiamento prima di Vienna, poi di Atene e infine di Tokyo.

Nel tentativo di allargare il gravoso impegno della Russia, dall'Estremo Oriente arrivarono i frutti di questo cambio di strategia. Il Giappone, il Paese più distante dal principale contendere europeo, non per questo era meno appassionato alla lotta: il 13 febbraio 1916 aveva dichiarato guerra proprio al governo di Pietrogrado. L'esercito del Sol Levante attaccò le esili formazioni zariste dalla penisola della Corea al porto di Vladivostok, avvantaggiandosi pure della debolezza della Manciuria. Quest'ultima, infatti, era in balia del dominio incontrastato egoistico e personale dei Signori della guerra, ormai onnipotenti sulla regione, dopo il crollo dell'Impero cinese nel 1912 e il relativo inconsistente controllo del nuovo governo nazionale di Nanchino.

In aggiunta a questa favorevole situazione in territorio cinese, il Giappone poteva avvantaggiarsi pure dei risultati ottenuti dopo la campagna vittoriosa del 1904-1905. Tokyo concentrò un grosso contingente militare comandato dal generale Suzuki Soroku, in direzione nord-ovest con il proposito di raggiungere il fiume Amur attraverso la Ferrovia meridionale mancese, di cui teneva gran parte del controllo, strappato proprio undici anni prima ai rivali russi.

I giapponesi potevano disporre di un giovane esercito, comandato dal maresciallo Hasegawa Yoshimichi. A imitazione delle migliori riforme europee, a partire dalla coscrizione obbligatoria, da un'organizzazione e da un armamento d'eccellenza, egli aveva trasformato le Forze Armate nazionali. L'Esercito – partito dall'impostazione medioevale dello Shogunato – era divenuto un'autentica macchina da guerra e di distruzione, con l'aggiunta però della disciplina ferrea e dell'obbedienza cieca, tipici fattori orientali.

Perfino la Marina, efficiente e complementare alla politica imperiale nel continente, rappresentava quanto di meglio la tecnica potesse offrire. La battaglia di Tsushima ne era stato il massimo capolavoro, confermato da un nuovo piano economico e industriale, che faceva concorrenza al decadente primato britannico sui mari. Anche per questo, su pressione soprattutto dell'ammiraglio italiano Thaon di Revel, la potente e duttile flotta nipponica consentì che una parte preponderante delle sue unità fossero destinate nel Mediterraneo per una collaborazione attiva in chiave antiturca e antizarista. Questa squadra navale fu assegnata al viceammiraglio Satō Tetsutarō, ottimo teorico e uomo d'azione di grandi capacità, chiamato a quest'incarico dallo stesso imperatore Taishō.

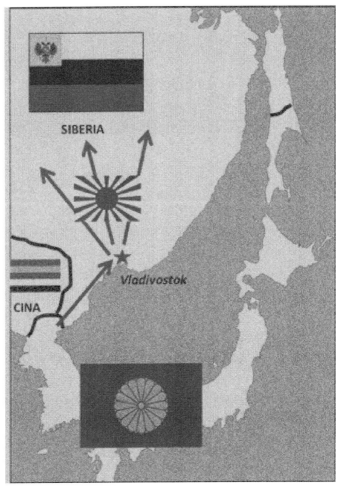

*L'attacco giapponese alla Siberia nel 1916*

Ecco, quindi, che di fronte a una potente armata terreste e marina, le esigue formazioni zariste crollarono come un castello di carte. L'Europa vide per l'ennesima volta l'umiliazione del prestigio russo da parte dell'ultima delle Potenze mondiali. Il generale russo Nikolai Ruzsky, non potendo contare su celeri ordini o su rinforzi adeguati, trovò nella ritirata strategica l'unica alternativa al completo annientamento sul Pacifico. La progressione nipponica vista dall'esterno, per via della sua rapidità e semplicità sembrava un semplice evento da calendario sportivo. L'azione nella sua vasta espansione ebbe un risultato molto favorevole per i giapponesi, anche perché il periodico pendolo russo era stato in quegli anni rivolto verso il promettente contesto europeo, dove lo zar Nicola sperava di recuperare lo smalto perso in Estremo Oriente proprio per mano dei «musi gialli».

Pietrogrado non si aspettava una nuova pressione nipponica, confidando che la decadenza cinese offrisse a Tokyo il pretesto per rivolgere verso Pechino e Nanchino l'appagamento delle proprie ambizioni territoriali. Invece il pensiero giapponese, anche condizionato dalla dinamica diplomazia italo-tedesca, comprese come la guerra apertasi in Europa fosse un'occasione molto più propizia della crisi istituzionale cinese. Il Sol Levante si sarebbe così sbarazzato di uno dei due grandi imperi concorrenti, che si affacciavano sul Pacifico asiatico. In questa scelta contribuì anche la pressione americana, che forte dei suoi possedimenti nelle Filippine e dei suoi privilegi commerciali in Cina, fece intendere a Tokyo che una possibile spartizione delle zone d'influenza nell'Asia orientale avrebbe evitato una possibile e non auspicabile concorrenza con Washington. Per questi motivi, se nelle intenzioni degli statunitensi vi era quella di circoscrivere la propria penetrazione a meridione del Fiume Giallo, il Giappone sarebbe stato libero di penetrare in Manciuria e in Mongolia, trovando come unico ostacolo ai suoi disegni continentali solo l'estrema periferia russa.

In questo contesto mondiale emerse quindi una nuova pressione degli Stati Uniti d'America. Fino ad allora avevano osservato con attenzione la scena politico-militare dell'Europa, senza però sbilanciarsi in un appoggio diretto. Erano note le predilezioni di Washington per il campo della vecchia Triplice Alleanza, non fosse altro per le pressanti componenti irlandesi della propria popolazione. I seguaci di San Patrizio in terra americana non solo gridavano a gran voce contro l'oppressione britannica della propria Nazione di origine, ma – come si ricorderà – nel frattempo avevano organizzato aiuti e una milizia inviata in Europa proprio contro la Gran Bretagna.

Il presidente statunitense Wilson si trovò spesso incerto sulle relazioni internazionali da adottare. Era convinto però che solo un decadimento dell'Impero britannico avrebbe offerto agli Stati Uniti quel campo d'azione necessario per coronare il sogno di avere mano libera nell'intero continente americano e nel Pacifico meridionale. L'inquilino della Casa Bianca era di carattere espansivo e cordiale, ma talmente convinto delle proprie opinioni, che avrebbe anche ucciso il suo interlocutore pur di non essere contraddetto o obbligato a dover dare ragione ad altri. Era l'anti-Voltaire per antonomasia e nello svolgere il suo ruolo aveva ereditato, seguendo un processo imitativo involontario, il concetto d'infallibilità dei sovrani di diritto divino. In maniera istrionica si atteggiava a paladino dei più deboli, ma per raggiungere i suoi scopi avrebbe persino appiccato incendi, sperando di venire chiamato come pompiere a spegnerli. Gli Stati Uniti non si accontentavano di essere divenuti il Paese più ricco del mondo, pretendevano di essere anche quello più giusto. Il popolo americano si sentiva l'eletto, l'Israele dei propri giorni. La spiritualità dei mormoni, degli amish, dei quaccheri erano tutte espressioni di come nell'animo di ogni figlio di George Washington era presente una massiccia dose di messianismo. Per questi motivi, mentre l'Europa badava alla sua malvagia guerra, gli *yankee* si preoccupavano degli irrisolti problemi interni del proprio Paese. Per larga parte delle comunità più bigotte, le città del Nevada – Las Vegas e Reno in primis – erano le nuove Sodoma e Gomorra, dove la prostituzione, il gioco d'azzardo e l'abuso di bevande alcoliche corrompeva l'integrità morale dell'uomo.

Queste piaghe sociali, più che la guerra oltre Oceano, erano i nemici da sconfiggere. Non a caso proprio in quei mesi molte comunità femministe in numerosi stati della Federazione avevano fatto bandire l'uso dell'alcool. Tale evento però aveva fatto diffondere il fenomeno criminoso del contrabbando, che portava con sé numerose altre manifestazioni criminali, che in fondo aveva creato un inspiegabile volano economico. Del resto, la guerra europea aveva fatto aumentare le esportazioni americane oltre oceano, fattore che incrementava la ricchezza nazionale attraverso un favorevole nuovo squilibrio della bilancia dei pagamenti. La massa dei coltivatori di cereali e gli allevatori di bestiame del Midwest si erano talmente arricchiti che nel 1916 il loro reddito era decuplicato rispetto all'inizio della guerra europea.

Nonostante questo grande affare economico, che il conflitto aveva prodotto in America, la Casa Bianca rimaneva incerta sulle decisioni da prendere. In modo altalenante il Presidente aveva manifestato anche il desiderio di proporsi come arbitro imparziale, nel tentativo di trovare un accomodamento conciliante tra i molteplici contendenti in campo. Tuttavia, il suo atteggiamento da primo della classe indispettì Giorgio V non meno di Vittorio Emanuele III, indisponibili a trovare in un capo di Stato borghese il sensale risolutore di ambizioni nazionali dinastiche. L'invito americano a chiarire i rispettivi «scopi di guerra» non trovò quindi appassionati entusiasmi tra i vari Governi e le Corti europei, che nella logica delle rispettive mobilitazioni totali e della guerra in massa non potevano più accontentarsi di un esito finale parziale e accomodante. L'odio creato dalla propaganda non auspicava più la pace *tout court*, ma la vittoria completa sul nemico, che per gli armati significava morte e distruzione totale di tutti gli avversari.

Da una parte e dall'altra lo spirito conciliante, se presente, si rivelava solo opportunistico. La speranza era in un naufragio delle trattative, tanto da scaricarne l'esito negativo sulle responsabilità altrui. Gli interessi delle potenze principali avevano diritto di prelazione sulle possibili nazionalità minori, a cui accordare indipendenza e sovranità loro propria. Le rivendicazioni palesi, dietro le quali si nascondeva la diplomazia segreta con tutto il marcio che si portava dietro, lasciavano trapelare solo la punta dell'iceberg. Non era né utile, né opportuno svelare agli occhi dell'opinione pubblica internazionale che le due parti in lotta erano irresponsabilmente cupide, egoiste e malvagie. Il carro della guerra era tirato ancora solo per guadagnare soldi e potere. Interessava a ben pochi idealisti il benessere dei popoli, sui quali invece era scaricato in pieno il peso delle ostilità.

La Germania e l'Italia chiedevano in modo congiunto e innocente alla Gran Bretagna e alla Francia l'indipendenza per l'Irlanda e per il Belgio, nonché la cessione della Champagne, della Provenza, della Corsica e di Malta. L'Austria-Ungheria e la sua satellite Romania reclamavano dalla Russia l'indipendenza della Polonia e della Bessarabia; infine, la Grecia premeva affinché tutta la Macedonia storica, nonché la zona di Smirne le fossero riconosciute, rompendo con la millenaria occupazione ottomana.

Quelle esposte dalla Quadruplice Alleanza erano già da sole richieste bieche, ma la parte avversa, imbarazzata perché spinta da propositi ancora più imperialistici, trovò invece ritrosia ad esprimere anche i più plateali obiettivi, seppur nascosti dietro a un timido ramoscello d'ulivo. Rivendicare la francesità dell'Alsazia e della Lorena o la britannicità dell'Irlanda poteva essere anche legittimo in certi ambienti smaliziati. Tuttavia, quando l'Intesa occupava in modo arbitrario il Belgio, soggiogava Nazioni sotto la scusa del proprio Impero e inglobava tra i suoi stessi membri Paesi come la Russia, che assoggettava le popolazioni dell'Europa orientale o come la Turchia che opprimeva le popolazioni arabe, si sconfinava nel sopruso. Da ambedue i lati, nessuno di questi comportamenti era conciliabile con il nobile e ingenuo proposito di Wilson. Quest'ultimo si crucciò ancora di più del suo insuccesso, disabituato in America a non trovare accoliti che lo ascoltassero.

In tale logica di paternalistico interessamento ai destini del mondo, la pirateria sottomarina della *Royal*

*Navy* aveva accresciuto il risentimento, che gli americani rivolgevano verso i loro vecchi colonizzatori. Dalla Casa Bianca furono molti i moniti e gli appelli contro il Regno Unito, la Francia e la Russia (post-zarista)[23] nel tentativo di restituire la piena indipendenza rispettivamente all'Irlanda, al Belgio e alla Polonia. Nulla, tuttavia, sembrava distogliere i tre Paesi, che si definivano democratici ma imperialisti, dalle loro mire autoritarie contro gli Stati più deboli. Non furono ininfluenti poi gli incontri che gli ambasciatori tedesco, von Bernstorff, e italiano, Vincenzo Macchi di Cellere, ebbero con il segretario di Stato, Robert Lansing, tra il 1915 e il 1916, quando ormai era certo che la guerra sarebbe stata decisa su un piano globale, non più circoscrivibile alle poche Nazioni europee.

Ecco tutti i fattori che indussero il Governo di Washington a credere nella preferenza antibritannica, qualora il proprio Paese avesse dovuto fare una scelta più impegnativa di carattere diplomatico e militare. Tra l'altro nel corso del 1916 ebbero luogo le elezioni presidenziali e Wilson, anche complici le pressioni della coppia Bernstorff-House (di cui si è accennato), indirizzò il suo programma elettorale verso un aspro antagonismo nei confronti di Londra. Giudicava i cittadini

---

[23] Il rovesciamento istituzionale russo avvenne a partire dal 21 marzo 1916 (vedi oltre).

provenienti dal Belpaese e dal *Reich* come l'anima genuina della società statunitense. Non poteva quindi rimanere sordo alle sofferenze dei loro Paesi d'origine.

Gli si contrapponeva il repubblicano Charles Evans Hughes, fautore invece di un più stretto e rigido isolazionismo in politica estera e ideatore del concetto che non potevano coesistere sentimenti nazionali diversi sotto la bandiera degli Stati Uniti. Nel suo ragionamento, le discendenze oriunde erano cordoni ombelicali da tagliare, una volta passati per Ufficio immigrazione: «Ciascuno si deve sentire americano e solo tale. Nessun cittadino può considerarsi con il "trattito"».[24] La campagna repubblicana ottusamente sciovinista era comunque condannata a perire e si rivoltò contro il proprio candidato. La ribellione degli irlandesi-americani, degli italo-americani e dei tedesco-americani iniziò proprio da New York, dove Hughes era stato governatore fino a pochi anni prima. A Boston fu molto prolifico l'attivismo dell'oriundo irlandese Joseph Kennedy, appoggiato anche dal connazionale suocero ex sindaco della città John Fitzgerald, che mobilitò tutta la comunità cattolica dello Stato del Massachusetts verso il candidato democratico e in favore della guerra contro l'Intesa. La campagna presidenziale più che sui candidati si giocò sulla volontà o meno di entrare nel merito delle rivendicazioni nazionali, operate in Europa. Visto

---

[24] Per esempio, i cosiddetti italo-americani o ispano-americani.

che larga parte della comunità statunitense aveva mantenuto un senso di appartenenza con le Nazioni di origine e proprio queste ultime erano schierate di massima da una parte del conflitto, la bilancia dell'elettorato spingeva verso la lotta in favore proprio di quella parte. L'isolazionismo era un valore importante da Miami a Seattle, ma non più importante per un immigrato del desiderio di poter considerare ancora la Sicilia, l'Ulster o la Baviera rispettivamente italiana, irlandese o tedesca. Questo ragionamento, fermentato dalla propaganda democratica in ogni strato sociale del multietnico Paese, spinse milioni di semplici cittadini a votare per il candidato amico della Quadruplice Alleanza, solo perché amavano la propria terra d'origine. La vittoria arrivò di misura, quanto bastava per continuare in altrettanti quattro anni nella propria attività di proselitismo e convincere l'altra metà del popolo americano.

*Thomas Woodrow Wilson*

*Charles Evans Hughes*

Avendo quindi Wilson ottenuto la rielezione, l'inquilino della Casa Bianca ebbe subito a dichiarare che la Nazione americana era pronta per una nuova fase delle relazioni internazionali: «la neutralità armata». La pace era auspicabile come principio generale, ma mai come un corollario da dover perseguire, se esso diveniva un'amnistia per le secolari sopraffazioni britanniche e francesi. Del resto, l'economia degli Stati Uniti era riuscita, nonostante le interferenze della pirateria inglese, a sopravvivere anche grazie ai soli cospicui traffici ancora operanti con le Nazioni e le rispettive colonie, appartenenti al blocco avversario di quello capitanato dagli anglo-francesi. Motivo in più per fare a meno dei mercati di Londra e Parigi!

Malgrado, quindi, gli appelli e i proclami di ammonimento e di ingiunzione in favore di «una pace senza annessioni, né indennizzi», la condizione particolare statunitense non precludeva un possibile e successivo intervento militare diretto nel conflitto. Esso però per il momento sembrava ancora da escludersi, per l'impopolarità di una decisione così importante e grave per l'intero popolo americano.

Comunque stessero le cose, questo clima e tale impostazione della politica estera degli Stati Uniti furono sufficienti a contribuire a convincere Tokyo a entrare nella mischia. Una guerra contro la Russia avrebbe sanato non solo tutti gli eventuali attriti tra la democrazia a stelle e strisce e l'Impero del Sol levante, ma contribuito a un più complessivo tracollo delle egemonie inglesi e francesi nei contesti extra-europei. Come comprensibile, giapponesi e statunitensi non erano a conoscenza di tutti gli accordi bellici tra Germania, Italia e Austria-Ungheria con i relativi autentici «scopi di guerra», che prevedevano la triplice spartizione dei possedimenti coloniali delle loro antagoniste, in caso di esito positivo del conflitto. Giappone e Stati Uniti vedevano la guerra da lontano e come sanno bene i miopi, da una certa distanza apparendo tutto opaco è facile prendere lucciole per lanterne.

Berlino e Roma non avevano nessun motivo di informare altre diplomazie straniere, seppur potenzialmente amiche, sull'esistenza e sui contenuti di trattati o accordi segreti pregressi, a maggior ragione perché esse sole avevano sopportato il peso e l'onere di due anni di lotta contro l'Intesa. Esse sole infine erano state le fine artigiane che erano riuscite a cesellare e conciliare gli opposti interessi di Vienna e Berna prima, con quelli di Budapest, Bruxelles e Atene poi. Per tutti questi motivi non sembrò utile e necessario comunicare ad altri governi, che non fossero in modo stretto quelli interessati, il frutto di tante faticose e intrigate negoziazioni. Essendo Tokyo estranea a coinvolgimenti per quel che riguardava l'Europa, l'Africa, il Vicino Oriente o l'Asia centrale, poteva bastare quel poco che già sapeva.

In questo modo si arrivò alla giornata cruciale del 21 febbraio 1916. Dopo la firma di un trattato d'amicizia, conclusosi nella baia di Yokohama tra gli ambasciatori di Germania, d'Italia e il ministro degli Affari Esteri nipponico Ishii Kikujirō, il Giappone si poneva ufficialmente al fianco della "Quadruplice Alleanza". Il Governo dell'Imperatore ignorava completamente i diritti e i doveri segreti, che già legavano in modo reciproco tra loro gli esecutivi e gli eserciti tedesco, italiano, belga, austro-ungarico, romeno e greco. Tokyo sapeva solo che da mesi ormai Regno Unito, Francia e Russia erano impegnate militarmente e soffrivano a causa della guerra. Era giunto il momento di intervenire in prima persona, per cogliere i più prossimi frutti asiatici di questa crisi militare e politica.

Nella capitale giapponese erano presenti – e da quel momento saranno molto attivi per quel che fosse stato possibile – due delegati degli eserciti italiano e tedesco: il generale Roberto Brusati, che, come abbiamo visto, aveva lasciato la 1ª Armata a Capello, e il generale Robert Loeb. La coppia avrebbe dovuto essere il legame ideale delle due sponde dell'Alleanza, con l'obiettivo di creare il completo accerchiamento dei possedimenti dello Zar con un matrimonio bellico intenso e pieno di patos, degno della migliore tradizione teatrale giapponese del *Kabuki*. La cronaca dell'evento, raccontata da Luigi Barzini sulle colonne del *Corriere della Sera*, anche in onore del nome di battesimo di Brusati e di Loeb, divenne famoso come patto "RoBerTo", prendendo a prestito le lettere iniziali delle tre capitali interessate: Roma, Berlino e Tokyo.

*Delegazioni italiana e giapponese al momento della sti-*
*pula dell'alleanza militare*

La successiva aggressione contro l'estremità orientale dell'Impero russo provocò in Europa alterne ripercussioni. Alla corte di Nicola il gesto venne subìto con indignazione e rancore, pari a una pugnalata alla schiena, per altro identica a quella inferta proprio da Pietrogrado a Vienna meno di un anno prima. All'attacco verso l'interno della Siberia, oltre al grosso delle formazioni nipponiche, partecipò anche il piccolo, ma robusto, presidio tedesco, stanziato presso il porto cinese di Tsingtao, ormai da oltre tre lustri principale avamposto guglielmino in territorio asiatico. I militari italiani di stanza nell'omologo avamposto di Tientsin non parteciparono all'azione, essendo ridotti a un pugno di uomini. Essi si occuparono però di addestrare le reclute mancesi, arruolate in fretta e furia dalle autorità nipponiche.

Dopo questo ulteriore attacco, la Russia si trovava ormai tra l'incudine e il martello. Barcollava come un pugile suonato o come un ubriaco alla ricerca di un lampione. Se nell'estrema Siberia le Forze Armate zariste non risposero all'attacco giapponese nel migliore dei modi, anche sul loro fronte occidentale esse sembravano in estenuante affanno. Talmente malconce erano le divisioni zariste, che persino gli austro-ungarici ripresero fiato e offrirono nuova vitalità combattiva alla causa dell'Alleanza. L'«orientalista» Beneš, nell'intento di affermare con energia le nazionalità boema e morava all'interno del rinnovato esercito imperial-regio, pianificò un'impresa epica e dall'ardita efficacia strategica. Il 1° marzo costituì una Legione czeco-slovacca, a capo della quale era il colonnello Milan Rastislav Štefánik, da inviare via mare sulla costa orientale del Mar Nero. Essa partì dal porto romeno di Costanza il 16 marzo per approdare a Batumi tre giorni dopo. In quella regione il contingente ebbe la meglio su una serie di presidi inefficaci e instabili, specchio della discontinuità presente presso l'Alto comando zarista.

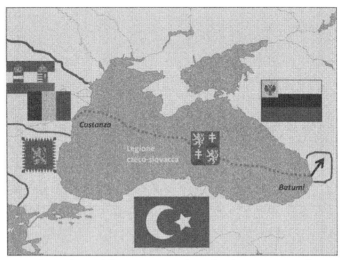

*La situazione del Mar Nero, dopo lo sbarco czeco-slo-vacco a Batumi*

Apertosi anche questo fronte, ormai la Russia si trovava allo stesso tempo a dover tenere testa a tre ondate separate e distinte nei suoi sterminati possedimenti: in Galizia-Moldavia, nel Caucaso e nell'estrema Siberia. Erano dai tempi della guerra di Crimea di metà Ottocento, che il Mar Nero non era così abbondante e denso di nemici dello Zar.

L'azione czeco-slovacca alla fine venne coronata da successo con l'occupazione dell'entroterra intorno alla città georgiana. L'Impero asburgico si avvantaggerà proprio di questa conquista, una volta terminata la guerra, anche per collegare alla Madrepatria il miraggio dei possedimenti dell'Impero indiano, promessi come compensi bellici dalle altre socie della Triplice Alleanza.

Tuttavia, in quei frangenti nell'economia della guerra l'occupazione caucasica rimase un virtuosismo non determinante sul piano prettamente strategico, anche se impensierì ancora di più Pietrogrado, tanto da accelerare il crollo delle istituzioni zariste, già in agonia sotto i colpi dittatoriali di Rasputin.

In una fitta nebbia di *rumors*, proclami, annunci e smentite, tutto si sbloccò quando il 21 marzo 1916 i golpisti del nazionalista e filofrancese Guchkov portarono a termine il loro sanguinoso obiettivo, dietro cui la Loggia massonica locale fu parte essenziale. Complice una compagnia di ussari, comandata dal capitano Michail Nikolaevič Tuchačevskij, i ribelli s'impadronirono del potere politico e militare, proclamando la Repubblica russa, definendola nazionalista, laica e soprattutto democratica. Nicola II riuscì a fuggire e a riparare in esilio a Copenaghen, la Patria di sua madre Maria Sofia,[25] dove da quel momento fu l'ombra di se stesso.

Come aveva sentenziato il sommo drammaturgo inglese: «c'è del marcio in Danimarca». Lo Zar russo, ormai bandito dal suo Paese, aggiunse un tocco di no-

[25] Maria Sofia Federica Dagmar, oltre ad essere sposa del precedente Zar Alessandro III, era tra l'altro anche sorella minore di Alessandra, regina consorte di Giorgio V d'Inghilterra.

stalgia disincantata a una situazione precaria del piccolo e debole Stato neutrale scandinavo, nel bel mezzo di una feroce guerra europea. Il re locale Cristiano X non risentì dei flebili incitamenti reazionari russi, rivolti a far entrare anche l'esercito danese in guerra contro la Germania, per ridare credibilità alle istituzioni zariste in esilio.

Nella vanagloriosa speranza che prima o poi le teste coronate potessero tornare ai loro rispettivi domini, insieme ai Borbone di Francia e Napoli, Nicola fece vita da esiliato eccellente in una campana di vetro, senza ottenere nessuna considerazione dalla corte danese che lo ospitava di malavoglia. Peggiore sorte toccò a Rasputin che venne prima appeso per i piedi a un albero e poi oggetto di fucilazione presso la cattedrale di San Pietro e Paolo, nella fortezza omonima della capitale russa, dove si era nascosto. Tutti i membri della famiglia reale vennero infine rinchiusi in una prigione a venti chilometro dalla capitale e fatti morire di fame.

*La nuova bandiera della Repubblica laica e democratica*
*di Russia*

Nel completo annullamento del recente passato russo, tutto venne rivoluzionato. La nuova bandiera era su campo verde con al centro la scritta «Россия» (Russia) di colore giallo, soprastante a due spade incrociate. Tutte le precedenti decorazioni zariste vennero abolite e da quel momento in poi ogni azione di valore militare venne riconosciuta con l'assegnazione della "Croce di Aleksandr Nevskij", suddivisa in otto classi di merito. La capitale venne spostata a Mosca e la vecchia Pietrogrado cambiò nome in Alessandrogrado in onore dello stesso eroe della battaglia del Lago ghiacciato Peipus, avvenuta nel 1242 contro i cavalieri teutonici. La più grande sventura del governo dello Zar era

348

stata la sua sottomissione a generali convinti dell'intrinseca virtù di combattere per il semplice gusto di farlo. Ora la guerra diveniva patriottica, sciolta da qualsiasi ideologia. Si combatteva per la sopravvivenza!

Nel radicale riassetto delle istituzioni, Guchokov stesso venne nominato capo dello Stato repubblicano, che era pure al vertice del potere esecutivo. Nel nuovo gabinetto trovavano spazio tutti uomini nuovi, così da imporre quella ventata di freschezza necessaria all'ammodernamento radicale del Paese. Ministro degli Affari Esteri divenne Lev Davidovič Trockij, della Guerra Aleksandr Fëdorovič Kerenskij, capo di Stato Maggiore il generale kazako Lavr Georgievič Kornilov, che aveva ben figurato nella battaglia del Caucaso contro la Legione czeco-slovacca sbarcata a Batumi.

*Il nuovo ministro Aleksandr Fëdorovič Kerenskij*

Il nuovo governo istauratosi a Mosca ribadì il perdurante stato di guerra del Paese, ma recuperando tutti i legami politici e diplomatici con gli anglo-francesi. L'evento fu di importanza fondamentale nello scenario della guerra. La Russia non solo mantenne inalterato l'impegno militare contro l'Austria-Ungheria, ma prefigurò la creazione di una "Grande Intesa", anche attraverso aggiuntive trattative incrociate con i governi di Costantinopoli, di Parigi e di Londra. Come la storia ebbe modo di confermare, la Russia aveva dimostrato più volte di essere il Paese delle miracolose resurrezioni e degli inaspettati colpi di teatro, degni della migliore tradizione di Aleksandr Puškin e di Anton Čechov.

Ogni possibile incomprensione con i francesi e i turchi sembrava svaporata nel volgere di una notte. Pareva – dopo un secolo di vecchiume mistico e bigotto di Sante Alleanze «in nome di Cristo Gesù» – davvero il nuovo corso modernizzatore della Russia, riscopertasi nazionalista e coloniale, ma nel senso profano e occidentale del termine. Come ai tempi della zarina Caterina centocinquanta anni prima, ma in un rigido regime repubblicano e con ambizioni democratiche, il punto di riferimento tornava ad essere l'illuminista Parigi. La *Ville Lumiére* poteva rischiarare così il fosco e medioevale territorio che si sviluppava dal Baltico alla Siberia. In una rivisitazione in salsa cosacca della presa della Bastiglia, la popolana Larissa Antipova (detta "Lara") diveniva insieme il simbolo della "Marianna", della "Ragione" e del nuovo corso laico russo.

Anche verso il vicino Stato musulmano del Sultano, i cui confini settentrionali erano stati negli ultimi due secoli il cruccio di ogni Zar, non vi erano più sentimenti di odio o rivendicazioni territoriali. Venivano confermate le cessioni caucasiche dell'anno prima, cercando lo sbocco naturale al mare a spese di Austria-Ungheria e della Germania. Di conseguenza il Mar Nero per i russi sarebbe divenuto un laghetto chiuso a uso e consumo dei villeggianti e delle esercitazioni.

Il legame formale e concreto di una nuova alleanza tra i tre precedenti aderenti alla Triplice Intesa e la Sublime Porta avvenne quindi il 7 maggio 1916. La firma fu raggiunta a Cipro tra il ministro ottomano degli Affari Esteri e i delegati dei governi inglese, francese e zarista. Questi, rispettivamente Marc Sykes, François Georges Picot, e Alexander Izvolsky fissarono le rispettive aree d'influenza in campo militare, nonché una strategia comune per completare l'accerchiamento della Quadruplice Alleanza. Una volta riorganizzato lo Stato in senso democratico e nazionale, il proposito di Mosca era: procedere entro la fine dell'anno alla dichiarazione di guerra alla Germania. Si avrebbe avuto quindi il beneficio delle rinnovate relazioni amichevoli con Parigi e Londra, la cui assenza negli ultimi mesi aveva minato la solidità del fronte orientale europeo. La Russia accettava poi le decisioni spartitorie prese nell'accordo anglo-francese di Rouen del 1914, ottenendo però in cambio l'assenso a impossessarsi dell'intero bacino del Danubio, della Prussia e la promessa che le sue protette Serbia e Bulgaria avrebbero ottenuto ampi sbocchi sull'Adriatico e sull'Egeo.

All'incontro mancavano i delegati serbo e bulgaro, perché i rispettivi Paesi erano in profondo stallo politico-militare, anche se essendo le clausole approvate nel loro stesso interesse, i rispettivi Governi non avrebbero avuto a posteriori nulla a recriminare verso la svolta repubblicana della politica estera russa. Per la sopraggiunta avanzata ungherese oltre il Danubio, la Serbia non esisteva più come Stato indipendente e sovrano, mentre la Bulgaria, colpita da sud-ovest dai greci, subiva le ripetute incursioni nemiche, tanto da temere il cedimento dell'intero fronte e l'inesorabile assedio della sua stessa capitale. La priorità per Belgrado e per Sofia in quei drammatici mesi rimaneva sopravvivere. Sognare ampie concessioni territoriali, rimaneva appunto un sogno lontano.

La primavera del 1916 si apriva quindi con il concentramento militare dei vari Paesi su tutta la fascia, che partiva dal Mar Baltico e arrivava agli Stretti ottomani. La generale politica orientalista teneva in sospeso per il momento il fronte occidentale, fino ad allora avaro di risultati determinanti. Nonostante questo spostamento strategico, la Germania e l'Italia continuavano ad essere le registe dell'intera impalcatura bellica, mentre le loro alleate, anche se direttamente protagoniste dello sforzo militare, si scambiavano i ruoli di comprimarie o di comparse nei vari e nuovi scacchieri.

Lo scenario balcanico appariva molto frastagliato e solo in parte coerente con le ultime scaramucce, avvenute nella penisola nel precedente triennio. Da una parte al fianco degli Imperi centrali si aveva quindi nell'ordine la Romania e la Grecia, con un intervento poi indiretto dell'Italia, che aveva occupato l'Albania e di fatto assorbito la politica estera del Montenegro. Dall'altra parte, la situazione per gli slavo-ottomani non era delle migliori. Ormai spazzata via la Serbia, la nuova Russia repubblicana tentava di sorreggere le altre due alleate rivierasche. La Bulgaria era stretta militarmente dalla nuova vitalità incrociata di greci, romeni e austro-ungheresi. L'Impero ottomano viveva infine giorni incerti, in perenne ricerca di uno scenario confacente al suo sogno di sopravvivenza. Le pressioni interne dei comunisti, oltre che quelle degli arabi e degli armeni ai propri confini, rendevano l'equilibrio istituzionale quando mai precario.

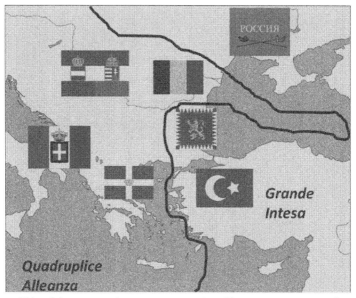

*Gli schieramenti contrapposti nell'Europa orientale*

Ma torniamo all'inizio dell'anno 1916 sull'altro versante caldo della guerra, quello sul Giura. Qui abbiamo lasciato la zona di combattimento più sfortunata tra quelle impegnate dalla vecchia Triplice Alleanza, divenuta ormai Quadruplice. Dopo l'avvenuto disimpegno austro-ungarico in Svizzera, la Francia aveva dilagato in territorio elvetico, facendo forza sulla convinzione che quella fosse la mossa migliore per rompere la solidità dello schieramento avversario. L'avanzata francese, nonostante il sopraggiungere di rinforzi italo-tedeschi volti a frenarla, creò un crollo completo del fronte, portando non solo alla parziale invasione francese della Svizzera nord-occidentale, ma anche a un

355

drammatico assedio della città di Ginevra. La popolazione urbana non voleva i profughi delle zone periferiche, soprattutto per la sporcizia e le cattive abitudini, di cui dicevano erano latori i contadini. La città sul Lago Lemano prima della guerra era molto raffinata e snob. Le privazioni belliche cambieranno la cittadinanza, che saprà cambiare radicalmente il suo atteggiamento e la propria mentalità. Vedremo di seguito alcuni aspetti dell'accerchiamento del capoluogo della Svizzera francofona.

La parziale invasione dei cantoni occidentali della Confederazione divenne un ottimo viatico per la politica di Parigi. Tuttavia, il profilato attacco profondo delle Armate di Zimmer non ebbe tutto l'esito sperato, proprio perché dalla tragedia militare nacque il riscatto elvetico-romanzo. Erano cadute Neuchâtel, Biel, Frigurgo e Losanna, ma la città di Jean-Jacques Rousseau e di Jean Calvin ancora reggeva tra mille privazioni e sacrifici umani e materiali. La situazione si rivelò drammatica, trovandosi la città sul lago omonimo completamente circondata e senza possibilità di trovare una valvola di sfogo alle sue necessità quotidiane. I pochi rifornimenti alla spicciolata potevano pervenire dall'Italia, dopo il passaggio delle somme vette intorno al Monte Bianco, soltanto attraverso barconi, che superavano il lago da Montreaux. Quando però il bacino si ghiacciò, vennero tentati approvvigionamenti sul piano ormai solido dello specchio d'acqua, ma non sempre ciò fu di facile attuazione a causa delle ripetute scariche d'artiglieria francese, volte in queste circostanze a rinforzare l'assedio. Va da sé che la popolazione civile ginevrina si trovò in pochi giorni a sopportare sofferenze e rinunce inaudite. In poche settimane migliaia di persone, soprattutto bambini e anziani, si ammalarono di scorbuto, per mancanza di vitamine. Casi di cannibalismo, dopo l'estremo ingerimento di ogni alimentazione succedanea, divennero all'ordine del giorno, pur di resistere all'assedio, che iniziò nella sua forma completa già il 7 gennaio 1916 in condizioni atmosferiche a dir poco proibitive. I più deboli adesso potevano essere uccisi non per i loro miseri, inutili oggetti, ma per la loro stessa carne, cibo sopraffino per chi aveva nel frattempo consumato anche i lacci e le suole delle scarpe, il sapone e la paglia delle sedie.

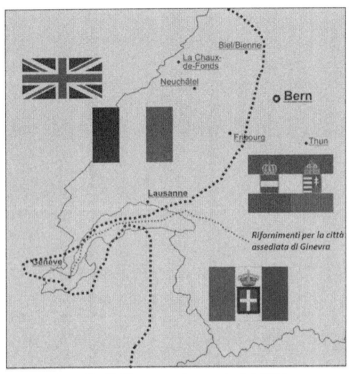

*L'assedio di Ginevra nel gennaio del 1916*

Questo stato di cose, risaputo negli altri cantoni, accrebbe uno spirito di rivalsa e di reazione contro i francesi. L'orgoglio era tale che a partire da un proclama dello stesso sindaco di Ginevra, François Taponnier, si venne a formare una milizia nazionale volontaria, indipendente dall'autorità militare di Berna, forte di 30.000 uomini in armi, comandata da principio dal generale elvetico Théodore Sprecher von Bernegg. La popolazione locale, vistasi invasa con accesa brutalità, decise di arroccarsi borgo per borgo, casa per casa in una sorta di difesa ad oltranza, pur di allontanare ogni pretesa straniera di occupare i cantoni occidentali del Paese. In questo modo si sarebbe rotto pure l'assedio del suo capoluogo Ginevra, sul quale giorno dopo giorno pioveva il fuoco incessante dell'artiglieria dell'Intesa. Tutti i cittadini, che avevano risposto all'appello, si dimostrarono pronti a reagire contro l'avanzata francese e quindi a collaborazione con Roma e Berlino nella lotta contro Parigi.

In buona sostanza, se gli svizzeri tedeschi da principio erano i fieri paladini di una collaborazione difensiva con la Triplice Alleanza, nel momento di crisi la situazione aveva avuto un rovescio. Furono gli svizzeri romanzi i più bellicosi della Confederazione. Essi cercavano un legame ancora più forte con l'Italia e con il *Reich*, tanto da reclamare un'alleanza vera e propria e creare un autentico «*Graben*» o «fossato» tra le due componenti linguistiche elvetiche. Il governo legittimo di Berna sembrava inebetito di fronte alla scalata che Taponnier stava sviluppando nel sentimento nazionale del Paese. Quando, in poche settimane, la milizia arrivò a 100.000 soldati volontari, su indicazione delle diplomazie tedesca e italiana, l'esercito romanzo venne suddiviso in due Armate, una al comando dello stesso Bernegg dislocata a sud, l'altra comandata dal generale Ulrich Wille, marito della contessa Clara Gräfin von Bismarck e per questo raccomandato da Guglielmo II in persona.

In questa operazione politico-militare non furono neppure assenti gli alti comandi militari tedeschi e italiani. Questi, nel tentativo di rafforzare le loro difese, già seriamente provate nei pressi di Friburgo, tentarono l'ultima carta del patriottismo elvetico in chiave antifrancese, vincente all'epoca di Napoleone, pur di riequilibrare la situazione in Svizzera, allora ventre molle del fronte occidentale.

Nel giro di tre mesi, la situazione quindi si andò schiudendo a favore della Quadruplice Alleanza, con l'aggiunta però di un nuovo soggetto belligerante: la Milizia nazionale svizzera. Questa, sciolta da ogni possibile legame con il governo di Berna, trovava il suo unico riconoscimento nell'autorità municipale ginevrina, che più di ogni altra aveva patito le sofferenze della guerra. Venne quindi costituito un Comitato provvisorio, in cui il sindaco Taponnier fungeva da presidente, il generale Wille quello di segretario della Difesa e il futuro borgomastro di Ginevra Hugues Oltramare, quello di segretario degli Affari Esteri.

Ecco, quindi, un altro ennesimo e incredibile risvolto di questa strana guerra. Il repentino abbandono del fronte occidentale dell'esercito degli Asburgo aveva *obtorto collo* inserito attivamente nella politica di Roma e Berlino anche la Svizzera. Tuttavia, non nella sua forma statale ed ufficiale, quanto piuttosto sotto forma di movimento alternativo macroregionale e con velati motivi separatisti rispetto alla Confederazione. In effetti in quest'ultima sin dal 1830 si erano formati gruppi antagonisti al Governo centrale, ma erano sempre rimasti in un'alea di minoranza. L'invasione francese invece, abbinata alla necessità di far pagare alle istituzioni di Berna la decisione e la responsabilità di aver partecipato in veste ufficiosa al conflitto nel 1915, accrebbe l'odio contro il Governo costituzionale.

Per Roma e Berlino questa situazione sembrava per certi aspetti compromettente, essendo esse le diaboliche sirene che avevano indotto la Svizzera a entrare nel conflitto europeo. Pur tuttavia ne seppero trovare il loro tornaconto personale. Ogni guerra sfugge al controllo dei suoi protagonisti e produce spesso risultati inattesi, ma non per questo sempre funesti. Come sanno bene i pokeristi, spesso è possibile avvantaggiarsi della mossa sbagliata al momento giusto. In tale caos istituzionale la Consulta e *Wilhelmstraße* denunciarono persino il precedente trattato di Locarno, che in quei frangenti avrebbe obbligato italiani e tedeschi a difendere il Governo legittimo, ormai inviso all'unica formazione militare, che invece poteva aiutare la Quadruplice Alleanza nella lotta contro i francesi.

Decise quindi a ottenere il più possibile con il minimo sforzo, le diplomazie italiana e tedesca siglarono un nuovo accordo per il futuro dello Stato alpino. Intendendosi questa volta con i ribelli dei cantoni occidentali, lasciavano al loro drammatico destino le istituzioni confederali. Offrivano i loro servigi all'organizzazione e al rifornimento dell'Esercito chiamato ormai "ginevrino" nel sopraffare il governo di Berna. Al contempo prestando ogni sforzo e azione necessaria a scacciare i francesi dai territori nazionali, i tedeschi e gli italiani stilavano un patto alternativo a quello di Locarno. Grazie a questo voltafaccia diplomatica avrebbero avuto un alleato in più a Occidente e ottenuto anche qualcosa, perché l'Austria-Ungheria non si era rivelata all'altezza dei suoi impegni contro Parigi.

L'accordo, firmato questa volta a Costanza, sul lago omonimo, il 25 marzo 1916, fissava che a guerra finita, la nuova "Repubblica di Ginevra" avrebbe beneficiato di tutti i compensi già promessi a Berna, con l'aggiunta del Madagascar e di Gibilterra. L'isola africana, già assegnata a Vienna, diveniva merce di scambio per la nuova *Mirandolina* elvetica, che da semplice comparsa aveva scalzato la protagonista austriaca, per prenderne il posto sul palcoscenico occidentale.

Anche Roma e Berlino avrebbero lucrato sull'accordo, prendendo cinicamente per il collo Berna. In questo gioco delle parti, a fronte appunto dell'impegno a liquidare ogni autorità confederale elvetica, l'Italia avrebbe ottenuto il Ticino e i Grigioni, mentre la Germania si sarebbe avvantaggiata dei cantoni nordorientali della vecchia Svizzera di lingua tedesca. I nuovi confini alpini si venivano a delimitare in questo modo: un ideale segmento obliquo da Basilea scendeva fino al San Gottardo e alle sorgenti del Reno, che quindi nel suo primo tratto sarebbe divenuto il confine tra Germania e Italia. La "nuova" Svizzera veniva spostata di circa duecento chilometri ad Occidente. Per questo motivo prese l'appellativo di «armadio d'Europa».

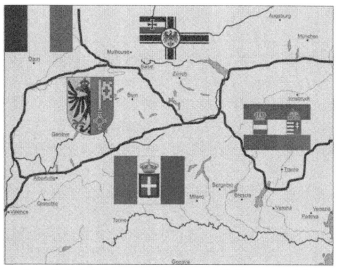

*I confini alpini secondo il trattato di Costanza del marzo 1916*

Concluso l'accordo, distruggere quel che rimaneva del precedente Stato centrale elvetico fu cosa da poco. Il 5° reggimento alpini del colonnello Pietro Badoglio e il 3° reggimento *Alpenkorps* del colonnello Gerd von Rundstedt arrivarono a Berna il 30 marzo e arrestarono tutti i componenti del Governo, per trasferirli parte nel carcere di Peschiera e parte in quello di Spandau a Berlino. Tutti i rappresentanti politici rinchiusi e sopravvissuti sarebbero stati graziati e liberati solo nel 1930 a fronte di un indulto papale plenario, voluto dal futuro pontefice Clemente XIV, al secolo il ticinese Stefano Aurelio Bacciarini. Nel frattempo, il 27 marzo veniva proclamata ufficialmente la Repubblica a Ginevra, orgoglio del riscatto alpino contro ogni sopraffazione.

La reazione internazionale non trovò nulla a ridire, visti gli incessanti eccidi e crimini contro la pace perpetrati in ambedue gli schieramenti. Erano stati gli italiani e i tedeschi a fomentare la causa di Berna nel novembre del 1915 quando Zimmer minacciava i suoi confini. Ora Roma e Berlino si sbarazzavano senza scrupoli del Governo federale elvetico. In un'epoca in cui solo gli Stati Uniti d'America, tra i grandi Paesi nel pianeta, erano ancora in una condizione non belligerante, la morale politica, il senso del diritto delle genti e delle Nazioni erano ormai stati sostituiti dalla necessità di arrivare presto alla vittoria militare e alla pace politica. Ciò voleva dire soppressione incondizionata dei propri nemici con ogni mezzo e ad ogni costo. Il *leader* turco-proletario Mustafa Kemal, che intravide nel gesto d'indipendenza un segno del socialismo operante, già intenzionato a ritirarsi dalla guerra borghese, inviò un suo delegato per complimentarsi con Taponnier. Nonostante il viaggio acrobatico, attraverso numerose linee di combattimento, tale azione dimostrò cosa non si faceva per l'ideologia comunista! Sperava che fosse l'anticamera della rivoluzione anticapitalista anche tra le Alpi. Dimenticava il tapino che tra le valli dell'Emmental si contavano più cassette di sicurezza che sfruttati proletari.

Nel frattempo, dopo mesi di grave incertezza, Germania e Italia sembravano aver recuperato quel tanto di stabilità nei vari schieramenti. Avevano fornito avversari sufficienti agli slavi, nemici degli Asburgo, tanto da permettere all'Austria-Ungheria di organizzare una difesa adeguata. Avevano poi contribuito a rendere bellicoso un simulacro di Svizzera, necessario a mantenere alta l'allerta francese oltre il Giura. Pur tuttavia le pendenze con Vienna e Budapest erano ancora in alto mare, proprio perché in fondo Berlino e Roma si sentivano politicamente e militarmente creditrici dell'Impero danubiano. Visti gli eventi, erano desiderose di ricevere un'ulteriore contropartita, a fronte dei compensi territoriali accordati alla Duplice Monarchia in quel di Trento del 26 aprile 1915. Non erano intenzionate a perdonare il disimpegno compiuto da Francesco Giuseppe, senza ottenere qualcos'altro in cambio. Il temporaneo tradimento andava pagato con denaro sonante o in alternativa con migliaia di ettari di territorio. Era ormai chiaro a tutti – fuorché al presidente americano Wilson – che sempre di più il lucro e non l'amicizia spingevano i popoli a combattere. L'esercito imperial-regio non aveva per nulla o poco contribuito alla guerra originaria contro gli anglo-francesi. Pertanto, gli Asburgo non avrebbero potuto cavarsela così a buon mercato, sperando poi di ottenerne i vantaggi promessi nel trattato stipulato presso il Castello del Buon Consiglio.

Il Governo italiano era molto sensibile ai rapporti con l'Austria-Ungheria. Nonostante esponenti come Tittoni erano stati gli artefici – tra la fine del 1914 e il principio dell'anno seguente – dell'intervento di Vienna in guerra e lo stesso Vittorio Emanuele III si era rivelata la mosca cocchiera delle aspirazioni di Francesco Giuseppe, alcuni circoli nazionali di Roma guardavano con sospetto l'Impero asburgico. Ragioni patriottiche legate ai trascorsi del Risorgimento o motivazioni di carattere politico-militare stavano alla base del desiderio di pretendere dalla Corte asburgica, trasferitasi ora a Budapest, una lauta ricompensa in cambio di tutto l'aiuto diplomatico offerto in quei mesi di guerra. La garanzia sull'India andava riconquistata, per altro con la cenere in testa, come andando a Canossa. Nel 1076 l'imperatore Enrico IV aveva fatto un penitente pellegrinaggio, prima di essere perdonato dal Pontefice e farsi togliere la scomunica. Ora il suo discendente

Francesco Ferdinando doveva fare lo stesso con il *Kaiser* e il Re d'Italia.

In questa intrigata circostanza intervenne anche il Papa a placare le acque delle due sponde dell'Adriatico. Abbiamo visto come l'ascesa di Hartmann al soglio di Pietro fosse stata causa ed effetto dell'impegno di coinvolgere anche gli Asburgo nel conflitto europeo. Ora grazie all'ascendente che il Pontefice e il suo segretario di Stato Frühwirth avevano nell'animo pio di Francesco Ferdinando, la Santa Sede si inserì come intermediaria tra i *desiderata* italiani (accomunati in parte a quelli tedeschi) e il governo di Tisza.

La Curia romana si interessò alla faccenda, perché convinta che solo una ricucitura su tutta la linea delle due facce dell'antica Triplice Alleanza, avrebbe favorito gli interessi della Chiesa. In effetti, ora che la guerra coinvolgeva in una comune coalizione nemica gli anglicani inglesi, gli anticlericali francesi, gli islamici ottomani e gli ortodossi russi, quale migliore aggregazione ad essi avversa poteva unire i cattolici italiani, irlandesi, belgi, austriaci, ungheresi, sloveni, croati, slovacchi, tedeschi e polacchi? La guerra non era stata forse scatenata per l'azione di un movimento che si chiamava *Katholischen Welt* e la vittima sacrificale del *casus belli* era stato l'erede al soglio anglicano, prossimo antagonista del Papa in sede di obbedienza per i cristiani britannici? I conti tornavano e nessun ragioniere, neppure francese o russo, poteva dire il contrario.

L'occasione era più unica che rara. Per questo la Santa Sede si sentì paladina nel seguire questo sogno di fondere in un'unica crociata l'Impero e il Papato contro i numerosi nemici del Cattolicesimo romano. Tale scenario dal sapore medioevale a molti faceva venire i brividi, primo tra tutti a Vittorio Emanuele III. Il Re d'Italia temeva che il riconoscimento internazionale del Pontefice, come artefice aggregante dell'Alleanza, avrebbe messo nell'ombra le istituzioni civili italiane, tanto da trovarsi nell'imbarazzante situazione di creare *de facto* e in modo trasversale uno Stato neoguelfo nel Paese. Tanto si era fatto per allontanare i cardinali italiani dal soglio di Pietro. Ora Casa Savoia non poteva divenire succube di un vescovo di Roma straniero. Sarebbe stato il colmo, inaccettabile per qualsiasi regnante contemporaneo, anche tra quelli più aperti e progressisti.

Nonostante questi timori, esposti in modo ben evidente dal Quirinale, secondo Tittoni l'occasione era comunque propizia. A suo giudizio l'importante era convincere i rappresentanti austro-ungarici a sedersi di nuovo intorno a un tavolo con le delegazioni diplomatiche italiane e tedesche e metterli spalle al muro nell'accettare le nuove condizioni di Roma e Berlino. Equivaleva a invitare a una messa cantata Francesco Ferdinando, per farlo poi trovare nel bel mezzo di una seduta spiritica. Il Papa, consapevole o no dell'inganno, per il momento non avrebbe ricevuto nulla di più di quello già stabilito durante le conversazioni del 29 febbraio 1915 ovvero i diritti ecclesiali in Francia. Sul lato politico, il Governo di Roma si sentiva sicuro di non rischiare nulla. Nessun cambiamento di rotta, dunque, nei rapporti tra Stato e Chiesa. L'opinione pubblica italiana era stata imbevuta sin dal 1870 di una cultura secolare ben radicata. L'assenza dei cattolici militanti dalla scena politica della Nazione aveva offerto alla componente laica del Paese di sedimentare gli anticorpi necessari a un possibile ritorno di fiamma di ambizioni papaline sulla politica italiana. Non c'erano rischi di trovare dentro Montecitorio gli effetti di possibili bolle papali o scomuniche antimassoniche. I socialisti, che appoggiavano il Governo, potevano continuare a dormire sonni tranquilli, in assenza di un partito cattolico di massa, che potesse dare concorrenza al suo sogno messianico di lungo periodo.

La speranza di ottenere in via definitiva Trento, Gorizia, Trieste, Pola, Zara, Spalato e Ragusa valeva il rischio di trovarsi un Papato più influente nel contesto internazionale, ma non per questo più forte in casa. Non a caso la lotta contro il rigido marchigiano Pio IX era stata vinta, nonostante le sue peculiari influenze presso i Borbone di Napoli e il Secondo Impero francese. Quale ulteriore pericolo avrebbe creato offrire importanza a un Papa renano nel corteggiamento dell'Imperatore d'Asburgo nel bel mezzo di una guerra mon-

diale dove si giocava la sorte dell'italianità del Nizzardo, della Corsica, di Malta, delle Venezie Giulia e
Tridentina?

Queste incognite perdurarono ancora per mesi,
fino a quando gli ambasciatori Guglielmo Imperiali[26] e
Friedrich von Pourtalès[27] riuscirono a forzare il ministro Beneš. Lo convinsero che il nuovo corso verso il
Mar Nero avrebbe offerto all'Impero danubiano più
opportunità e vantaggi strategici, rispetto all'aspro scenario alpino o adriatico, pervaso dai nazionalismi italiano e germanico. Senza quindi impegnarsi troppo nei
disegni politico-religiosi di Frühwirth, la Consulta e
*Wilhelmstraße* erano riuscite in modo autonomo nello
scopo prefissato. Beneš aveva convenuto che rinunciare ai «piccoli tedeschi», ai trentini, ai giuliani e ai dalmati non era poi un così grande sacrificio, se parago-
nato al prefigurato predominio a spese di russi e turchi.

L'Impero asburgico si impegnava a votarsi sempre
di più verso Oriente per volontà di Francesco Ferdinando. Ecco, quindi, che il 27 agosto 1916 presso il Castello di Miramare di Trieste, nonostante in via formale
l'alleanza fosse sempre rimasta in piedi, si addivenne a
un nuovo accordo tra l'Austria-Ungheria, e le sue due
principali cobelligeranti: Germania e Italia. In effetti

---

[26] Trasferito in Ungheria da Londra dopo lo strappo diplomatico con la Gran Bretagna.
[27] Trasferito in Ungheria da Pietrogrado in prospettiva della
rottura che ci sarebbe stata tra Russia e Germania.

queste ultime avevano ricevuto un brutto scherzo da Vienna, trovandosi nel bel mezzo di una crisi militare in Svizzera, dalla quale comunque erano riuscite a trovarvi anche un cospicuo guadagno, appoggiando l'ambizioso secessionismo ginevrino. Tuttavia, per un gioco machiavellico e perverso, si trovarono ora nel personalissimo interesse di venire ancora a patti per un astuto *do ut des* con la sfortunata alleata danubiana. I destini di quest'ultima, del resto, erano inevitabilmente segnati dalla volontà del precedente sovrano Francesco Giuseppe di divenire Imperatore dell'India.

L'occasione fu salutata con notevole entusiasmo dalla popolazione locale giuliana, saputo che l'incontro avrebbe sancito, da lì alla vittoria, la cessione della città di San Giusto al Regno d'Italia. Il ministro Tittoni, arrivato per nave dal porto di Ancora, venne accolto con urla di gioia. L'irredentista moderato Scipio Slataper gli volle stringere la mano una volta sbarcato sul molo. Non potendo esprimersi ancora in modo troppo palese, visto che la gendarmeria austriaca ancora vigilava sui punibili sentimenti filoitaliani, molte donzelle triestine indossarono per l'occasione vestiti tricolori. Le più acculturate pronunciarono versi di Dante in latino. Un anziano ottantenne di Capodistria con sapore nostalgico esternò il suo apprezzamento con un anacronistico «Viva V.E.R.D.I.!»[28]

A Trieste, durante le conversazioni diplomatiche, i rappresentanti dei vari esecutivi si espressero con massima franchezza con Beneš, come a testimoniare l'accettazione della linea politica trasparente voluta da Francesco Ferdinando in sede di trattativa. Roma e Berlino proposero al governo di Tisza, trasferitosi anche materialmente a Budapest, la possibilità di rendersi disponibili a impegnarsi in prima persona contro la Russia. La Germania in via diretta dal confine comune in terra polacca, mentre l'Italia tentando un'impresa epica, che aveva sfiorato nel 1912: il forzamento dei Dardanelli. A livello sociale bloccare i traffici del Mar Nero avrebbe ridicolizzato il Governo ottomano di fronte al proprio popolo inquieto, oltre che ridotto le poche linee invernali ancora a disposizione dei russi. Un'operazione di tale portata, partendo dagli avamposti del Dodecaneso, avrebbe offerto l'occasione buona per far implodere moti e rivolte all'interno delle deboli società russa e turca. Per di più l'azione venne preparata in concomitanza con un ventilato attacco anfibio presso Gallipoli, a pochi chilometri dalla capitale Costantinopoli.

---

[28] Slogan di giubilo risorgimentale che, dietro alla lode al celebre musicista emiliano, nascondeva in realtà il ben più patriottico acronimo: «Viva Vittorio Emanuele Re D'Italia!»

Questa località non era stata scelta a caso, se era stata teatro di una simile azione turca nel marzo del 1352, che portò poi alla rapida decadenza bizantina in Tracia e sul Bosforo. L'operazione, voluta dall'orientalista Cadorna, in primo luogo avrebbe favorito il fianco a un più deciso colpo greco alla Bulgaria e alla Turchia europea. In un secondo momento, invece, avrebbe anche bloccato i traffici russi con il Mediterraneo e garantito a un Corpo di spedizione italiano di sopraggiungere sulla costa bessarabica. Il contingente avrebbe contribuito così a quel fronte che, con la progressiva usura delle truppe romene, rischiava di precipitare in un pericoloso riflusso. Ecco, quindi, che dando una spallata all'Impero ottomano, a domino si tagliavano pure gli approvvigionamenti all'esercito e al popolo russo.

Ovviamente l'Austria-Ungheria avrebbe dovuto offrire qualcosa in cambio. Intanto si vollero congelare i compensi pattuiti in precedenza, tra i quali per esempio il Madagascar, che era già stato attribuito in forma alternativa alla Repubblica di Ginevra. Secondo il documento del trattato proposto a Trieste l'India sarebbe stata di nuovo accordata, se allo scadere dell'anno 1916 l'Austria-Ungheria avesse impegnato gli anglo-francesi almeno in uno scacchiere. L'Impero indiano era di sovranità britannica: potevano quindi gli Asburgo pretendere un territorio di un Paese contro il quale non avevano neppure combattuto? A onore del vero, dietro tanto sofismo diplomatico c'era un ragionamento inattaccabile, a cui Beneš doveva rassegnarsi.

Oltre a ciò, la Germania otteneva per sé, come cessione, il territorio dei Sudeti al confine boemo e tutta l'Austria occidentale: Vorarlberg (Bregenz), Tirolo storico settentrionale (Innsbruck), centrale (Bozen/Bolzano) e orientale (Lienz). L'Italia invece avrebbe ottenuto il Tirolo storico meridionale (Trento) o Trentino, la Venezia Giulia con l'Istria, la Carniola, tutte le isole e la costa dalmata delimitata dalle Alpi Dinariche. Facevano eccezione Fiume, che diveniva città libera per tutti i commerci, e, a meridione di essa, il piccolo spicchio di costa dell'Adriatico lungo cinquanta chilometri (quello che venne negli anni a seguire chiamato «Corridoio ungherese»), che sarebbe rimasto unico sfogo occidentale del futuro Impero confederale asburgico.

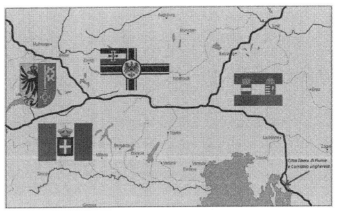

*I confini alpini secondo il trattato di Miramare*
*dell'agosto 1916*

Con questo nuovo assetto Roma e Berlino avrebbero consolidato il loro nuovo confine comune anche nel Tirolo, dopo averlo fissato a nord dei Grigioni. La nuova frontiera, che partiva dal Passo Resia, avrebbe seguito il corso del fiume Adige fino alla congiunzione con il fiume Isarco, poco a sud di Bolzano, e da lì in linea retta fino al Passo Pordoi. In questo modo località come Bolzano e Merano divenivano città di confine in territorio tedesco.

In questa logica, alla fine della guerra la Cisleitania perdeva gran parte del suo territorio, a tutto vantaggio della Germania e dell'Italia. Quel che rimaneva invece dei vecchi territori austriaci, unito alla Transleitania sarebbe andato a costituire una formazione statale. Il nuovo Impero di Francesco Ferdinando, dopo l'occupazione della Serbia, si stava spostando verso sud-est, con l'inevitabile futuro inglobamento della Romania e di tutti i territori strappati lungo il Mar Nero a russi, bulgari e ottomani. Secondo le opinioni di Budapest, dopo secoli di fratture e promiscuità, tutti i popoli balcanici avrebbero recuperato quel sentimento culturale unitario, che travalicava le differenze etniche, sociolinguistiche e religiose. Si sarebbe affermata così un'identità omogenea, ricchezza stessa della regione.

Se sotto la dominazione bizantina e turca vi era stata una notevole tolleranza e le diverse Nazioni avevano vissuto in concordia e in pace, nei propositi di Budapest la nuova Europa sudorientale nasceva sotto gli auspici del trattato di Miramare. Esso poteva rappresentare l'inizio di un'età dell'oro, incarnata dalla «pax asburgica» con l'obiettivo di mantenere in vita tutte le declinazioni, solo in apparenza diverse, della medesima cultura danubiana. Del resto, le spinte nazionali nate nell'Ottocento non rappresentavano affatto le realtà regionali preesistenti. Si erano prodotti innesti artificiali e confini arbitrari pericolosi, visto il tessuto spugnoso balcanico, creatosi dopo secoli di migrazioni e di ciclici movimenti. Rispetto al caos microcellulare all'orizzonte, l'unica alternativa sembrava essere un rinnovato Stato costituzionalmente multietnico. Non sarebbero esistiti più sentimenti antagonisti di boemi, magiari o ruteni, ma un unico senso comune, in cui la crisalide dell'idealismo asburgico diveniva farfalla svolazzante e policroma di coesione multietnica.

Come Bismarck aveva spinto Pietrogrado alla fine del XIX secolo verso gli Stretti pur di non trovarsi in una lotta cruenta sul Danubio,[29] ora l'ex Impero austro-ungarico era spinto verso il «vicolo cieco orientale» pur di far ottenere all'Italia il predominio nell'Adriatico e

---

[29] Come è stato accennato in precedenza, il trattato di Contro-assicurazione russo-tedesco del 1882 prevedeva la reciproca benevola neutralità, qualora la Russia fosse stata attaccata dall'Austria-Ungheria o nel caso la Francia avesse fatto lo stesso contro la Germania.

al *Reich* il pieno potere su tutti i popoli di lingua tedesca.

Francesco Ferdinando non sembrò da principio convinto di questo scambio – cedere terre ad Occidente in cambio di aiuti militari – ma la sua delicata posizione non offriva altre alternative. Il Sovrano asburgico rischiava di trovarsi con i cosacchi russi dentro casa e non era nella migliore condizione di poter trattare con gli offriva di cacciarli. Era meglio cedere unicamente la Cisleitania mantenendo un'alleanza o continuare la guerra da solo e perdere tutto il suo dominio? Imperiali e von Pourtalès avevano fatto capire a Francesco Ferdinando che la Grecia, in assenza di un aiuto massiccio italo-tedesco nell'Egeo, non avrebbe avuto scrupoli a firmare un armistizio con Costantinopoli e Sofia, perfino con il proposito di attaccare con esse da sud, quel che rimaneva della Serbia a spese della stessa Ungheria. Perché Roma e Berlino avrebbero dovuto impegnare contro l'Impero ottomano e la Bulgaria la flotta e le unità terrestri meglio utilizzabili contro la Francia, se non avessero trovato un vantaggio nel medio-lungo periodo nelle proprie aree di interesse, fino ad allora controllate da Vienna?

Messo quindi alle strette, il governo di Tisza accettò l'offerta degli italiani e dei tedeschi, tanto da firmare tutte le clausole contenute nell'accordo di Miramare. L'unica aggiunta che l'Imperatore volle inserire, per appagare il suo intimo e personale feticismo religioso, fu la cessione da parte della città di Monza della corona ferrea fatta realizzare da Teodolinda con un chiodo della croce di Cristo. L'Italia, pensando di essersela cavata a buon mercato, con cinismo accettò e l'affare fu presto definito. La municipalità brianzola sarebbe stata risarcita a fine guerra con la cessione di un sarcofago egizio, trafugato al museo di El Cairo dai militari italiani, impegnati nella campagna nordafricana verso Suez.

Concluso l'accordo diplomatico di Miramare, il vantaggio finale risultò indubbio anche per l'Impero. Lo scenario di poter beneficiare delle colonie indiane, confermate in caso di accettazione della proposta, era uno stimolo sufficiente anche a proseguire la guerra contro gli anglo-francesi. Il problema semmai era come adempiere a tale richiesta: aprire quel tanto agognato fronte entro la fine dell'anno 1916. Dove si potevano combattere le divisioni dell'Intesa, visto che ormai la Svizzera si era frantumata? Questo è un dettaglio che verrà analizzato in seguito.

Piuttosto, la domanda, che il lettore si potrebbe porre a questo punto della narrazione, dopo siffatto incredibile scenario di smembramento, è se sia convenuto o meno all'Austria-Ungheria d'impantanarsi in questa guerra difficile e pericolosa. Non sarebbe stato più prudente proseguire nella condizione di non belligeranza, in cui indugiava ancora nell'aprile del 1915?

La risposta è ipotetica, visto che la Storia non si fa con i se, ma vale la pena tentare un ragionamento. Bisogna innanzitutto valutare la situazione in cui essa si trovava alla vigilia dell'assassinio di Edoardo d'Inghilterra, per comprendere i costi e i benefici sui rispettivi piatti della bilancia. Sin dal 1848 Vienna era alla testa di un elefantiaco impero disarticolato e insofferente. Aveva al suo interno attivi movimenti di ribellione etnico-sociali e ai suoi confini le Nazioni limitrofe nutrivano quasi tutte motivi di rivalsa nei suoi confronti. In aggiunta a ciò, le ripetute sconfitte ad opera di prussiani e piemontesi, nonché le sempre più incisive richieste d'autonomia dei magiari e degli slavi regnicoli non aiutavano di certo la stabilità complessiva dello Stato. Il compromesso nazionale del 1867, che aveva dato parità istituzionale a Budapest nella nuova Duplice Monarchia, non aveva che rinviato la risoluzione dei problemi veri.

Partendo da questo non roseo scenario, l'idea megalomane di Francesco Giuseppe, alimentata da Vittorio Emanuele III, di imporsi alla fine della guerra al rango di impero coloniale, quando al suo interno si accusavano segni di cedimento, evidenziò ben poca avvedutezza nelle scelte della corte di Vienna. Quando però, anche a causa dei rovesci militari intercorsi all'improvvisa avanzata russa in Galizia, divenne sovrano l'equilibrato Francesco Ferdinando, fautore di una politica integrativa e paritaria tra i soggetti interessati a opporsi contro i nemici dell'Impero, l'aggregazione multietnica si andò cementando. Essa si basava su una lotta comune per la sopravvivenza solidale tra popoli, aderenti in queste drammatiche circostanza al medesimo sogno di un rinnovato soggetto politico. Il "Rubicone" varcato da Francesco Giuseppe alla lunga era divenuto una grande opportunità per il suo successore, non fosse altro perché solo da terra un uomo malconcio può trovare la forza di rialzarsi. Nel momento più buio e cupo, quando ormai i russi marciavano oltre i Carpazi, l'aquila asburgica come un'araba fenice poté riprendere vita dalle proprie ceneri in un rinnovato soggetto statale.

Con questi presupposti quindi, la costituenda entità, che trovava la sua naturale capitale a Budapest e che sarebbe stata di monarchia elettiva, non operò una scelta sbagliata, se pagando il prezzo di una netta rinuncia ad Occidente, offriva alla Germania e all'Italia quanto da loro reclamato. Allo stesso tempo, infatti, andava a costruire e a rafforzare, con la speranza di arrivare sugli Stretti prima dei greci, un solido bacino di sviluppo e progresso intorno al fiume Danubio, nel bacino del Mar Nero e in quel che avrebbe ottenuto dei possedimenti russi e inglesi in Asia centrale.

Con la convinzione che altre e innumerevoli ipotesi sarebbero potute uscire dal cilindro della politica interna ed estera dell'ormai ex Duplice Monarchia, quella addotta da Francesco Ferdinando sembrò a posteriori una scelta ragionata e ben indirizzata. Questo rimane valido anche a costo di rischiare un attentato nei suoi confronti da parte di qualche scellerato serbo, bulgaro o turco. Ma questa, parafrasando Rudyard Kipling è «un'altra storia».

In questi frangenti, comunque si volesse vedere il futuro dell'Impero danubiano, dopo il trattato di Miramare la politica navale austro-ungarica seppe contribuire con efficacia al blocco del Mar Mediterraneo contro le flotte inglese e francese. In luglio alcuni marinai dalmati parteciparono, insieme al sommergibile italiano *Giacinto Pullino* del tenente di vascello Nazario Sauro, a un fallito attacco alla flotta francese stanziata nel porto di Tolone. A partire poi dall'autunno del 1916 vi fu un deciso schieramento della Marina imperial-regia nelle infestate acque mediterranee. La flotta dell'abile stratega navale ammiraglio Anton Haus fu protagonista, tra l'altro, della caccia e dell'affondamento di numerosi navigli britannici che attraverso Gibilterra e Malta tentavano di rinforzare le linee inglesi in Egitto. Furono le corazzate *Viribus Unitis* e *Prinz Eugen* a colpire e a mettere in fuga il 17 dicembre nei pressi di Creta le omologhe britanniche *Queen Elisabeth* e *Valiant*.

Tornando invece a trattare di operazioni belliche terrestri, rimaneva in sospeso la ventilata apertura delle ostilità tra Russia e Germania, con una prestabilita implicazione dell'Italia. Come si è visto, tutte le tre Potenze si erano impegnate con le loro rispettive alleate nel corso del 1916 ad aprire un nuovo fronte, che permettesse un alleggerimento degli scacchieri già presenti.

Nell'estate del 1916 Berlino si trovava in una situazione invidiabile perché aveva da poco inflitto una pesantissima e cocente sconfitta alla *Royal Navy*. Il 31 maggio presso la penisola dello Jutland, al confine tra il Mar del Nord e quello Baltico le unità tedesche, capitanate dagli incrociatori *Nürnberg* e *Gneisenau*, erano riuscite ad affondare quattro navi da battaglia britanniche: *Emperor of India*, *Marlborough*, *Malaya* e *Iron Duke*. Lo sconforto per Londra fu ingente, tanto che da quel momento l'ammiraglio Hugh Evan-Thomas ebbe paura di far uscire la sua malconcia squadra navale dalla base di Scapa Flow. Per di più l'assenza di pirateria britannica favorì nei mesi estivi l'approvvigionamento necessario alla Germania per osare una nuova azione strategica, questa volta ad est. In questo modo si ricalcava la propensione coloniale tardo-medioevale a gettare un guanto di sfida a tutti i popoli slavi e baltici, abitanti oltre il fiume Vistola.

Ecco perché tra le Potenze interessate ad aprire un nuovo fronte in Polonia, la prima che prese l'iniziativa fu proprio Berlino, che aveva come proposito non solo quello di aiutare l'Austria-Ungheria (così da meritarsi i suoi territori occidentali in base al trattato di Trieste), ma anche quello di piegare Mosca a tal punto da strapparle l'intera Polonia e la regione baltica. In quei mesi come non mai se la questione tedesca era il cuore della questione europea, così la questione russa era il cuore della questione tedesca. Si offriva alla Germania quasi un obbligo ideale di ordine strategico e militare nell'impresa di *Ostpolitik*.

Per tali ragioni, senza indugiare oltre, il 1° ottobre un contingente composto da due Armate, comandate dal generale Erich von Falkenhayn e dirette rispettivamente da Robert von Dobschütz e da Erich Ludendorff, attaccò dalla Prussia e dalla Slesia in modo fulmineo la periferia occidentale della Repubblica russa. L'evento suscitò un certo disorientamento alla filiera di comando dell'esercito comandato da Kornilov, tutto impegnato a tenere testa ai ripetuti attacchi in Galizia, in Bessarabia, nel Caucaso e nell'estrema Siberia. L'iniziativa fu da viatico anche per le truppe imperial-regie che da sud ruppero la linea difensiva dei Carpazi, superando il fiume San, occupando la roccaforte di Przemysl e raggiungendo le località di Plehve e Rava-Russkaja.

L'azione fu subito premiante per le truppe del *Kaiser*, che nel giro di tre mesi raggiunsero e occuparono non solo le ipotizzate Varsavia e Vilna, ma anche le più distanti Riga e Minsk. La stagione invernale però a lungo andare creò notevoli rallentamenti, fino a frenare in modo definitivo l'avanzata. Essa si trasformò in un logorante scontro di trincea, simile a quello già visto nello scacchiere belga-lorenese. Solo nell'aprile del 1917 i combattimenti tornarono dinamici. I tedeschi a quel punto, seppur provati dai mesi di stasi, poterono almeno beneficiare dell'ampio territorio posseduto in Polonia, sul Baltico e in Russia Bianca.

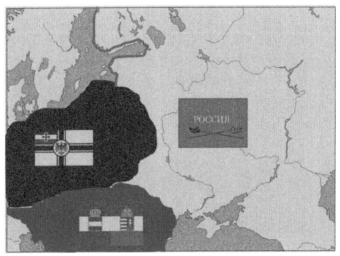

*L'avanzata orientale degli Imperi centrali tra l'inverno 1916 e la primavera 1917*

Nel frattempo, anche l'Italia era intenzionata a fare la sua parte nel contesto orientale, volendo rendere esecutivo il piano profilato di forzare gli Stretti. Essa, oltre a una flotta ben equipaggiata e alla costituzione di un'Armata *ad hoc*, poteva contare anche su un contingente terrestre tedesco, comandato dall'ex turcofilo Liman von Sanders proveniente dall'*Afrika Korps*, e da tre unità navali della marina da guerra imperial-regia. Cadorna, già ideatore della campagna egiziana, finalizzata a stroncare la predominanza anglo-ottomana nel Vicino Oriente, volle a questo punto strafare. In collaborazione con la Regia Marina predispose un'incisiva azione navale con relativo sbarco da effettuarsi nei pressi di Gallipoli il 18 novembre 1916, diretto dal fidato generale Mario Nicolis di Robilant. Questi così si espresse nel colloquio di congedo con Cadorna prima della partenza per Rodi, base di tutta l'operazione: «Ciò che importa è bloccare le forze nemiche su questo campo di battaglia, su cui esse saranno dissanguate».

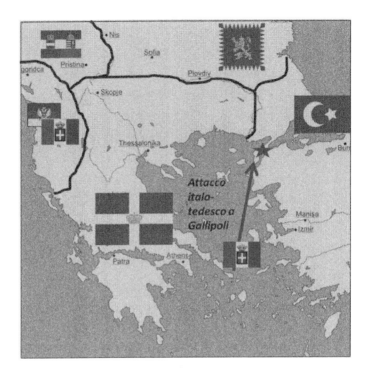

*L'attacco italo-tedesco a Gallipoli*

Negli intenti del Comando italiano l'azione
avrebbe dovuto essere un grimaldello nella formazione
avversaria, tanto da creare una reazione a catena, che
portasse il crollo del fronte orientale. L'operazione
complessiva, a differenze delle rosee aspettative, fu invece un autentico fallimento, tanto da far dire all'«occi-
dentalista» Moltke: «Al confronto, persino la carica dei

386

Seicento appare una ragionata operazione militare, logica e sensata».[30] Se le unità navali rimasero invischiate in un'imboscata ottomana, non riuscendo a forzare il blocco dei Dardanelli, anche per merito delle incisive batterie costiere, peggiore sorte toccò alla fanteria. Le truppe sbarcate sulla penisola di Gallipoli vennero inchiodate sulla spiaggia, dove iniziarono una durissima battaglia di posizione. Dopo settimane di acerrimi scontri, gli invasori inviati da Cadorna iniziarono a ripiegare, tornando sui propri passi. I superstiti ripresero quindi con la coda tra le gambe la strada del Dodecaneso, da dove erano partiti. Passati oltre 27 giorni di accaniti combattimenti, l'iniziativa tornò in mano dei turchi, che da quel momento, galvanizzati dal successo, iniziarono pure una profonda offensiva contro i greci in Tracia occidentale. La penetrazione fu tanto agguerrita, da raggiungere Kavala e portare il governo di Venizelos a una crisi interna.

Per la Quadruplice Alleanza l'intera battaglia dei Dardanelli si rivelò senza esagerare un episodio non solo deleterio, ma quasi autolesionista, considerate le gravissime perdite subite. Vennero affondate o colpite in modo grave 12 potenti navi da battaglia, tra cui le

---

[30] Si riferiva alla carica della cavalleria britannica avvenuta nel 1854 in Crimea e basata su ordini talmente vaghi e autocratici, da indurre i valorosi reparti interessati alla quasi loro medesima completa distruzione in combattimento per mano delle agguerrite difese russe.

corazzate austriache *Szent István (Santo Stefano)* e *Viribus Unitis*, le italiane *Regina Elena* e *Napoli* oltre all'incrociatore da battaglia tedesco *Seydlitz*. La flotta ottomana contava il solo danneggiamento della corazzata *Kaireddin Barbarossa*. Il Corpo di spedizione, composto da italiani e tedeschi, lasciò tra morti, feriti e dispersi circa 50.000 uomini, non contando poi la reazione turca contro gli ellenici, che dalla loro abbandonarono all'iniziativa ottomana circa 15.000 soldati sul campo di battaglia. Il dissanguamento, prefigurato da di Robilant ebbe luogo, ma tra gli stessi suoi soldati. Per questo egli venne rimosso dal comando e retrocesso ad addetto militare presso l'ambasciata italiana a Madrid. Al suo posto, al vertice di quello che rimaneva dell'Armata, denominata 6ª, venne designato il generale Settimio Piacentini. Questi dislocò la Grande Unità presso Salonicco, in supporto alla difesa ellenica, che giorno dopo giorno stava indietreggiando nella medesima Macedonia.

Per ironia della sorte, lo stesso Liman von Sanders, antico amico del Sultano, venne catturato a Gallipoli il 29 novembre. Venne infine decapitato barbaramente dal comandante ottomano in persona, il generale Mustafa Kemal, che abbiamo già visto molto attivo anche in campo politico, per via delle sue idee comuniste. La sua vendetta contro il comandante tedesco non era comunque un semplice fatto persone, ma un servizio al Paese. Di massima l'Esercito ottomano portava avanti la lotta contro gli stranieri con l'obiettivo di preservare la grandezza dell'Impero. Kemal lo faceva, perché desiderava invece il cambiamento: il fondamento di una redistribuzione più equa della ricchezza prodotta.

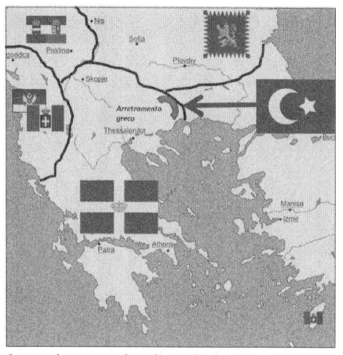

*La grande avanzata kemalista e il relativo ripiegamento ellenico*

Proprio il grande successo a Gallipoli, contornato però da un numero elevato anche di perdite turche (circa 25.000), spinse il generale marxista a premere ancora di più verso il desiderio di liberarsi del regime della Sublime Porta e far terminare l'inutile strage della guerra. Kemal era un uomo fatto da sé – come diremmo oggi – partito da umili origini e arrivato ai vertici delle Forze Armate, passando per una lunga e dura gavetta. Non era il tipo di generale che portava in battaglia le medaglie al petto, anche se ne avrebbe avute da far impallidire alcuni suoi superiori. Preferiva piuttosto non separarsi mai dalla sua rivoltella di madreperla alla cintola, anche di notte per ogni evenienza. Si narra che negli ultimi tempi avesse usato più spesso quell'arma contro alcuni suoi uomini, giudicati dei codardi, che contro i nemici. Non fumava e non beveva, tanto per far decadere una credenza sui turchi. Sopra ogni cosa odiava i vigliacchi, i greci e i capitalisti, per non parlare quindi degli industriali ellenici imboscati!

*L'avvicendamento tra i generali Cadorna e Pecori Giraldi nei giardini del Quirinale*

Nel frattempo, a Roma la politica militare «orientalista» di Cadorna aveva perso l'appoggio dell'Esecutivo, che decise quindi di defenestrarlo. Zupelli, ex pupillo del destituito *Generalissimo*, chiamò ai vertici dell'Esercito il conservatore generale Pecori Giraldi. L'opzione duca d'Aosta, ventilata da Giolitti, venne scartata a priori dal Sovrano, nel timore che il cugino Emanuele Filiberto divenisse «il Savoia più popolare d'Italia». Il nuovo capo di Stato Maggiore infuse una strategia più tradizionale, contando molto sulla fermezza dell'arco alpino, convinto che solo una tenacissima serie di attacchi contro la Francia metropolitana, potesse portare alla cessazione delle ostilità e alla relativa vittoria. In questa logica vi furono le ultime e cruente battaglie del Rodano, che videro ancora una volta gli attacchi delle Armate di Emanuele Filiberto e di Gaetano Giardino, che aveva sostituito Frugoni all'inizio del 1916, nonché della nuova 7ª Armata assegnata a Diaz.

Tale rinnovamento ai vertici militari italiani e il cambio di strategia dovevano essere propedeutici poi al nuovo impegno asburgico contro la Francia attraverso le Alpi. In questo contesto si concretizzò la promessa di Budapest di contribuire anche ad Occidente nella lotta integrata della Quadruplice Alleanza. Il 28 novembre arrivò presso la città svizzera di Biel (riconquistata dagli elvetici poche settimane prima) il generale austriaco Ellison von Nidlef. Questi ricompose quel che era sopravvissuto alla *Landwehr* asburgica, lasciata fino ad allora in balia degli eventi e del demoralizzato Hötzendorff. Nidlef riuscì a costituire una divisone ben strutturata, partendo dalla 43ª brigata di cui già era comandante. Tale evento non sarebbe stato nel breve periodo un contributo determinante nella lotta contro gli anglo-francesi, ma offriva almeno l'occasione di riscatto per l'Impero austro-ungarico, dopo la rapida ritirata verso est in occasione dell'attacco russo dell'estate del 1915.

La stasi, creata da due anni di guerra, poteva ormai dirsi sbloccata? Il finire del 1916 avrebbe offerto uno spiraglio o no? Sta di fatto che non solo in Italia cadde qualche testa in divisa. Anche in Francia e nel *Reich* cambiò il vertice delle Forze Armate. Secondo il *Kaiser* il capo di Stato Maggiore aveva esaurito il suo carisma e perduto il suo smalto. Esprimeva ancora solo un fanatismo da comunità di monaci tibetani, dove le idee divenivano esaltazione e l'instabile volontà prevaleva sulla ragione critica.

Collocato quindi a riposo Moltke, entrò in gioco Falkenhayn, che dalla sua aveva una lunga serie di successi nel Baltico. Il *Kaiser* sperava che questo ciclo di vittorie potesse ripetersi anche in Occidente contro l'*Armée*, dove nel frattempo al posto di Zimmer arrivò Lanzerac, che lasciò la sua 5ª Armata al generale Robert Georges Nivelle. Il vecchio capo di Stato Maggiore alsaziano venne messo a riposo perché – è la nota ufficiale del Governo che ce lo rivela – «troppo lento, sfuggente ai controlli politici e infine responsabile del tranello tedesco subito a Simmerath». I comandanti britannici lo odiavano e la sua figura stava incrinando la fiducia reciproca tra le due sponde della Manica. I rapporti tra i Governi di Londra e Parigi erano peggiorati e, nonostante il recupero diplomatico della Russia, ciascuno accusava l'altro di attuare una politica bellica inefficace.

L'unico aspetto positivo era che, dopo oltre due anni dallo scoppio della guerra, la mobilitazione inglese poteva dirsi completata e almeno ad effettivi ora l'Intesa aveva a disposizione un numero impressionante di uomini da mandare al macello. Nonostante il cambio al vertice, la situazione francese rimaneva comunque incerta, perché si era creato un fossato insuperabile al confine belga-tedesco a nord e quello ardenno-lorenese a sud. Le numerose battaglie presso Verdun in febbraio e ad Ypres in giugno, falciavano i soldati di entrambi gli schieramenti, ma non avevano risolto il contendere con una penetrazione efficace e duratura.

Questa incapacità degli anglo-francesi di raggiungere la vittoria venne interpretata a Parigi e Londra con preoccupazione. I rispettivi eserciti, già macchiati di numerosi crimini di guerra, decisero di voler impiegare qualsiasi arma, qualsiasi tecnica, qualsiasi mezzo pur di schiacciar il nemico. La guerra non era più solo drammatica, diventava infernale. I generali dell'Intesa non erano più solo dei criminali comuni. Erano diventati dei sadici carnefici. Lungo la Mosella presso la località di Épinal il Corpo d'Armata del generale Louis Franchet d'Esperey usò per la prima volta un gas asfissiante, che da quel momento venne battezzato per l'occasione "epinalite". Altro atto, che venne a posteriori definito infame, fu l'azione svolta dal corpo aereo dell'Esercito britannico, il *Royal Flying Corps*, comandato dal generale Hugh Trenchard. Le ali con le insegne di Sua Maestà tra il 1916 e il 1918 sarebbero state protagoniste di una serie incessante di azioni belliche, volte a colpire e bombardare i centri abitati e le strutture recanti la Croce Rossa Internazionale.

Unica eccezione alla carneficina inflitta dall'aviazione britannica alla popolazione nemica e alle strutture sanitarie degli avversari, fu il caso del capitano pilota Edward Mannock. Questi, per via del vezzo in segno di sfida di pilotare solo aerei di colore giallo e per i suoi passati nobiliari, passò agli onori delle cronache con l'appellativo di «Conte Giallo». La sagoma brillante del suo velivolo era segno di terrore e rivalità per tutti i piloti tedeschi, che gli si presentavano davanti. Il suo nome sulla lavagna-bollettino della squadriglia d'appartenenza annoverava ben 73 abbattimenti, prima di essere lui stesso colpito e morire accartocciato nella carlinga del suo stesso aereo dalla tonalità canarino nell'estate del 1918.

*Il monoposto giallo del capitano*
*Edward Mannock*

Gli Stati Uniti guardarono anche queste due iniziative (quella del gas asfissiante e quella dei bombardamenti indiscriminati) con orrore e ribrezzo. Giudican-
dole selvagge e criminali, notavano pure un completo
imbarbarimento, non solo nelle Forze Armate anglo-
francesi, ma nel midollo stesso delle rispettive società
civili.

Di fronte all'incapacità per l'Eliseo di reggere il
malcontento nazionale, azioni draconiane vennero im-
poste per l'intera popolazione. Per la società francese
dopo la fame, gli stenti e la morte, anche la privazione
delle libertà personali diveniva un ulteriore fardello. Il
14 novembre il Parlamento riunito sulla Senna approvò
la Legge marziale e il Decreto di mobilitazione totale.
Con esso tutti i cittadini adulti di età compresa tra i 17

e i 60 anni, che non erano già in armi, venivano militarizzati e destinati al servizio in guerra. Entro il Natale del 1916 i francesi potevano schierare ad est otto nuove divisioni, formate da studenti volontari ancora non diplomati o da contadini poco più che adolescenti. Se Parigi avesse voluto vincere il conflitto, sarebbe stato necessario mettere d'accordo i lavoratori e la casta dei potenti mandarini di Stato, che in passato avevano reso possibile l'alleanza tra il grano e i padroni del vapore.

In questa logica, la massificazione della cittadinanza per la vittoria a tutti i costi era la priorità principale, anche a costo di limitare i diritti democratici, individuali e sindacali, di cui la Francia era stata in passato paladina. Non potendo immaginare una sconfitta, ma neppure il ritorno allo *status quo* del 1914, beffardo e avvilente per Parigi, questa in pratica non aveva alternative. Essa era obbligata a vincere, senza dare peso ai numerosi appelli che a Londra, a Mosca e a Costantinopoli sembravano poter ipotizzare una riconciliazione europea «senza annessioni, né indennizzi». Una pace, che si fosse presentata come brutta copia della situazione di due anni e mezzo prima, avrebbe significato per i francesi una sconfitta, perché alla fine della guerra essi si sarebbero ritrovati in una posizione militare meno favorevole che all'inizio.

All'interno dell'*Armée* stessa si stavano formando pericolose fazioni, disposte a dettare programmi ardimentosi pur di trovare una soluzione rapida e risolutiva allo scenario bellico. Proprio nel dicembre del 1916 emersero due correnti tra loro contrapposte. Nondimeno perseguivano di massima lo stesso obiettivo strategico: dare una scossa alla guerra d'usura.

La prima teoria, originata dalle idee laiche del generale "ugonotto" Nivelle, ipotizzava la richiesta di un armistizio, volto a rinforzare il Paese e a ricucire i rapporti con gli Stati Uniti d'America, prima che la situazione precipitasse del tutto. Solo in un secondo momento, scatenando un attacco deciso in Svizzera, l'iniziativa tattica sarebbe tornata in favore di Parigi, anche tentando di cooptare nella lotta la neutrale Danimarca. Quest'ultima avrebbe dovuto offrire disturbo ai tedeschi da nord, sperando di prendersi la rivincita per la sconfitta inflitta da Bismarck nel 1864. A distanza di oltre mezzo secolo, il piccolo Stato scandinavo ancora si leccava le ferite per quella disfatta e questo era uno dei motivi per i quali era rimasto alla finestra, mentre gli altri Paesi vicini erano quasi tutti in guerra. Il re Cristiano X, avendo visto pure la malasorte toccata a Nicola II, fino ad allora aveva preferito imitare i Paesi Bassi, che nel loro accerchiamento vivevano ancora in pace all'ombra dei mulini a vento, respirando il profumo dei tulipani.

Il corteggiamento di Parigi nei confronti di Copenaghen fu però molto accattivante. Si prometteva di recuperare lo Schleswig e l'Holstein (che però secondo i trattati pregressi erano stati assegnati per un cinquantennio alla Gran Bretagna) e magari rosicchiare una parte della costa baltica tedesca. La reazione del ministro degli Affari Esteri danese Erik Scavenius fu molto tiepida, se non addirittura gelida, anche perché in passato era stato rappresentante diplomatico a Berlino e aveva ottimi rapporti con la Germania. Il punto fondamentale poi era, che il governo pacifista del social-liberale Carl Theodor Zahle, per come si stavano mettendo le cose, dava per spacciata l'Intesa. Trovava già ingombrante ospitare l'esule Nicola *Romanov*, figuriamoci scommettere sui suoi vecchi compari d'affari. Perché dunque impantanarsi in una guerra suicida contro la Germania e rischiare l'intera indipendenza del già mutilato Stato retto da Cristiano X?

*Il generale Nivelle*

*Il generale Pétain*

La seconda teoria francese, ispirata dalle idee cleri-
cali e bigotte di Pétain e appoggiata dal fanatico sotto-
segretario agli Affari Esteri Pierre Laval, tentava di corteggiare il nuovo corso della politica asburgica. L'obiettivo era intavolare un ribaltamento delle alleanze e confidare nel sentimento religioso degli austriaci, degli ungheresi, dei polacchi e dei romeni, per imporre l'idea
che il Papato era ormai prigionieri dei tedeschi e degli
italiani. Una crociata contro questi ultimi, abbinata alla
lotta contro il nuovo ateismo russo, avrebbe riportato

401

in Europa quel sentimento autentico di spiritualità cattolica. Nella sostanza questa corrente non dava fiducia al nuovo corso repubblicano di Mosca, ma credeva nel potere carismatico dell'Impero universale dei redivivi Asburgo e alla complementarità della politica estera di Parigi e di Budapest.

Come è facilmente intuibile il programma di Pétain era visionario e paranoico, per questo fuori da ogni speranza di essere accettato o valutato. Doumergue e Lanzerac bocciarono questo progetto, reputandolo farsesco e degno dell'Opera buffa. Poincaré minacciò di spedire Pétain a comandare una divisione nell'Africa sub-sahariana e di rinchiudere Laval alla Caienna, se avessero dato prova di altre farneticazioni di questo genere. Tuttavia, alcuni circoli viennesi, refrattari a perdere il primato tradizionale della loro città in favore di un vago concetto di Impero internazionale, così come propugnato da Francesco Ferdinando, saputo questo progetto, guardarono con interesse la crociata del generale cattolico. Nondimeno essa era già decaduta miseramente, prima di prendere quota, tra le anime belle dei *boulevard* parigini.

Comunque stessero le cose, se a Épinal l'aria era viziata dal tanfo dei morti e lungo la Senna oscuri presagi affioravano all'orizzonte, anche in Grecia l'aria non era tanto migliore. La grave crisi di governo, succeduta allo sfondamento ottomano post Gallipoli, portò alla rapida cacciata di Venizelos dai vertici gestionali della guerra.

A differenza delle epurazioni militari degli altri Paesi, ad Atene cadde la testa politica, perché il Presidente del consiglio non era supportato da un regime parlamentare come in Italia o in Francia, né il Governo era retto da una testa di legno del monarca, come nel caso tedesco. Il re Costantino quindi, infuriato con il suo Primo ministro per l'improvviso tracollo militare, lo defenestrò senza appello. Chiamò al suo posto alla guida del governo il generale Joannis Metaxas, di sentita fede monarchica, grande amico della Germania e antico nemico dei turchi. La Corona era convinta che solo lui, con il suo rigido piglio combattivo e ardimentoso, avrebbe potuto recuperare tutto il terreno perduto e portato il Paese alla vittoria finale.

Questi, nonostante fosse avversario dichiarato di Venizelos, non lo ritenne colpevole più di altri del rovescio bellico. Comprese tuttavia che il fronte difensivo sul fiume Strimon sarebbe stato inadeguato, se il proposito fosse stato quello di usarlo per un rapido contrattacco. In alternativa su consiglio del grintoso generale Leonidas Paraskevopoulos, profilò al Re un'azione altrettanto ardita di quella intrapresa dagli italiani sugli Stretti, ma probabilmente meno difficoltosa: l'attacco diretto su Smirne via mare. Rimandando al seguito della narrazione i retroscena e gli sviluppi di questa mitica impresa, si può subito anticipare che la distruttiva decisione ellenica di logorare in una guerra di posizione i turchi al confine tra la Macedonia e la Calcidica, offrì comunque altri vantaggi. Mentre ciò accadeva sulla costa egea, le formazioni austro-ungo-romene recuperarono una sufficiente vitalità, per imporsi sia sulle ormai stanche formazioni bulgare, che su quelle ottomane, che ormai nell'impossibile impresa di presidiare anch'esse l'antica «Rumelia», si auto-distruggevano a poco a poco.

Il 1916 si chiudeva con sonore sconfitte e numerosi rimpiazzi agli alti vertici. Questi nuovi comandanti avrebbero scardinato quell'immobilismo deleterio, che da circa tre anni aveva ghiacciato le posizioni lungo il confine orientale della Francia oppure offerto uno sblocco alla intrigata matassa orientale? Tutti gli Stati belligeranti vivevano in politica interna ore difficili, a causa delle inevitabili agitazioni popolari, dello sforzo economico e industriale senza precedenti, dei debiti iperbolici, che ogni Governo doveva sopportare nel tentativo di accelerare la corsa verso la vittoria finale e la tanto agognata pace. La casta militare, nel tentativo di dare credibilità alle proprie istituzioni e una spiegazione ai fiumi di sangue versato, confortava quella politica sull'imminente crollo degli avversari. La classe politica, auto-convincendosi e auto-compiacendosi delle scelte fatte, confortava a sua volta la popolazione che il destino era dalla loro parte. Solo grandi sofferenze divenivano il germe per grandi trionfi. Non si poteva abbandonare la lotta proprio ora, a un passo dal traguardo finale. Le privazioni patite erano di lì a terminare. A guerra finita i nemici sconfitti avrebbero pagato tutte le riparazioni economiche e tutti i debiti finanziari, per tutti i crimini politici e militari commessi. I morti si erano immolati per una causa giusta; i loro congiunti avrebbero avuto farina e companatico a volontà, terre da coltivare, treni su cui viaggiare. Per i reduci ci sarebbero stati fiumi di vino, tabacco gratis e bordelli aperti tutti i giorni a prezzi irrisori.

Solo un nuovo anno di guerra avrebbe svelato le mille incognite di questa difficile situazione, regalando al contempo due grandi novità: l'ingresso nelle ostilità degli Stati Uniti d'America al fianco della Quadruplice Alleanza e l'abbandono graduale della rivoluzionaria Turchia dalle file dell'Intesa.

*Scontri di piazza ad Atene nell'autunno del 1916*

# Il momento delle svolte

Il 1917 si sarebbe rivelato per molti aspetti un anno topico, anche se non risolutivo nel senso militare della guerra. Il conflitto aveva raggiunto un aspetto planetario, inusuale e apocalittico, dietro al volto rassicurante di guerra delle nazionalità. I campi di battaglia erano divenuti giganteschi mattatoi, cosparsi di cadaveri di giovani uomini provenienti da ogni angolo del Mondo. Si interpretarono in modo abbastanza arzigogolato persino le quartine in rima di Nostradamus, sperando di trovarvi appigli sulla durata e sull'esito della guerra, che giorno dopo giorno logorava tutto il logorabile. Ad ogni latitudine e sotto ogni possibile regime politico, la stragrande maggioranza delle milizie combattenti era costituita da giovani ingenui e immaturi, provenienti dalle classi più povere. Il disincanto, che albergava nei loro cuori, si alternava a livelli estremi di eccitazione, terrore o avversità. Solo una minoranza aveva abbastanza energia critica per mettersi a riflettere. Essa era assorbita dall'immediata fisicità che la circondava, dai propri bisogni e dagli esasperati desideri. Una volta arruolati, solo il desiderio di portare tutte le penne a casa diveniva l'obiettivo di ogni loro strategia combattiva. L'istinto di sopravvivenza precludeva qualsiasi forma di gratuito eroismo. Solo il timore di essere fucilati da propri connazionali, li spingeva a combattere senza riserve. In molti casi, arrivare di fronte al nemico, per essere catturati come prigionieri di guerra, diveniva il massimo esempio del proprio ardimento in battaglia. In fondo, nell'immaginario collettivo, gli internati in territorio nemico avevano di che mangiare due volte al giorno e non rischiavano quasi mai una pallottola in fronte. Nessuno sapeva che in Siberia, come in Sardegna o in Bretagna esistevano campi di concentramento dove al prigioniero venivano forniti un rastrello e una corda. Quando il recluso non riusciva a sfamarsi dei prodotti della terra, da lui stesso coltivati, poteva senza esitazione impiccarsi ad un albero. Ogni fuga era da escludere, in mancanza di cibo per sostentarsi, durante l'inevitabile tortuoso e rocambolesco viaggio di ritorno in Patria.

L'insofferenza popolare, per questo prolungato spargimento di sangue, rischiava di far soccombere le risorse materiali ed economiche delle Nazioni sotto al fardello di pesanti scioperi, intense sollevazioni o cruenti disordini. Questo accadeva anche nei Paesi dove la democrazia e il placido ordine pubblico erano condizioni classiche e consolidate. Non parliamo quindi solo di quei regimi più arretrati sotto l'aspetto statale o economico.

Le ribollenti rivolte in Turchia, dove la crisi morale, sociale e politica era più grave, chiedevano ormai l'improrogabilità delle riforme economiche tanto richieste.

Tuttavia, la catena si ruppe nel più delicato anello della catena.

Il governo del Sultano non era in grado di garantire la sopravvivenza ai contadini della provincia, alla stragrande maggioranza della popolazione, e ai piccoli nuclei di operai delle poche zone industriali. La Sublime Porta entrò in guerra sulla base di calcoli autoreferenziali, se non addirittura narcisistici, accompagnati da una stupefacente ignoranza del quadro geopolitico internazionale. Si alleò infatti con la Russia, militarmente il più debole Paese europeo, messo in scacco pure dai giapponesi. L'approccio mentale della Corte ottomana alle ostilità fu contraddistinto dai suoi principali difetti: indolenza e velleitarismo. La conclusione inevitabile? Il ruolo di gendarmeria imperiale affidato all'Esercito ostacolò l'addestramento e la preparazione a una guerra su larga scala. Il tentativo di Costantinopoli di riguadagnare prestigio e consenso attraverso le avventure militari si era rivelato quindi fallimentare sotto ogni punto di vista. Le ripetute sconfitte piegarono il Paese su se stesso, scuotendo grosse masse di lavoratori e di militari verso massicce proteste, inneggianti la pace e le riforme sociali. L'estemporaneo successo di Gallipoli e la successiva offensiva contro gli ellenici da un lato garantì un ultimo colpo di coda alle moribonde istituzioni ottomane. Dall'altro offrì personalmente a Kemal quell'autorevolezza e quella pubblicità necessaria, per diffondere le sue idee politiche, inneggianti al proletariato e alla Rivoluzione marxista.

A Costantinopoli la prima reazione fu uno sciopero cittadino, supportato dalla defezione dal normale servizio di guardia di alcuni reggimenti presidiari della città. Le richieste, rivolte dalla popolazione alle autorità, si basavano su riforme immediate in favore dei lavoratori, ma soprattutto sulla cessazione delle ostilità. Il rischio di tumulti ed eccidi generalizzati era concreto e ingestibile. La pressione fu tale che il 3 marzo il Sultano fu obbligato a sciogliere l'Esecutivo, aprendo le porte alla Repubblica e a una prima rivoluzione non troppo violenta. Enver Pascià, il ministro della Guerra dimissionario, venne esiliato e trovò da principio ospitalità in Russia, sperando di poter rientrare in Turchia una volta spentasi la ribellione, che nelle sue previsioni si sarebbe risolta in un fuoco di paglia. Il sultano Mehmet VI, insieme al *gran vizir* Said Halim, venne invece arrestato e rinchiuso in una fortezza a Scutari, sul lato asiatico della capitale.

Ebbe luogo quindi la costituzione di un Governo a vocazione popolare, detto di transizione, ad opera del socialista moderato ed ex ministro ottomano Mehmed Talat Pascià, ispirato a un regime liberal-parlamentare. Esso, mantenendo l'impegno bellico con la Triplice Intesa, prefigurò un'iniziativa militare turca completamente diversa, questa volta finalizzata a istaurare in prevalenza un rapporto politico ed economico con le democrazie occidentali francese e britannica. Tuttavia, tale scelta ripresentava lo scontento popolare, che a gran voce già chiedeva di nuovo la terra per i contadini, l'abolizione di ogni privilegio, ma soprattutto l'immediata firma di un armistizio e il raggiungimento della pace in tempi brevi.

Il sovvertimento politico moderato di marzo, che secondo il calendario in uso sul Bosforo indicava una data precedente di 13 giorni, era stata opera di due forze, la cui collaborazione non poteva però essere duratura: la borghesia liberare e il socialismo. In questa dualità il Governo sarebbe riuscito a restare padrone della situazione, visto che le aspettative della Nazione si stavano rivelando difficili da realizzare? Tipico di questi casi: le nuove istituzioni politiche, per quanto desiderose di realizzare i cambiamenti necessari, non furono in grado di assecondare tutte le richieste della piazza, per via dei ritmi incessanti e dei tempi stringenti.

Le medesime Forze Armate mostravano disprezzo e rassegnazione verso gli ultimi inquilini dei palazzi governativi, giudicati troppo poco popolari nelle loro timide iniziative. Lo scontento diffuso portò in più di un'occasione all'ammutinamento di interi reparti, anche grazie alla guida di generali ribelli come Hafız Hakkı e lo stesso Kemal. Quest'ultimo, del resto, ottenuto un ascendente fuori controllo anche nella società civile, il 3 aprile rese pubblico il suo programma, divenuto noto come «Tesi d'Aprile». In esse egli, proclamando la creazione di un'avanguardia per il proletariato, chiedeva subito al Governo post-sultanale la conclusione della guerra, il potere ai lavoratori e la terra ai contadini. Di fronte a così utopistiche ma condivisibili richieste, intere divisioni dell'Esercito, ma anche ampi strati della popolazione seguirono Kemal, che con i mesi a venire sarebbe divenuto l'idolo degli umili o dei derelitti e non solo entro i confini ex ottomani. La Turchia in pochi mesi aveva catalizzato la simpatia del sottoproletariato internazionale, quello che Karl Marx aveva definito «*Lumpenproletariat*». Ciò mise in serio pericolo la stabilità sociopolitica dell'intera Europa, dove lo spettro di una rivoluzione permanente sembrava essere alle porte contro la perfidia delle Potenze capitaliste e coloniali. I trentatré giorni nel 1871 in cui Parigi era divenuta con la Comune la capitale di tutti i rivoluzionari ancora venivano ricordati come un incubo per presidenti e teste coronate. In Turchia stava per capitare qualcosa di molto simile.

Tuttavia, a differenza dell'originale impostazione primordiale del comunismo, come avrebbe detto anni dopo l'italiano Antonio Gramsci, in considerazione della classe in prevalenza contadina e non operaia del proletariato turco, «quella avvenuta a Costantinopoli fu una rivoluzione contro "Il Capitale"». Con questo si voleva intendere e porre l'accento sulla diversa interpretazione che Kemal e i suoi ebbero degli scritti marxiani, che nelle intenzioni del filosofo tedesco prevedevano invece sommosse popolari in società industriali ben consolidate con relativa coscienza di classe per i lavoratori.

Nonostante queste spinte rivoluzionarie, tuttavia, alcune Armate in Tracia e in Palestina tra mille difficoltà continuavano a combattere, mentre la flotta navale iniziava a mostrare anch'essa segni di insofferenza. Non a caso – visto che l'impresa di Gallipoli si era rivelata rovinosa per gli obiettivi italo-tedeschi – la campagna in Arabia e in Palestina offriva uno scenario decisamente più prolifico per i reparti, comandati dal generale Porro, che avevano raggiunto la consistenza di un'Armata nei primi mesi del 1917. Più che le truppe nemiche, nelle dune sabbiose la formazione italo-tedesca si trovò a combattere contro le avversità naturali e il clima insopportabile. Sia Roma, che Berlino non avevano un'esperienza coloniale tale da poter apprestare mezzi e materiali adatti a tutte le ostilità della superficie arida del Nord Africa. Le mosche, la carenza di acqua potabile e le tempeste di sabbia portavano infezioni e malattie. I nemici più difficili da combattere erano quindi: la sete, le piaghe da deserto, l'itterizia catarrale e la dissenteria.

*I generali Porro e Cadorna*

*Al-Husayn ibn Ali*

A parte questi inconvenienti, l'avanzata degli uomini di Porro nel 1917 fu inversamente proporzionale alla fortuna trovata da di Robilant a Gallipoli. Anche grazie alla sagacia del capitano Rommel, ufficiale dello Stato Maggiore tedesco, inviato in segreto ad Aqaba, le disordinate formazioni ribelli arabe, stanziate tra i territori siro-transgiordani e la costa settentrionale del Mar Rosso, ebbero finalmente una guida ispiratrice. Esse, infatti, trovarono nella causa della Quadruplice

Alleanza la spinta necessaria per affermare il proprio nazionalismo in antitesi con ogni retaggio ottomano di dominazione tra il Mar Nero e l'Oceano Indiano. L'azione militare locale, che faceva capo allo sceriffo della Mecca Al-Husayn ibn Ali, ma coordinata dal medesimo Rommel, ebbe notevoli ottimi risultati, anche a seguito dello sfaldamento dell'Esercito del Sultano prima e del persistente malcontento della Milizia popolare della Repubblica socialista poi.

In questi termini, il 15 giugno 1917 l'esercito dell'Hegiaz arrivò compatto al Sinai, dove le truppe inglesi dell'Armata d'Oriente, comandata dal generale Edmund Allenby, dopo il ripiegamento dei turchi, subirono una sonora sconfitta. Grazie all'intervento di un numero fitto di motoscafi italiani *MAS* nel porto di Alessandria colarono a picco le navi da battaglia gemelle *Queen Elisabeth* e *Valiant*, già scampate a diverse azioni della Quadruplice. In questo modo anche la campagna in Egitto fu di facile conclusione con l'arrivo sulle rive del Nilo per terra e a Porto Said per mare di tutte le truppe italo-tedesche concentrate in Cirenaica o già in territorio egiziano. L'unica sacca di resistenza britannica vi fu a Giarabub, un'oasi di confine, dove gli italiani riuscirono dopo un mese di assedio a forzare l'accanita resistenza britannica del reparto trincerato del maggiore Claude Auchinleck. L'episodio fu l'occasione in Italia per la realizzazione di una celebre canzonetta, che così trovava il suo epilogo: «perché la fine dell'Inghilterra incomincia da Giarabub». Non solo il Bel Paese trovò rigenerazione dai fatti bellici nel deserto. I poeti corali Giuseppe Ungaretti e Filippo Tommaso Marinetti, entrambi nati ad Alessandria d'Egitto consideravano quello scacchiere come il fulgido esempio del più alto patriottismo italico. Il secondo proprio in quei giorni lasciò addirittura la Corsica, dove lo abbiamo lasciato governatore, per imbarcarsi alla volta di Tripoli, per seguire i destini dell'Esercito nazionale. Simili considerazioni patriottarde vennero poi profuse in tutta Europa. Il conflitto in Nord Africa catturò l'immaginazione del mondo occidentale ed ebbe un enorme significato simbolico, di molto oltre la realtà. Rommel ne ingigantì la portata, grazie ai suoi racconti, che a fine guerra divennero dei bestsellers.

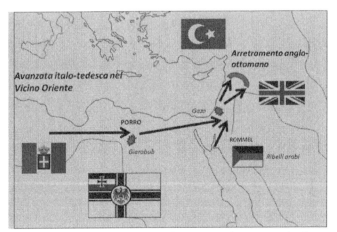

*L'avanzata congiunta italo-tedesca e araba contro le formazioni anglo-ottomane*

Le truppe italo-tedesche, dopo i fatti di Alessandria e di Giarabub, approfittarono quindi di un'avanzata facile verso Suez e il Sinai, a seguito del ripiegamento del grosso delle unità britanniche sulle alture presso Hebron, che trovarono difficoltà alla lunga a proteggere anche quella posizione. Solo l'avamposto inglese di Gaza, accerchiato e messo spalle al mare, riuscì a resistere alle frequenti ondate d'attacco degli italo-tedeschi, offrendo perfino filo da torcere agli aggressori.

Solamente dopo aspri contrattacchi, il battaglione italiano arditi del tenente colonnello Giovanni Messe e quello arabo, condotto dallo stesso Rommel, riuscirono ad avere ragione sul reparto inglese di fucilieri, denominato «Topi del deserto», del maggiore Bernard Law Montgomery, che consegnò nelle mani di Rommel la capitolazione della città solo il 25 agosto.

Presa anche Gaza, da questa posizione ottimale, ai primi di settembre tutte le unità riunite – tra italiani, tedeschi e arabi – giunsero sul Mar Morto, per entrare a Gerusalemme il 25 settembre, decretando l'ennesima sconfitta turca. L'azione obbligò i rimanenti reparti britannici del generale John Nixon ad attraversare a tappe forzate la Mesopotamia e raggiungere il Golfo Persico, per trovare un celere imbarco verso la tranquilla India. Perdendo l'intero scacchiere del Vicino Oriente, gli anglo-ottomani cedevano anche il primato estrattivo dei ricchi giacimenti di petrolio, presenti in tutta la penisola arabica. Un'autentica manna dal cielo per l'economia dell'Alleanza, in affanno dopo la lunga marcia nel deserto.

La *Turkish Petroleum Company* divenne una società germanica, al cui vertice venne nominato l'industriale e ingegnere Walther Rathenau, amministratore della società elettrica *AEG* e organizzatore del Dipartimento per l'approvvigionamento delle materie prime per uso bellico. Sarebbe stata la rivalsa tedesca su anni di predominio britannico nel campo energetico ed economico mondiale.

Nel frattempo, l'esercito di Costantinopoli in preda allo smarrimento arretrò ancora, sino a trincerarsi in modo disordinato al confine tra la Palestina e la Siria. Di questa debolezza interna ne approfittò proprio Kemal con il suo movimento marxista. Attraverso la creazione di consigli di militari e lavoratori, detti *Konseyi*,[31] iniziò a fare proselitismo, partendo dalla città anatolica di Angora. Le «tesi di Aprile» avevano preso piede in tutto il Paese. Non sarebbe servito ancora molto altro tempo per sollevare il popolo tutto contro l'ipocrisia degli uomini, che gestivano ancora il potere sul Bosforo. Durante il mese di luglio alcune sommosse vennero organizzate dalle cellule comuniste della capitale, senza però un esito positivo, anche perché il Governo provvisorio, appoggiato dal notabilato cittadino,

---

[31] *Konseyi*: consiglio o comitato.

418

rispose con la violenza, imitando in tutto per tutto l'antico regime.

La guerra era stata dichiarata per volontà del Sultano. L'esecutivo di Talat Pascià non sembrava differenziarsi più di tanto dall'arbitrio del *Gran Vizir*. La popolazione permaneva in uno stato di miseria e abbrutimento per via dell'introduzione delle tessere per il pane. Il problema alimentare diveniva ogni giorno più drammatico. Nelle piazze si sommavano dimostranti sempre più numerosi, affamati e desiderosi di giustizia, che non avevano nessun motivo di rivalsa contro i tedeschi o contro gli italiani. Perché quindi proseguire in questo stillicidio inutile di morti? La risposta di Kemal fu chiara e rivolta a chiunque avesse voluto rompere con il passato e fosse disposto ad accettare la proposta marxista:

*«Tendiamo a voi la mano della fratellanza al di sopra delle montagne di cadaveri di nostri fratelli, attraverso fiumi di sangue e lacrime innocenti, sopra le rovine fumanti delle città e dei villaggi. Noi ci appelliamo a voi per il ristabilimento ed il rafforzamento dell'unione internazionale. Lavoratori e soldati di tutto il mondo unitevi!»*

*La nuova bandiera dello Stato comunista di Turchia*

L'obiettivo dei comunisti era quello di trasformare il pacifismo diffuso in una spinta rivoluzionaria, tale da infrangere ogni velleità riformista del Governo provvisorio. Questo, impaurito da una possibile restaurazione ottomana, cercò in più di un'occasione lo stesso appoggio dei marxisti. I tempi erano però maturi per la seconda fase, quella conclusiva. Era il momento della Rivoluzione, ad opera di Kemal in opposizione sia alla politica retrograda e conservatrice della Sublime Porta, sia a quella di Mehmed Talat Pascià con i retaggi della sconsiderata alleanza bellica al fianco della Triplice Intesa. Per questo il 6 novembre si ebbe una riunione cruciale del Comitato centrale dei *Konseyi*, che decise l'assalto delle Guardie rosse rivoluzionarie al palazzo del Topkapi, dove aveva sede il Governo provvisorio. La nave da guerra *Anatolia,* il cui equipaggio si era schierato con i rivoluzionari, bombardò la capitale Costantinopoli e favorì così la presa del potere. Nella notte il Sultano prigioniero venne catturato, questa volta dai comunisti, sgozzato e gettato in mare; Said Halim fu trasportato sul piazzale antistante la Moschea Blu e fucilato alla presenza di molte vedove e madri dei caduti nella guerra capitalista, spalleggiata dall'aristocrazia economica nazionale al fianco della Triplice Intesa.

Mehmed Talat riuscì invece a fuggire, camuffato da servitore. Raggiunse il porto di Galata. Qui s'imbarcò e con un piroscafo raggiunse la città rivierasca russa di Soči. Qui da quel momento in poi organizzò insieme a Enver una lotta controrivoluzionaria "bianca" senza quartiere contro la Rivoluzione turca "rossa" di Kemal e Hakkı.

Nel frattempo, il regime comunista costituito in Turchia si rivelò assai duro, persino atroce, se si considerava il radicale azzeramento proposto della società civile ed economica precedente. Come bandiera, al posto del vessillo ottomano, venne issata per la prima volta l'8 novembre il drappo rosso con la mezzaluna bianca, simbolo tradizionale della Nazione, ma sovrapposto al martello di colore giallo, segno distintivo del lavoro, fonte inesauribile di ricchezza collettiva. Si andava creando un nuovo ordine politico e una nuova teoria dell'organizzazione della produzione. Venne stabilito un regime fondato sull'onnipotenza dello

Stato e sulla subordinazione totale dell'individuo a questo potere. Giolitti avrebbe commentato a proposito del terremoto politico avvenuto sugli Stretti: «una rivoluzione è sempre un processo delicato, il cui effetto terminale è sempre incerto; lo è doppiamente se essa si verifica nel bel mezzo di una guerra».

Partendo da questa considerazione, vennero subito intavolate delle trattative con la Quadruplice Alleanza, che portarono nel giro di pochi mesi a una resa. Del resto, la logica conseguenza della rivoluzione comunista fu il progressivo ripiegamento del fronte in Tracia e in Siria, dove rispettivamente le Potenze della Quadruplice Alleanza premevano senza sosta contro il simulacro di Impero, che ancora esisteva alla periferia dell'Anatolia.

Quando ormai le truppe elleniche, asburgiche e romene erano alle porte di Costantinopoli, la cui periferia era bersaglio del fuoco delle artiglierie austro-ungariche e greche, la capitale turca venne spostata ad Angora, nel centro del Paese. Chiamata da quel momento Ankara, divenne motore politico e sociale della rivoluzione proletaria dei contadini. Kemal in quei momenti ebbe a sentenziare:

*«La Turchia perderà dei territori e cederà alla forza dei nemici esterni, ma il comunismo manterrà le proprie posizioni, in attesa dell'insurrezione del proletariato internazio-*

*nale. La pace è un'umiliazione inaudita per il potere del co-munismo turco, ma non siamo in grado di forzare il corso della storia».*

Ormai indirizzati verso il socialismo per una sola Nazione, come esempio per tutti popoli, la nuova Turchia produsse però un'emorragia di terre e flussi etnici da quello che era stato un Impero millenario. Le popolazioni armene e curde dichiararono la loro indipendenza dal nuovo Governo di Ankara, formando due Stati distinti e reclamando la protezione rispettivamente di Grecia e Germania. La sindrome dell'accerchiamento e del blocco capitalista veniva ad affermarsi con prepotenza.

Kemal, nominato segretario generale dei *Konseyi*, si disinteressò delle ripetute secessioni e mutilazioni geografiche, anzi interpretò tale stato di cose come la dimostrazione che nei Paesi capitalisti regnassero solo l'odio, l'invidia e la cupidigia. All'estero tale impostazione invece venne interpretata dalle potenze della Quadruplice Alleanza come l'occasione per fare una nuova spartizione coloniale, facendosi beffe delle idee socialiste e comuniste sviluppatisi in Anatolia. In questa logica, rimangiandosi le promesse fatte dall'ignaro Rommel all'aristocrazia araba, il 21 novembre vennero siglati degli accordi tra il senatore Ferdinando Martini e l'ambasciatore Hans von Flotow. In essi si stabiliva, a guerra finita, la spartizione dell'eredità ex ottomana e britannica. All'Italia sarebbe toccata la Palestina e la Siria, alla Germania la Mesopotamia e la Persia. La regione caucasica concessa in precedenza da Pietrogrado a Costantinopoli, in parte già occupata dalla Legione czeco-slovacca, sarebbe toccata invece all'Impero multinazionale di Francesco Ferdinando.

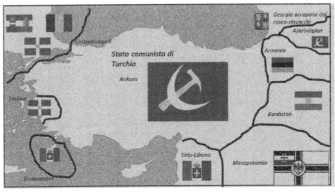

*La spartizione dell'Impero ottomano nel 1917*

In questo senso se l'idealismo comunista offriva a se stesso un'autorevolezza morale, d'altra parte riduceva la Turchia a un piccolo Stato con una grossa testa. I kemalisti si erano impossessati di una parte minima dei vecchi possedimenti ottomani. La pace cosiddetta «proletaria», firmata ad Alessandretta il 3 marzo 1918, che diveniva per la Turchia un autentico suicidio militare e politico, si trasformò a livello ideologico però in una mina vagante per molte società civili straniere. Era il rifiuto della guerra come mezzo di sopraffazione, per risolvere i conflitti dei capitalisti, dove morivano solo le classi lavoratrici proletarie.

Proprio per questo motivo, cedendo il nuovo e mozzato Stato turco importanti regioni, l'identità internazionale del Paese guadagnava credibilità oltre i confini nazionali. Ancora una volta lo spettro del comunismo si aggirava per l'Europa, terrorizzando cancellerie e corti.

Furono molti gli intellettuali, i politici e gli artisti che videro nella Turchia l'autentico Paese del futuro, in contrasto con le parrucche delle aristocrazie e con i rigidi protocolli delle democrazie. Da principio gli altri Paesi belligeranti non capirono subito che le idee avrebbero potuto valicare le trincee oltre i confini. Se ne sarebbero accorti ben presto.

La scelta dell'esilio verso la Patria dei lavoratori fu abbracciata da un'infinità di personaggi, che presso i loro parlamenti o governi non erano riusciti a realizzare i propositi di giustizia sociale e di progresso per i proletari. Ecco, quindi, l'arrivo ad Ankara dell'italiano Benito Mussolini, del russo Nikolaj Lenin, dell'indiano Mohandas Karamchand Gandhi, della tedesca Rosa Luxemburg, del magiaro Béla Kun, del francese Jules Guesde e del cinese Chen Duxiu.

Per questi motivi, nel tentativo di arginare uno spirito di emulazione, una volta conclusasi la guerra contro quel che rimaneva dell'Impero turco, tutti gli altri

Paesi tentarono di costituire un «cordone sanitario» intorno alla Rivoluzione, per evitare che essa dilagasse. Nel frattempo, ancora fumanti i cannoni, ogni Stato faceva quanto poteva per destabilizzare la situazione politica nei Paesi nemici, senza rendersi conto che ciò poteva causare anche la fine dell'equilibrio sociale faticosamente raggiunto. La più interessata a questo pericolo fu la Russia, che nel Caucaso, dopo aver ceduto l'Armenia e l'Azerbaigian ai turchi, e perduto sul campo la Georgia, ormai occupata dalla Legione czeco-slovacca, costituì gli Stati-cuscinetto della Circassia, della Cecenia e del Daghestan con la finalità di arginare il dilagare dell'ideologia comunista dalla Transcaucasia alla Ciscaucasia.

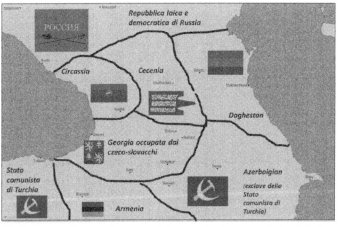

*Il Caucaso dopo gli sconvolgimenti politico-militari del 1917*

426

Nel frattempo, se gli austro-ungarici erano arrivati agli Stretti, i greci erano sbarcati a Smirne e nella regione circostante, gli armeni e i curdi trovarono la loro autonomia statale, mentre gli azeri aderivano senza riserve alla rivoluzione comunista di Ankara, come territorio separato dalla Madrepatria turca. Gli arabi invece, forti dell'interessato appoggio italo-tedesco, ottennero l'indipendenza e l'autodeterminazione, quanto meno nella penisola arabica. Gli accordi Martini-von Flotow destinavano – come si è visto – la Palestina e la Siria all'Italia, mentre la Mesopotamia alla Germania in una logica spartitoria, che avrebbe creato non pochi imbarazzi a Rommel, ormai divenuto il paladino del nazionalismo arabo.

A fine guerra, su pressione del generale Porro, l'eroe germanico-arabo ormai promosso colonnello sarebbe stato ricevuto da Vittorio Emanuele III al Quirinale per la consegna dell'Ordine militare di Savoia. L'ormai rassegnato «Rommel d'Arabia» rifiutò la decorazione, per l'indignazione dovuta alla subdola linea diplomatica italo-tedesca in Oriente. Rinnegò pure la propria cittadinanza germanica, per ritirarsi in India, dove morirà nel maggio del 1935 cadendo da un elefante imbizzarrito. Le sue memorie furono pubblicate postume nei suoi due scritti: il tattico *Fanteria all'attacco* e il mistico *Sette pilastri della saggezza*.

Solo nel 1937, alla fine della Seconda guerra mondiale, le terre, che dividevano il Mediterraneo dal Golfo

Persico, riuscirono a trovare la piena indipendenza, creando una serie di amministrazioni locali di etnia araba, sotto l'autorità delle piccole nobiltà musulmane.

Tornando però alla realtà del 1917, la politica interna turca e il crollo del Mediterraneo orientale, come è facilmente intuibile, produssero un terremoto militare all'interno dell'Intesa, tanto da creare notevoli problemi alla stabilità dei fronti. Precipitato quello meridionale del Mar Nero, la Bulgaria era stata nel frattempo nel modo più completo invasa, occupata e spartita tra l'esercito ellenico di re Costantino e quello multinazionale, paladino delle idee universalistiche di Francesco Ferdinando. Quest'ultimo in via ufficiale non chiese nulla dei territori bulgari, potendo contare sul controllo diretto degli Stretti e sul territorio annesso dai romeni nei Balcani sud-orientali. La politica di Bucarest era sempre più assoggettata a quella di Budapest e questo non sembrava dispiacere a nessuna delle due parti, se l'obiettivo era quello di creare un Impero paritetico tra i popoli sudditi.

Ormai senza nemici a Mezzogiorno, prima reazione degli Asburgo fu quindi il rivolgimento incessante a settentrione di tutti gli effettivi dell'Esercito ormai di fatto congiunto austro-ungarico e romeno. A questo punto non più impegnato in Europa sudorientale, tale formazione militare venne inviata verso le pianure russe, tentando di facilitare così la testa di ponte czeco-slovacca in Georgia, finalizzata a spingersi il più possibile verso il tanto agognato Impero indiano.

A differenza della Duplice Monarchia e dell'ormai sua vassalla Romania, la Grecia poteva considerare invece la guerra finita, tanto da cessare le ostilità, ormai esausta, ma paga di quanto ottenuto. Sebbene mancasse ancora Cipro, tra quanto spuntato a livello diplomatico nel 1915, Costantino antepose la stabilità interna del suo Paese alla possibilità di raggiungere tutti gli obiettivi prefissati. Non volendo rischiare sommosse popolari interne, si volle arrendere dal proposito di strafare oltre al bacino dell'Egeo. In fondo i minacciosi proclami turco-comunisti erano troppo vicini per i gusti del Re greco, se questa prospettiva partiva dalla neoellenica Smirne.

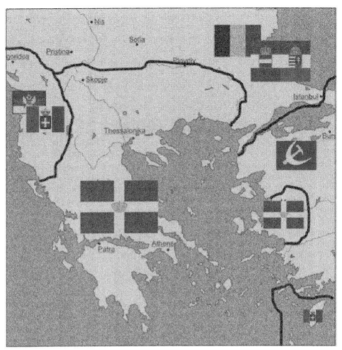

*La situazione politico-militare dell'Egeo al momento
dell'armistizio ellenico*

Per tali motivi non solo il *premier* Metaxas fece pervenire la richiesta greca di armistizio alle rappresentanze diplomatiche francesi, inglesi e russe, ma riprese
pure le relazioni con i rispettivi Governi, che ben lieti
accettarono questa boccata d'ossigeno, dopo la sfavo-
revole defezione turca.

La Russia, per quanto legata alla politica panslava,
in nome della propria sopravvivenza passò un colpo di

spugna sulle occupazioni elleniche in terra serba e bulgara. In fin dei conti, finché quei popoli rimanevano soggetti a Paesi stranieri, non avrebbero mai potuto recriminare a Mosca la cessazione delle ostilità con la Grecia.

Per lo stesso motivo e con il proposito di avere un nemico in meno, anche Parigi e Londra accettarono di buon grado l'offerta armistiziale ellenica, non potendo – anche volendo – opporsi a questo stato di cose, essendo esse prive di confini comuni, dai quali rivalersi contro Atene.

Nel bel mezzo di una guerra complessa, con svariati protagonisti ancora in gioco, il semplice fatto che un contendente della propria parte potesse abbandonare la lotta era un fatto negativo in sé, a maggior ragione se la motivazione derivava unicamente dalla volontà popolare espressa con una rivoluzione o dal timore d'essa. Del resto, gli impianti produttivi erano stati convertiti per il mercato bellico, senza un vantaggio per la popolazione o per i braccianti, mentre l'agricoltura era stata privata delle sue migliori forze lavorative. I beni primari, in particolare il pane, erano dappertutto scarsi, in speciale modo nelle grandi città. Qui i prezzi aumentavano in maniera vertiginosa e il contatto con lo sfarzo dei palazzi del potere si percepivano a occhio nudo.

Con questi presupposti le defezioni turca e quella ellenica rinfocolarono in entrambi gli schieramenti i movimenti pacifisti, che chiedevano a gran voce la cessazione delle ostilità, magari senza annessioni, né indennizzi in nome della sopravvivenza. Non era ancora il tempo dei successivi e inascoltati «14 punti» di Giorgio V, ma era tuttavia il maturo epifenomeno di uno stato di profondo malessere, causa ed effetto di un bubbone ideologico in procinto di esplodere.

Se per principio tali asserzioni avevano la loro validità umanitaria ed ecumenica, crollavano nel senso pratico della guerra in corso. Una locomotiva spinta a gran velocità senza conducente poteva correre ancora più veloce o schiantarsi distruggendosi; era invece impensabile farla arrestare di botto senza che i freni bruciassero e tutti i passeggeri fossero rimbalzati fuori. Una costante della Storia è il fatto che i Paesi che dichiarano le guerre, poi abbiano molte difficoltà a cessarle.

Non solo le conquiste vigenti creavano risentimenti e imbarazzi reciproci per via delle buone e cattive sorti dei vari contendenti, ma perché da entrambe le parti la guerra era vista come una crociata ideologica, poco conciliabile con il proposito di venire a patti con avversari giudicati dalle opinioni pubbliche dei rispettivi Paesi come dispotici e criminali. Nel 1917 si poteva chiedere a uno Stato di rinunciare alle proprie rivendicazioni o alle proprie occupazioni, quando per esse si era contribuito a incrementare i cimiteri di tutta Europa?

Ecco perché l'uscita di scena di Costantinopoli e di Atene doveva rimanere fine a sé stessa, senza indurre nessun altro a imitarle. Anzi, se la Turchia gradualmente aveva offerto tutti i segni per la sua rapida defezione dal conflitto nello schieramento dell'Intesa, nel frattempo la Triplice Alleanza, tornata tale a seguito del disimpegno di Atene, stava guadagnando una nuova compagna di lotta nello scontro contro gli anglofrancesi.

Si è avuto modo di esaminare tutta l'indignazione americana per la persistente pirateria britannica, come pure l'incessante campagna morale voluta da Wilson in favore degli irlandesi e dei belgi. Solo il 2 aprile 1917 la Casa Bianca esternò però in forma ufficiale il proposito di impegnarsi in prima persona in questo conflitto ormai mondiale. Era l'abbandono definitivo della «dottrina Monroe», dopo anni di eccentriche interpretazioni, che dal 1823 sancivano l'isolamento degli Stati Uniti dalle beghe europee e viceversa, benché vi fosse stato sempre un costante amore-odio con gli inglesi. Proprio il Canada era ancora un possedimento britannico, quindi il concetto isolazionista andava in modo inevitabile a cozzare con la presenza di uno scomodo dominio europeo proprio ai confini settentrionali della Federazione.

Il *New York Times* in toni nostalgici ripropose l'indomani della dichiarazione di guerra in copia anastatica sulla prima pagina del giornale un'antica edizione risalente al 1814, nel bel mezzo della cosiddetta "guerra anglo-americana del 1812" intitolata: «Gli inglesi incendiano e saccheggiano la Casa Bianca». Si era ormai giunti all'uso politico della Storia, dove il recupero del tradizionale antagonismo tra le due sponde anglofone dell'Atlantico diveniva una pesante clava da sferrare in testa ai coronati Windsor.

Questo clima d'odio e di astio per i britannici si poté considerare premiante per la causa bellica americana. Se da principio il Congresso di Washington non ravvisò troppi interessi nello scontro europeo, di mese in mese molte oriunde nazionalità interne al popolo americano chiedevano in modo plateale il ripristino del diritto internazionale e il proposito di rendere giustizia a tutti i torti e i crimini di cui si erano macchiati i francesi e gli inglesi. Il conflitto diveniva quindi un'autentica crociata senza precedenti, nella quale si confondevano tangibili motivazioni imperialiste e sfarzo gratuito di potere.

Altro elemento, non secondario rispetto alla scelta di appoggiare senza riserve la causa di Berlino e di Roma, era poi l'ingente impegno produttivo e commerciale, che in questi anni l'economia americana aveva intrapreso con i mercati tedesco e italiano. Le banche, le industrie e le istituzioni pubbliche e private, spinte dall'esortazione wilsoniana del Natale del 1914, avevano elargito crediti e aiuti finanziari senza un valido piano di rientro in favore del *Reich* e del Regno d'Italia.

Il rischio nel 1917, di non trovare più debitori europei adempienti verso le obbligazioni sottoscritte, impensierì la società civile statunitense, che ora – oltre alle eventuali motivazioni umanitarie ed etiche – veniva spinta a partecipare alla guerra anche per interessi di natura solo economica.

*Wilson annuncia al Congresso la dichiarazione di guerra contro Parigi e Londra*

L'ottima propaganda della Triplice Alleanza, se da una parte aveva convinto l'onnipotente «cittadino della strada» americano del suo stretto dovere di entrare in guerra in difesa dei sacri principi proclamati a Filadelfia, dall'altra gli aveva in modo discreto fatto capire che, oltre tutto, la guerra poteva dirsi per gli Stati Uniti anche un buon affare. L'amministrazione a stelle

435

e strisce superò i propri scrupoli verso i monopolisti, purché fossero in grado di consegnare in tempo carri armati, aerei e navi. La legislazione antitrust fu messa da parte per le esigenze dell'industria bellica.

Dopo una serie di dibattiti pubblici e la costituzione di comitati civici, volti a preparare la Nazione a uno sforzo bellico, come mai accaduto nella breve storia americana, il dipartimento della Guerra pianificò un piano annuale per trasformare il tranquillo e abulico popolo statunitense in una macchina da guerra impressionante. Era la lotta di una democrazia contro altre due democrazie, fatto piuttosto raro all'inizio del XX secolo. Per loro fortuna gli *yankee* non trovarono di fronte a sé società completamente abbrutite, assuefatte alla sofferenza, che potevano risultare più difficili da sconfiggere. Le afflizioni inflitte dai loro governi rendevano gli inglesi e i francesi assoggettati, ma non oppressi a tal punto da impedirne reazioni pacifiste. Per il momento però erano ancora capaci di crimini e bassezze.

Il britannico Charles Chaplin, in quel periodo negli Stati Uniti per una *tourné* rimase così drammaticamente scosso dalle atrocità francesi, che chiese asilo oltreoceano, perché indignato dalla politica collaborazionista del Governo di Sua Maestà. In America diverrà quindi una celebrità del cinema comico muto, girando alcuni mesi dopo la pellicola "Charlot soldato", in cui

436

l'imbranato vagabondo riusciva niente meno che a fare prigioniero re Giorgio V in persona.

*La nave da battaglia Pennsylvania in partenza da New York verso l'Europa*

La pellicola di celluloide, molto più dei bandi e dei banchetti nelle piazze, divenne un reagente chimico potentissimo. Un'infinità di giovani trastullati e divertiti sembrava più sensibilizzata ad accettare il viaggio verso l'Europa, indossando una divisa e imbracciando

437

un fucile, di cui di massima ogni maschio adulto aveva esperienza in Nord America. I veterani della guerra di secessione, quelli delle guerre contro gli indiani furono chiamati a testimoniare l'efficienza statunitense, quello stile di vita rinnovato e morale che a detta degli americani nella vecchia e corrotta Europa mancava.

Pur tuttavia le Forze Armate a stelle e strisce avevano negli ultimi anni dovuto sperimentare un concetto bellico nuovo, rispetto a quello tradizionale, offerto dalle ampie praterie della frontiera o dal paesaggio tipico delle regioni dei Grandi Laghi e del Midwest. Le esperienze di Cuba e delle Filippine erano state in questo indicative, ma si erano rivelate settoriali e non inclusive della società civile, che aveva guardato questi conflitti come troppo distanti per farsi coinvolgere. La guerra, che si profilava all'orizzonte in quei mesi, sarebbe stata invece completamente diversa. Ecco perché oltre alla costituzione di un ampio e versatile esercito, da costituire prelevando le migliori risorse del mondo civile, dovette essere impostata una strategia complessiva e globale, complementare all'impegno fino ad allora profuso dagli aderenti alla Quadruplice Alleanza. Gli americani erano il popolo dei ranger, scesero in guerra con molta impreparazione, ma con la forza di poter spendere soldi, tanti soldi in mezzi ed equipaggiamenti. Lo smaliziato desiderio di combattere era simile a quello degli europei del 1914, ma con la differenza che negli Stati Uniti si partiva dal concetto che solo l'industria e non la carne umana potevano portare alla vittoria. La flotta navale non era improvvisata, era già da circa due lustri una valida arma, consolidata nei mari di mezzo Mondo. Vennero tuttavia costruite molte navi, di varia dimensione, stazza ed uso. Poco per volta i coscritti si trasformarono in veri soldati e quindi in abili combattenti.

La lotta contro Francia e Gran Bretagna si trasformava nella lotta per la libera democrazia, contro ogni tipo di barbaro colonialismo ed imperialismo. Nei secoli passati inglesi e francesi erano sbarcati da conquistatori sulle coste nord-americane, ora era giunta l'ora di vendicare questo abominio. Nessuno ricordava più che gli americani di oggi erano i nipoti degli anglo-francesi di ieri. La guerra mondiale veniva sbandierata in modo sin troppo semplicistico come la lotta per l'autodeterminazione dei popoli contro l'oppressione.

Quando il 19 febbraio 1917 morì per infarto il capo di Stato Maggiore, generale Frederick Funston, grande animatore imperialista della guerra contro la Spagna, al suo posto il segretario di Stato alla Guerra Newton Deihl Baker nominò il generale James Franklin Bell, già in quell'incarico fino al 1910 e veterano della guerra nelle Filippine. Wilson avrebbe preferito accordare l'incarico al generale John Pershing, per via delle sue doti più sbrigative e marziali, ma l'ultima parola spettava a Baker, che si rivelò inflessibile. A suo giudizio Pershing, seppur protagonista di diverse esperienze belliche, sembrava ai suoi occhi molto più uno stratega da tavolino, tra l'altro aiutato nella carriera in modo sin troppo spregiudicato dai politici repubblicani, compiacenti nei confronti del suocero senatore. Per l'incarico di condurre l'esercito in battaglia, secondo il segretario, serviva piuttosto un uomo pratico nell'arte del combattimento, un comandante immerso nella realtà dei soldati. Solo Bell avrebbe potuto avvicinarsi ai metodi degli omologhi Falkenhayn e Pecori Giraldi.

Alla fine, quindi la spuntò proprio il candidato di Baker, che era nell'animo un democratico convinto, desideroso di non rendere il Paese un'intera caserma, ma piuttosto l'espressione civile di un popolo desideroso di affermare anche con le armi i diritti e i doveri della civiltà. Questa impostazione piacque subito a Wilson, che gli accordò mezzi e fondi per impostare un arruolamento diffuso nell'intento di rimpinguare innanzitutto la Guardia Nazionale. Seppur trovando delle forti resistenze nelle *lobby* del Sud, Bell fu il fautore del massiccio inserimento della popolazione di colore nei ranghi dell'Esercito, ufficiali inclusi. Era la nazionalizzazione dei "soldati bisonte", elemento rivoluzionario anche a distanza di sessant'anni dal primo arruolamento di militari neri nelle file federali delle Giacche blu. A differenza del suo antagonista Pershing, che nell'animo era razzista e in anni passati aveva mostrato simpatia per la Francia, Bell accolse con entusiasmo l'idea di stringere le sorti del suo esercito multirazziale con quelli italiano e tedesco.

Pershing alla fine, vista anche la sua esperienza asiatica come *attaché* a Tokyo, venne inviato in Siberia orientale al seguito della 2ª divisione di fanteria, per collaborare con i giapponesi nella guerra contro i russi. Quel settore, quasi dimenticato ormai dalla strategia bellica di Roma e Berlino, una volta che Costantinopoli era sprofondata su se stessa e Mosca aveva da tener testa a numerosi fronti coevi, si andava cristallizzando. Questa situazione si era generata, nonostante i nipponici fossero agguerriti e i russi incapaci di offrire una difesa adeguata. Pur tuttavia le scarse linee di comunicazione interne e lo sterminato territorio desolato e stepposo creavano un blocco offensivo per chiunque avesse voluto penetrare verso Occidente. Nondimeno i giapponesi, nonostante lo stesso fiume Lena sembrasse un obiettivo irraggiungibile, avevano creato quel presupposto psicologico che rendeva ipotizzabile, anche se non del tutto realistico, un loro dilagare incessante fino agli Urali e stringere tra due fuochi il Cremlino.

Al pari di questo timore la semplice idea che gli *yankee* potessero sbarcare tonnellate di materiale e migliaia di uomini contro l'Intesa fu subito un campanello d'allarme grave e preoccupante per i Governi e gli eserciti di Londra, Parigi e Mosca. Come è facilmente intuibile anche gli Stati Uniti avevano i loro «scopi di guerra». Nelle intenzioni recondite e dichiarate da Wilson vi era l'intenzione di annientare in forma completa il primato britannico nel Mondo. Anche se non venne palesato con le diplomazie italiana e tedesca, in cui almeno all'inizio gli Stati Uniti non si dichiararono «alleati» in forma stretta, per non incorrere nell'obbligo di dichiarare guerra a tutti i componenti della Grande Intesa, l'obiettivo di Washington era colpire l'Impero inglese, per ottenerne il Canada e tutte le isole possedute da Sua Maestà nei Caraibi.

A Londra si percepiva questa eventualità e si cercò di correre ai ripari. Se Washington stava per scagliare sull'Europa una ventata di novità e di freschezza nella guerra contro l'Intesa, non erano da sottovalutare in parallelo le azioni diplomatiche anglo-francesi. Esse si svilupparono a partire dalla primavera del 1917 in un'incalzante pressione sui recenti nemici sconfitti degli Stati Uniti. Il Messico e la Spagna, che a causa dello sviluppo coloniale americano erano ormai decaduti a Potenze di quart'ordine, secondo la strategia di Londra e Parigi potevano fungere all'occasione. Interpellato in proposito, il Governo di Madrid si mostrò indisponibile alla cosa, per l'ingente sforzo navale e militare necessario, assolutamente fuori da ogni ottimistica speranza sociale ed economica del Paese iberico. Il redivivo generale di Robilant, sempre addetto militare nella Capitale spagnola, per il momento contribuì nello

442

scopo di lasciare quel Paese estraneo da qualsiasi eventuale complicazione bellica.

Viceversa, Città del Messico fu più interessata alla cosa, anche perché il vecchio ex presidente Porfirio Dìaz in esilio a Parigi perorò la causa anglo-francese con i suoi connazionali reazionari in chiave antistatunitense. La sua speranza era di sedare la disomogenea rivoluzione interna in atto e reintrodurre la dittatura. Egli rinfocolò quell'atavico odio viscerale esistente tra i messicani e i loro vicini settentrionali *gringos*. Gli eredi di Montezuma consideravano gli statunitensi come un popolo imbelle e chiaramente degenerato. Nell'immaginario collettivo erano alcolizzati, imbastarditi da reiterate unioni promiscue con neri e con ebrei, culturalmente giudicati arretrati. I messicani avrebbero presto scoperto che l'eterogenea popolazione multietnica nordamericana diveniva ogni anno più potente, anche grazie alle differenti tradizioni provenienti da oltre Oceano. La filosofia, che ogni statunitense ha diritto a un pezzettino di felicità, garantiva una partecipazione disinteressata alle sorti della grande Nazione.

Nonostante i supponenti pregiudizi, sta di fatto che Città del Messico attendeva da decenni un regolamento dei conti e la guerra europea sembrava offrirgli l'occasione propizia. Le proposte dell'Intesa ingolosirono l'esercito personale del generale Manuel Mondragon che, in caso di un'alleanza con Gran Bretagna e Francia, prefiguravano come compensi tutti i territori annessi dall'Unione americana nel 1845: Texas, Nuovo Messico e Arizona. L'opinione di Mondragon, che in quel periodo ricopriva il ruolo di ministro della Guerra, erano quelle di offrire alla Nazione una vittoria ardimentosa, capace di regalare a se stesso nuovo credito dinnanzi agli occhi dell'opinione pubblica messicana, così da proclamarsi presidente e distruggere le velleitarie speranze rivoluzionarie dei vari Emiliano Zapata e Pancho Villa. Il Paese viveva un periodo critico, costellato da sommosse proletarie e da scioperi massicci di ampi strati sociali. La povertà, la mancanza di diritti e i soprusi indiscriminati erano all'ordine del giorno. Solo una risposta determinata avrebbe evitato una ribellione popolare su vasta scala, anticamera dello sconvolgimento di tutto il tessuto costituzionale dello Stato. Creare un nemico esterno poteva distogliere l'attenzione del popolo e rivolgerlo contro gli odiati *gringos*.

I propositi del presidente in carica Venustiano Carranza erano simili a quelli del ministro-generale, convinto assertore sia della lotta contro i ribelli, sia di quella contro Washington, verso il quale soffriva di un connaturato senso d'inferiorità. Fu lui che volle incontrare di persona l'ambasciatore britannico Thomas Beaumont Hohler, per concordare insieme i termini dell'intervento del Paese ispanico.

Concluso quindi un accordo di massima il 25 giugno, l'esercito messicano si impegnò entro un mese a oltrepassare il Rio Grande, per costringere gli statunitensi sulla difensiva, prima che potessero rinforzare gli schieramenti della Triplice Alleanza, tornata a tale nome per la defezione della Grecia dallo schieramento. Mondragon si spinse di persona oltre il confine orientale del Texas, attaccando El Paso, ma le truppe, dislocate a Fort Bliss e comandate dal generale Robert Lee Bullard, irruppero sugli invasori, tanto da offrirgli una pesante lezione. L'esercito messicano si era rivelato un'autentica tigre di carta, volata via al primo cenno di brezza. Gli attacchi diretti e concentrati invece erano una tradizione strategica americana, sovente legata al nome di Ulysses S. Grant durante la guerra civile. Il generale-ministro messicano morì durante la battaglia. Carrazza fu obbligato alle dimissioni forzate, offrendo a Zapata e Villa mano libera sull'intero Messico ormai acefalo delle ultime forze reazionarie del Paese.

L'evento fu traumatico nella società messicana, che – risentendo dell'affanno economico prodotto dall'idea di trovarsi invischiata in una guerra logorante – provocò un'ulteriore sommossa. Venne richiesto quindi un armistizio agli statunitensi, che accordarono la pace il 1° ottobre in cambio della cessione della Bassa California e un protettorato sullo Yucatan per venti anni. L'apporto messicano alla guerra mondiale finì quasi prima di iniziare, decretando l'affermazione degli Stati Uniti sul palcoscenico bellico globale. Il Messico perdeva quel poco di credibilità internazionale ancora rimastagli. Da quel momento si legò politicamente alla Turchia, con la quale condivideva il sogno messianico del comunismo e dell'uguaglianza di tutti gli uomini del Mondo, che essi fossero bianchi, gialli o neri.

*I rivoluzionari zapatisti occupano il centro di Città del Messico*

Nel frattempo, l'intero Oceano Atlantico era divenuto un vasto campo di battaglia, su cui si giocava una partita decisiva, che si arricchiva mese dopo mese di corazzate e incrociatori, battenti bandiere dei cinque continenti. I fondali del mare erano già pieni di carcasse di navi affondate, ma ciò non sembrava aver posto fine alle scorribande dell'una e dell'altra parte.

Gli ammiragliati di Londra e Parigi lavoravano in modo febbrile pur di rimpiazzare le unità perdute, ma la fretta andava a scapito della qualità e il numero dei sommergibili fermi nelle basi per avaria andò sempre aumentando. Anche gli equipaggi, fino ad allora assai più disciplinati di quelli delle navi di superficie, cominciavano a dar segni di stanchezza e di insofferenza, impressionati dalle perdite sempre crescenti. Il morale del marinaio comune diveniva un problema, altrettanto importante dell'addestramento tecnico e militare.

Il 7 maggio l'ultimo dei grandi colpi, messi a segno da parte della piratesca flotta anglo-francese, fu presso l'arcipelago delle Canarie. L'assalto intrecciato dei sommergibili britannici, della corazzata francese *Dague* e della nave da battaglia inglese *Warspite* questa volta ebbero come vittima la formazione mercantile tedesca, scortata dagli incrociatori leggeri *Karlsruhe* e *Königsberg*.

L'inizio dello scontro ebbe subito l'esito già segnato in favore degli attaccanti. Il naviglio germanico venne colpito in modo serio, tanto da dover riparare nel porto spagnolo di Santa Cruz de Tenerife. Il Governo di Madrid, che fino a quel momento aveva espresso una benevola neutralità in favore della Triplice Alleanza anche per via della germanofilia del re Alfonso, in quelle circostanze fu bersaglio di pesanti recriminazioni da parte degli ambasciatori dell'Intesa. L'evento fu a rischio di un grave incidente diplomatico (che avrebbe portato anche alla dichiarazione di guerra) per via dell'asilo accordato, in violazione delle norme internazionali sui Paesi non belligeranti. Già in serio imbarazzo, il *premier* iberico Eduardo Dato ordinò al comando locale il 9 maggio l'immediata requisizione di ogni unità tedesca, approdata su moli spagnoli. L'ambasciata del *Reich* a Madrid però intercettò il cablogramma, grazie alla complicità di un funzionario locale corrotto, e dispose alle proprie navi, in grado di riprendere il largo, di salpare il prima possibile, così da evitare la reazione spagnola.

Ricevuto l'ordine perentorio di partenza, venne eseguito da tutte le imbarcazioni germaniche, tranne la *Königsberg* quasi priva di gran parte della corazzatura superiore e perforata nello scafo. Del naviglio salpato solo un paio di imbarcazioni mercantili riuscirono a trovare però scampo, rientrando nel Mediterraneo. Tutte le altre unità, ormai in lenta ma progressiva avaria, caddero vittima una dopo l'altra della caccia della *Dague*, che così poté rientrare a Bordeaux osannata dalle autorità civili e militari. Il suo comandante, il capitano Ernest Bouquet, fu l'ultimo militare ad ottenere la concessione della *Legion d'honneur*, prima di altri quindici anni e una nuova guerra mondiale.

In questo gioco di affondamento reciproco e di logoramento permanente, persino la neutrale Buenos Aires colse la palla al balzo e, confidando dell'intrigata matassa sul fronte europeo in cui Londra si dissanguava senza sosta, diede libero sfogo a un revanscismo archiviato da decenni contro l'Impero britannico. Il 15 giugno l'*Armada argentina*, supportata dall'incrociatore corazzato tedesco *Scharnhorst*, attaccò senza incontrare quasi resistenza le isole Malvine, fino ad allora chiamate dagli oppressori inglesi «Falkland». Insieme alla corazzata britannica *Audacious*, colpita da un attacco inaspettato della snella Marina argentina, iniziava ad affondare il primato coloniale inglese anche in mare aperto. Il 20 giugno sul pennone di Puerto Argentino, deposta la *Union Jack*, iniziò a sventolare il vessillo biancoceleste adornato dal *Sol de Mayo*.

L'evento creò una sorta di reazione a catena in America Latina. Anche il Brasile prese coraggio e, come ripicca per i numerosi suoi convogli diretti in Germania, affondati dall'inizio della guerra dalla *Royal Navy* e dalla *Marine Nationale*, invase il 19 giugno la Guyana francese e quella britannica, risparmiando l'indipendenza dell'ormai *enclave* Suriname. Simile comportamento venne operato anche dal neutrale Portogallo, che il 27 luglio dai suoi possedimenti in Guinea e in Angola annesse in via definitiva parte del Senegal e della Rhodesia del nord.[32]

Medesima situazione accadde pure in America settentrionale, dove il calmo e placido Québec colse la si-

---

[32] L'attuale Zambia.

tuazione delicata della Madrepatria britannica per rivendicare l'indipendenza nazionale. Vani furono i tentativi di mediazione proposti dal presidente Poincaré e dal *Quay d'Orsay*. Per i canadesi di lingua francese l'imperialismo di Parigi non sembrava più tenero di quello britannico. Nessun colloquio fu preso sul serio, proprio perché la reputazione della Francia aveva perso qualsiasi tipo di credito. Il Belgio e i cantoni romanzi della Svizzera erano stati con disinvoltura occupati da un esercito, che parlava la loro stessa lingua. I *québécois* non avevano intenzione di fare la medesima sorte, nel caso in cui, per quietare gli animi, Parigi si fosse inserita nell'amministrazione della regione. Con questi presupposti alcune sommosse si svolsero lungo il corso del fiume San Lorenzo, avendo come epicentro da principio la sola città di Montréal. In questa campagna ideologica gli indipendentisti ebbero il pieno appoggio degli Stati Uniti, facendo però ben capire a Washington, che il loro obiettivo era la piena indipendenza e che il governo del Québec non era interessato a rientrare tra le stelle della bandiera americana. Nel giro di un mese, i ribelli francofoni riuscirono a far arretrare in forma considerevole le formazioni militari inglesi presenti sul territorio, anche a seguito di un deciso assedio degli stessi presso la rocca fortificata di Québec città. Il 15 settembre 1917 nel palazzo dell'*Assemblée Nationale* dell'omonimo capoluogo regionale, il governatore

Pierre-Évariste Leblanc proclamò indipendenza e ufficializzò la creazione della Repubblica francofona del Québec.

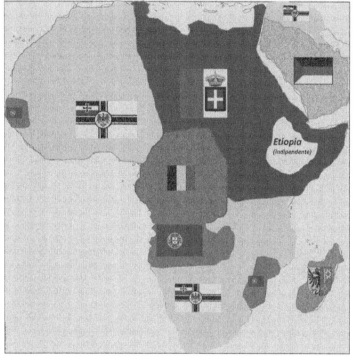

*La spartizione dell'Africa e del Vicino Oriente*

Come ad imitare il ribellismo delle altre colonie, anche i possedimenti britannici del Continente nero non trascorsero un periodo meno travagliato. Tutto iniziò quando le guarnigioni tedesche dell'Africa sud-occidentale[33] superarono i confini della colonia del Capo. Qui risiedeva tra l'altro un numero cospicuo di cittadini di origine germanica (gli *afrikaner*), che si sollevarono in rivolta contro il locale governo delegato da Londra. Anche le truppe guglielmine del Tanganica[34] diedero filo da torcere agli inglesi, penetrando in Kenia, rompendo il proverbiale equilibrio *british*. Quello che era un predominio verticale per Sua Maestà, era già divenuto un dominio a macchia di leopardo. Nel contesto del Continente Nero vale la pena anche accennare all'attivismo di Roma, non fosse altro perché l'unica sua azione determinante avrebbe creato i presupposti per altri eventi negli anni a venire. Avendo poche truppe disponibili in Eritrea e in Somalia, il presidio coloniale italiano in Africa Orientale si limitò ad occupare il porto francese della città-stato di Gibuti. La penetrazione non venne risentita troppo a Parigi, che aveva in quel momento altre priorità. Creò, tuttavia, più che altro difficoltà all'economia etiope. Non era ancora il momento per Roma di attaccare l'infida Addis Abeba e non lo sarebbe stato ancora per dieci anni. Solo una volta divenuta una Repubblica, l'Italia avrebbe regolato i conti con l'Abissinia per Adua!

Nel frattempo, anche le relazioni diplomatiche europee ebbero notevoli sviluppi in fatto di neutralità.

---

[33] *Deutsch-Südwestafrika*, l'attuale Namibia.
[34] L'attuale Tanzania.

452

Dopo la mezza crisi diplomatica delle Canarie, anche a Madrid le poltrone erano in fibrillazione. La Spagna, che in quel periodo si ritrovava sotto un fuoco incrociato interno per le politiche sociali mancate, avrebbe desiderato approfittare anch'essa della situazione, occupando Gibilterra. Tuttavia, proprio i fatti della *Königsberg* avevano indispettito la Germania e l'Italia nei confronti della monarchia iberica. Roma e Berlino, grazie alla crescente influenza di di Robilant presso la Corte dei Bordone, in quei frangenti minacciarono severe ritorsioni commerciali, qualora Madrid avesse annesso la Rocca, già accordata a Taponnier e alla sua Repubblica di Ginevra. Il nuovo Esecutivo germanofilo di Juan Vázquez de Mella desistette quindi dal desiderio di impossessarsi della bocca occidentale del Mediterraneo, per rientrare a interessarsi delle spinose faccende domestiche.

Se questo accadeva alle piccole e medie Potenze, in modo quasi distaccato rispetto al nuovo circuito principale nell'emisfero boreale atlantico, che legava ormai Washington, Roma e Berlino, il duello anglo-tedesco si arricchiva dell'imponente potenza americana. Da principio vi furono notevoli problemi logistici su come far arrivare le navi da carico dall'America e come ottenere, nel modo più rapido possibile, i necessari rinforzi di uomini. Gli Stati Uniti erano divisi dalla vecchia Triplice Alleanza non solo dall'Oceano, infestato da minacce subacquee, ma anche da un blocco terrestre nemico o neutrale, che ne impediva un collegamento diretto. Nondimeno quando la potenza statunitense fu messa in moto, l'accelerazione fu costante, tanto da azzerare anche la rimanente pirateria marittima anglofrancese. Gli *yankee* potevano contare infatti su un esercito permanente, a reclutamento volontario, bene armato e bene addestrato. L'unico difetto erano le dimensioni, ma con l'andar dei mesi anche questo aspetto venne superato. La popolazione era talmente numerosa e mediamente abituata alla violenza, che non avrebbe creato troppi problemi a formare un esercito permanente di massa.

La traversata dei transatlantici e dei bastimenti a stelle e strisce alla volta del Mediterraneo iniziò ad offrire una spinta psicologica per sferrare nuovi attacchi contro la Francia lungo il Rodano e in Lorena. Gli Usa avevano una potenzialità indecifrabile, anche perché non si percepiva sin da subito il modo e i tempi di reazione, che si sarebbero rivelati solo nel medio periodo. Questa propensione rappresentò per i governi Giolitti e Bethmann-Hollweg la sorgente inesauribile del rinnovato sforzo bellico dell'aggiornata Triplice Alleanza. Le magre economie tedesca e italiana erano state dissanguate dalla corsa agli armamenti e si trovavano in modo irreparabile in "rosso". Il flusso di "verdoni", che iniziò a piovere in modo sempre più frequente, invece riavvio gli ingranaggi di un'industria e di un commercio in ristagnante affanno. La guerra si combatteva ormai più con il denaro che con l'eroismo, da far impallidire Alessandro Magno e Giulio Cesare!

Ecco, quindi, l'idea per Roma e Berlino di poter contare su una riserva perenne di uomini e di materiali, necessari a marciare con rapidità su Parigi e dare termine al deterioramento delle trincee. I tedeschi non avrebbero più partecipato ad incessanti attacchi logoranti e sanguinosi. Calati nelle trincee, avrebbero aspettato di vincere la guerra grazie all'azione concentrata dei nuovi carri armati, degli ultimi prototipi di aeroplani e delle fresche divisioni statunitensi, il cui morale sembrava infondere un'energia insaziabile alle stanche formazioni italo-tedesche.

Già nel giugno del 1917 le prime truppe americane, comandate dal generale James Harbord, sbarcarono nel Marocco francese, che dal 1912 era a tutti gli effetti una colonia di Parigi, occupando gli scarni presidi costieri tenuti dalla Legione straniera a Safi e a Port-Lyautey. Nella battaglia navale precedente allo sbarco, colarono a picco gli incrociatori *Jean Bart* e *Léon Gambetta*.

A luglio fu la volta di Gibilterra, che cadde nel volgere di una settimana, dopo un bombardamento incessante delle corazzate *New York* e *Pennsylvania*, che al comando dell'ammiraglio William Sims azzerarono le difese marittime della Rocca. Da lì l'avanzata raggiunse le coste dell'Algeria, dove il Corpo d'Armata di Harbord sbarcò ad Orano e ad Algeri.

Il comando italiano, timoroso che gli Stati Uniti in questa rapida avanzata potessero rivendicare il possesso della Tunisia, senza indugio da Palermo fece salpare una Divisione di fanteria, che a fine luglio s'impadronì di Malta e della zona tra Biserta e Kasserine. Se a partire dal 1914 l'occupazione italiana della Tunisia era avvenuta in modo sporadico e si limitava ai punti più rilevanti della costa, ora la politica interalleata, irta anche di gelosie reciproche, obbligava a non permettere alle altre Potenze di eccedere troppo nelle aree di influenza altrui. Come diceva un vecchio adagio: «Dagli amici mi guardi Dio, che dai nemici mi guardo io». Ciò valeva a maggior ragione per il delicato e personalissimo rapporto che gli europei avevano con gli americani. Esso si limitava a una collaborazione per la guerra, senza precise regole sulla pace. Gli Stati Uniti, come accennato, non si definivano alleati, ma semplici associali della Triplice Alleanza, come a certificare una distinzione non indifferente su metodi e scopi. La costa africana dirimpetto alla Sicilia era considerata da Roma il giardino di casa Italia. Questa non poteva ora acconsentire che un Wilson qualsiasi la mettesse in discussione, una volta che il conflitto si fosse concluso con una vittoria collegiale.

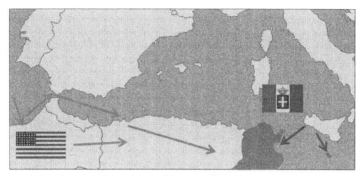

*Azioni statunitensi e italiane nelle colonie nordafricane*
*della Francia*

Nonostante tali riserve, tutte queste azioni belliche stavano offrendo, ormai senza soluzione di continuità, l'accesso indisturbato e completo degli Stati Uniti nel Mediterraneo, i cui varchi, dopo l'occupazione di Suez l'anno prima, erano ormai forzati in modo definitivo. Il predominio britannico dei mari era un ricordo del passato e Trafalgar ormai diveniva un capitolo storico del Medio Evo inglese.

Questa situazione offriva alle divisioni americani di rimpinguare le provate Armate italo-tedesche, che ormai da oltre tre anni erano impegnate dalla costa settentrionale africana al Mar del Nord. Gli americani cominciarono quindi a fronteggiarsi in prima persona contro i militari francesi, che con disprezzo iniziarono ad essere chiamati con l'appellativo di "Charlie".

A metà agosto giunsero nei porti di Napoli e di Livorno 32 divisioni provenienti da oltreoceano, che raggiunsero i fronti impegnati dagli italiani e dai tedeschi il mese seguente, appena in tempo per un attacco decisivo su Lione e su Reims. Le unità che da quel momento diedero miglior prova e una grande risonanza al militarismo *yankee* furono: la 1ª, che per via del simbolo contenuto nel suo scudetto pentagonale venne identificata come "Il grande uno rosso", e l'82ª, che invece venne battezzata "All American", considerato che i suoi membri provenivano da tutti i 48 Stati della Federazione. A seguito anche dell'esperienza e dei racconti successivi di Ernest Hemingway, sulle Alpi marittime l'azione statunitense divenne leggenda. Sul Reno l'eroismo a stelle e strisce fu invece quasi del tutto monopolizzato dal pluridecorato sergente Alvin York, che da solo uccise 20 francesi e ne catturò oltre cento nei pressi di Metz. Oltre alle decorazioni nazionali, fu insignito di simili riconoscimenti anche dagli Stati maggiori tedesco, italiano, belga, irlandese e ginevrino, divenendo in pochi mesi il soldato più famoso del Mondo. Guglielmo II in un momento di insolita esterofilia lo paragonò a Sigfrido, concedendogli la cittadinanza tedesca e offrendogli un appezzamento di terreno nel Brandeburgo, dove a fine guerra il militare si ritirò a vita privata come un novello Cincinnato. Si comprese sin da subito che l'impegno americano era una nuova espressione di fare la guerra. La gestione manageriale delle unità militari e la propaganda a otto colonne dei giornali divennero il successo delle battaglie, ancor prima di combatterle. Era il popolo ad affrontare il nemico e ogni cittadino, militare o civile, vi partecipava a suo modo. Proprio seguendo questa impostazione si diffuse la moda di utilizzare negli accampamenti del fronte tende fatte di bandiere americane, cucite dai ricoverati degli ospedali psichiatrici di tutto il Paese. Anche gli schizofrenici, i megalomani, gli indemoniati e i paranoici potevano esprimere patriottismo, anche loro erano capaci di dare un contributo per il benessere dei connazionali militari combattenti.

In questa grande lotta contro i malvagi anglo-francesi, il solo esercito degli Asburgo non risentì quasi per nulla del beneficio statunitense. Questo accadeva perché Wilson riteneva la lotta tra l'ex Duplice Monarchia e la Repubblica russa una guerra separata, quasi asiatica per il suo modo di vedere da Washington il Mondo e la geopolitica internazionale. Le sue nemiche erano Londra e Parigi, contro esse sole il sacrificio americano sarebbe stato tollerato.

*L'eroe americano Alvin York*

Le battaglie alpine e lorenesi di fine settembre furono le prime in cui soldati di colore si batterono in schieramenti totalmente diversi. Il concetto di guerra nel quale i soldati bianchi spadroneggiavano era finito. Si era arrivati alla nozione di «battaglia delle Nazioni contro altre Nazioni», dove diversi e variegati eserciti combattevano un nemico comune, ma per obiettivi così diametralmente opposti. In quei frangenti lungo la Somme era consuetudine che un «gentiluomo del sud» fosse accoppato nel modo più normale e classico possibile da un senegalese oppure che un cittadino nero della Louisiana potesse mandare al Creatore un *hi-*

*ghlander* con tanto di *kilt* e copricapo *glengarry*. In Savoia era ormai cosa usuale imbattersi in operazioni militari dove dalla stessa parte combattevano insieme un fante pugliese, uno californiano e uno ginevrino.

La situazione creatasi sembrava arrivata a un punto della guerra molto favorevole per la Triplice Alleanza. In realtà ancora molte sorprese in ambedue gli schieramenti sarebbero apparse prima che il conflitto potesse considerarsi concluso.

Ai primi di ottobre il comando di Lanzerac ebbe a ultimare un piano, che sulla carta non sembrava molto ardimentoso nella sua semplicità, ma che si sarebbe rivelato deleterio per l'esercito avversario. L'idea era finalizzata a creare semplicemente una lieve penetrazione sul litorale mediterraneo di fronte a Nizza, per impedire che la città fosse oggetto dei continui cannoneggiamenti dell'artiglieria italiana. Insomma, nella mente di nessuno a Parigi l'operazione poteva apportare seri risultati strategici. L'azione si svolse a partire dal 24 ottobre 1917 da Roquebrune Cap Martin in Costa Azzurra e impiegò due scarse divisioni.

L'attacco ebbe da principio un'efficacia marginale, ma la 1ª Armata del generale Capello fu colta alla sprovvista, ripiegandosi su se stessa e arretrando a domino sin oltre il confine italiano. Alcuni reggimenti vennero sovrastati senza sparare un colpo, evidenziando la completa indifferenza per le sorti del Paese da parte di una grossa fetta dei soldati al fronte, stanchi e demoralizzati. Pareva di trovarsi di fronte a un branco di elefanti terrorizzati da minuscoli topolini. L'effetto era grosso modo lo stesso. In oltre tre anni di guerra non si era visto in nessun esercito e in nessun fronte una rotta di tale portata, soprattutto se dipesa da un attacco talmente ridotto di uomini e reparti.

In questi frangenti sembrava che questo atteggiamento cedevole e pavido si fosse esteso a tutta l'Armata se non all'intera Nazione: giorno dopo giorno vi furono casi di interi reparti, che si arrendevano senza neppure difendersi. Una nuova e drammatica "Canne" stava affliggendo Roma e sempre per mano di un nemico proveniente dalle Alpi. Avrebbero gli eredi di Scipione saputo tranne una rapida lezione, per invertire questa nefasta successione di eventi?

Il generale Capello, allarmato della situazione, informò il Comando supremo. Esso però per l'emorragia di uomini, che rinunciavano a combattere in così poco tempo, non seppe reagire in modo adeguato. L'emergenza divenne paralisi, l'incertezza si trasformò in isteria. Pecori Giraldi così rispose al comandante della 1ª Armata, quando questi richiese indicazioni in merito: «Generale invece di frignare come una puttanella, vada alla testa dei suoi uomini e dia l'ordine di aprire il fuoco. Vedrà che se le tireranno addosso, avremo almeno fatto capire a quei vigliacchi, che Ella ha avuto la tracotanza di indicare all'esercito, quale è la direzione giusta verso cui sparare».

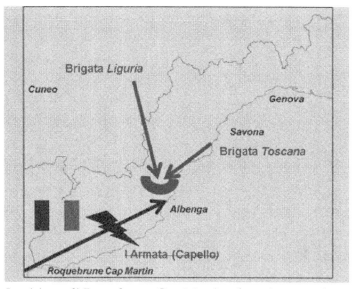

*La ritirata di Roquebrune Cap Martin e la resistenza ad Albenga*

L'avanzata francese a quel punto divenne imbarazzante e invasiva, ingrossandosi di altre divisioni intervenute, tanto da far precipitare la situazione e creare un tracollo militare senza precedenti alle linee italiane. La filiera di comando si polverizzò, come pure le difese alpine, che in quel settore da mesi sembravano sopite, essendo il grosso degli effettivi migliori e dei rinforzi americani in Savoia. Il fuggifuggi generale fu impressionate, tanto da far temere che l'intera costa occidentale potesse cadere vittima d'invasione. L'attacco vide l'Esercito italiano subire ingenti perdite umane e materiali: 350.000 soldati furono protagonisti di una scomposta ritirata, mentre 100.000 civili scapparono dalle zone invase. I problemi alimentari si sommarono a quelli logistici. Le città di Ventimiglia, Bordighera e Sanremo furono le più colpite, venendo invase dalla disperata fiumana di militari sbandati e cittadini spaventati. La disfatta di Roquebrune Cap Martin provocò il crollo dell'intero fronte, producendo non solo una legnata bellica sull'intera filiera gerarchica, ma un mortale fendente all'interno della stessa società civile del Paese.

Il clima gestionale e politico risentì in forma piena dell'accaduto, prefigurando il peggio del peggio. La casta militare incolpava dell'accaduto la società civile e il Governo borghese, ritenuto sordo verso le ragioni degli uomini in divisa. Giolitti si scagliò contro i generali impomatati, adatti solo per le riviste e per i balli di gala. Infine, la popolazione tutta, stanca di quasi quattro anni di guerra, vomitò sull'intero Paese il malessere sociale, che serpeggiava dalle Alpi alla Cirenaica con scioperi, dimostrazioni e rivolte.

In questo clima furente non fu estranea l'opera del socialista massimalista, ormai extraparlamentare, Mussolini, che in quei giorni era rientrato in Italia in clandestinità, sperando in una rivoluzione. Questo fu l'ultimo suo colpo di coda in terra nazionale, prima della sua definitiva partenza per Ankara, Patria di tutti i proletari del Mondo. Il *Kaiser*, saputa la notizia, rimase di sasso, temendo la defezione dell'Italia dal conflitto per cause estranee alla condotta bellica. Nel timore di accadimenti simili anche in Germania, fece internare tutti gli ufficiali che avessero studiato filosofia, psicologia e sociologia. Il sapere umanistico diveniva sinonimo di indipendenza intellettuale, spettro da bandire in un momento come quello, sia a Berlino come a Roma.

Le agitazioni sociali in tutta Italia crearono una situazione insostenibile per le istituzioni del Paese. Il Re non sapeva come reagire, avendo riposto ogni fiducia nei suoi generali, che avevano garantito per la fine del 1917 la pace vittoriosa. Il Governo si trovò tra l'incudine e il martello. L'unica reazione che venne presa fu la defenestrazione dei capi militari e politici interessati al tracollo. Capello fu deferito alla corte marziale e solo un intervento diretto di Vittorio Emanuele III lo salvò dalla pena capitale, ormai sentenziata dal tribunale militare di Genova. Il vecchio Giolitti, ormai convinto che lo sbandamento dell'Esercito fosse stato il rispecchiamento della sua inadeguatezza politica, fu obbligato alle dimissioni da un Parlamento, che per la prima volta in oltre quindici anni gli fu completamente ostile.

In questo scenario drammatico, in cui l'entroterra ligure era ormai in balia dell'avanzata francese, il Re chiamò Tittoni a formare il nuovo governo, che diede subito l'ordine di reagire, confermando la sua stima nei confronti di Pecori Giraldi. Con i francesi sulla via di Genova e l'intero Paese in procinto di imitare la Turchia nei suoi propositi marxisti, solo la vittoria avrebbe potuto scongiurare la Rivoluzione anche in Italia.

Di fronte alla situazione d'impotenza generale, a soccorrere gli sbandati sopraggiunsero da Savona e da Cuneo due brigate di fanteria, composte in prevalenza da giovani neo-arruolati, in attesa di completare l'addestramento e rimpinguare l'arco alpino. Grazie al rapido intervento di queste due formazioni l'avanzata francese fu arrestata a occidente di Savona, ad Albenga lungo il corso del breve fiume Centa e dei suoi affluenti.

I fanti delle brigate *Toscana* (reggimenti 77° e 78°) del colonnello Marcello De Luca e *Liguria* (reggimenti 157° e 158°) del colonnello Achille Papa, riuscirono nell'impresa di arginare ulteriori attacchi per altre tre settimane, prima che un Corpo d'Armata organizzato *ad hoc*, comandato dal generale Ugo Sani, facendo bacino di tutti gli effettivi sedentari di Milano, Torino e Genova, potesse intervenire in loro soccorso.

*Manifestazione patriottica a Torino alla partenza del*
*nuovo Corpo d'Armata*

Per le azioni menzionate i componenti delle due brigate, distintesi a presidio della salvezza della costa tirrenica, vennero rispettivamente denominati dagli stessi attaccanti francesi «Lupi di Toscana» e «Leoni di Liguria», a conferma dell'ardimentosa opera difensiva profusa in quei giorni nella valle ingauna.

Se negli anni a venire la data del 24 ottobre rappresentò con la rotta di Roquebrune Cap Martin «la buia notte del Regio Esercito», la difesa del fiume Centa raffigurò l'alba di un nuovo rifiorire delle istituzioni militari italiane.

Grazie alle classi giovani del 1899 e quelle del 1900 nei mesi seguenti nuove sfide arrisero alla rinnovata 1ª Armata, messa in mano al generale ligure Gaetano

Giardino per diretta volontà del capo del Governo. Il nuovo comandante, gran conoscitore della zona per via delle sue origini, seppe infondere l'orgoglio e la vitalità necessari a riprendere l'iniziativa dello sforzo bellico.

Del resto, era quel che voleva Tittoni, non nuovo a responsabilità di questo tipo. Questi, infatti, aveva ricoperto l'incarico di Presidente del consiglio nel breve lasso di due settimane nel 1905. Già astro nascente della diplomazia internazionale, comprese che, solo grazie a un rinnovato impegno militare in stretto rapporto con la Germania e con gli Stati Uniti, la guerra poteva essere ancora vinta. Il 17 novembre scrisse di pugno una lettera che inviò a Wilson, in cui raccomandava tutto lo sforzo possibile, per far arrivare in Italia almeno altri cinque Corpi d'Armata entro il gennaio successivo, così da impegnare senza quartiere le indebolite Armate di Lanzerac.

Da Washington la reazione fu positiva e l'avvicendamento di Tittoni fu interpretato come il desiderio italiano di svecchiare la scena politica del Paese. Wilson inviò subito in Italia il generale Hunter Liggett, grande organizzatore, con il compito di studiare un piano d'intervento sulle Alpi marittime. Anche qui, più che la tecnica militare, entrò in gioco la composita capacità manageriale degli americani, che avevano equiparato le proprie Forze Armate a un ingranaggio ben lubrificato.

Come promesso già a Natale erano a Genova tre nuovi Corpi d'Armata americani e a metà gennaio gli altri due richiesti. Le forze intervenute sarebbero state più che sufficienti per ribaltare la situazione sulla costa ligure, tanto da offrire a Giardino l'opportunità di arrivare addirittura sulle rive del Varo il 14 febbraio 1918.

*Il poeta aviatore Gabriele D'Annunzio*

Nel frattempo, anche le formazioni della Regia Marina erano state operose ed efficaci nelle loro puntate di disturbo. Già il 9 e il 10 dicembre 1917 il tenente di vascello Luigi Rizzo al comando di un manipolo di *Motoscafi Armati Siluranti* raggiunse Antibes, dove caddero vittima della sua imboscata due navi trasporto. Sempre Rizzo, questa volta in coppia con il poeta-soldato pescarese Gabriele D'Annunzio, la notte tra il 10 e l'11 febbraio 1918 si profuse nella cosiddetta "Beffa di Tolone". Nel porto locale poco presidiato – essendo la Francia tutta rivolta ai recenti successi in terra savonese – i motoscafi italiani riuscirono a penetrare le difese avversarie, tanto da affondare le due ultime grandi navi della *Marine Nationale* nel Mediterraneo: le corazzate *Henry IV* e *Charlemagne*. Per i francesi fu un'autentica beffa, perché D'Annunzio si esibì in una delle sue grottesche trovate. Lasciò a largo del porto alcune bottiglie inneggiante al valore italico e ironizzando sulle vanagloriose imprese dei cugini gallicani. L'evento imbarazzò a tal punto il governo Doumergue, tanto da dover rassegnare le dimissioni. Qualunque fosse la latitudine degli esecutivi, nell'ultimo giro di carte di questa infernale guerra, la mannaia colpiva senza riguardo le teste de primi ministri.

Al suo posto Poincaré affidò al socialista Aristide Briand la guida del Paese con l'obiettivo di conciliare la delicata situazione interna della società nazionale con le esigenze belliche, sempre più pressanti e delicate. L'appena insediato capo dell'esecutivo scelse quindi come nuovo capo di Stato Maggiore il generale Foch, sperando che la sua abilità dimostrata in Svizzera potesse offrire all'*Armée* quella dose necessaria, per recuperare l'iniziativa della guerra.

Del resto all'inizio del 1918 l'Esercito francese era ancora armato fino ai denti, come pure quello britannico, sempre più padrone delle ampie distese della Champagne. Tuttavia, il grave *handicap* delle due formazioni dell'Intesa era la pressante situazione sociale ed economica dei rispettivi Paesi. Se i militari non si fossero sentiti sconfitti, lo sarebbero stati le strutture che li reggevano, creando un problema logistico ed organizzativo. Carenze alimentari, scarsezza di materie prime, svalutazione delle valute erano tutti fattori che riducevano il già misero tenore minimo di vita della popolazione civile.

La fame e le privazioni iniziavano a rallentare la produzione industriale e il blocco navale, successivo all'ingresso americano nelle ostilità, non aiutava la situazione. Venne coniato il nuovo termine di "fronte interno", protagonista alla pari di quello esterno della drammatizzazione del conflitto. La flotta inglese era prigioniera dentro di una sacca di mare, che restringeva lo spazio vitale dell'intera Gran Bretagna.

Questa situazione di profondo dramma nelle stesse pieghe socioeconomiche dell'Intesa, incoraggiò il re

Giorgio V a stilare un programma solenne e ardito, nelle sue pirotecniche proposte. I cosiddetti «14 punti», stilati nella sua residenza di campagna nella contea di Berkshire, divennero la stella polare per Francia, Gran Bretagna e Russia. Fino ad allora, a parte i giorni drammatici successivi all'assassinio del figlio Edoardo, il sovrano britannico aveva poco partecipato alla tragedia proposta sul cartellone europeo, che di mese in mese aveva allargato a macchia d'olio la sua estensione tanto da coinvolgere addirittura le due sponde del Pacifico.

La proposta del Re d'Inghilterra venne velocemente snobbata dalla parte avversa, per via dell'insita ragionevolezza del documento, merce rara e poco apprezzata tra le sciabole sguainate. Tanto più che oltre la Manica si considerava il sovrano Windsor ormai instabile e vulnerabile, scosso a tal punto dalla morte del figlio da saltare il consueto thè pomeridiano.

Il rifiuto verso questo ultimo gesto di pacificazione, prima dell'inevitabile cataclisma mondiale, doveva segnare la linea di non ritorno, che non venne percepita e quindi attraversata. La guerra quindi continuò, scivolando verso la piena e completa gestione degli uomini in divisa. Questi, del resto, erano semmai più timorosi delle possibili perturbazioni ereticali nel tempio sacro dell'ostentato eroismo che degli stessi propri nemici. Una pace senza vincitori, né vinti non solo avrebbe lasciato un Mondo instabile, ma negato a generali ed ammiragli il luccichio di nuove losanghe, croci al merito, cavalierati d'onore e stelle argentate.

A sommarsi a questa situazione già deficitaria e autoreferenziale, entrò di prepotenza pure la diffusione di un'epidemia nuova e deleteria: la cosiddetta "mongolica". Le prime vittime di tale morbo furono alcuni soldati cosacchi, entrati a contatto con un bacillo presente in alcune paludi siberiane al confine con la Mongolia esterna. La pandemia poi arrivò in Russia, una volta che gli ammalati furono ricoverati o rientrarono in licenza nelle città occidentali del loro Paese. Da lì, altri soldati del fronte galiziano ebbero a contrarla, così da contaminare a domino anche i tedeschi, i romeni e gli austro-ungarici. Nel giro di pochi mesi un'infezione esistente solo in Asia centro-settentrionale ebbe una diffusione spaventosa, andando a contagiare persino gli italiani, i francesi e gli americani. Se già la guerra aveva mietuto centinaia di migliaia di vittime per il sangue versato, ora la globalizzazione dei fronti acuì ancora di più l'ombra nera della morte per fattori indipendenti dalla polvere da sparo o dall'uso di armi bianche. In modo inspiegabile i soli giapponesi ne furono immuni, probabilmente perché il morbo attaccava solo soggetti non abituati ad acque ricche di solfati e le truppe del Sol Levante erano soliti bere da questo tipo di sorgenti.

L'evento nella sua tragicità venne inteso in America come il presagio che i russi fossero portatori di lutti e fossero un terribile spauracchio da isolare il prima possibile. Non a caso, secondo concetti vaghi e confusi del mondo esterno, tipici della cultura americana, per la Casa Bianca i russi attraverso questo contagio lontano venivano accomunati a Gengis Khan, che con il suo esercito mongolo aveva atterrito l'Europa orientale nel 1241.

Se gli infidi turchi, nella loro scellerata ideologia comunista avevano avuto la compiacenza di uscire dalle ostilità, Mosca rappresentava in quel momento per Washington un pericolo ancora peggiore, perché aveva delle potenzialità distruttive inespresse. La "mongolica" nella visione wilsoniana era la riprova segreta di questa convinzione. Per tale motivo il dipartimento federale della Guerra incoraggiò sempre con maggiore impegno lo sforzo bellico della Triplice Alleanza ad Occidente, così da offrirle l'opportunità di sbarazzarsi nell'ingombro russo ad Oriente.

Gli Stati Uniti e la Russia non avevano mai avuto grossi contatti politici, salvo quando i primi comprarono non senza accese polemiche interne la penisola dell'Alaska nel 1867, così da ricacciare oltre lo stretto di Bering le ambizioni euro-asiatiche di Pietrogrado. Tuttavia, nella mentalità *yankee* i russi erano considerati un popolo aggressivo e irascibile, cosa che impensierì Wilson nelle sue iperboliche cacce alle streghe. I buoni propositi per il 1918 erano quindi l'implosione dell'Impero britannico, la conquista e la spartizione tra tedeschi e italiani dei domini francesi e l'accerchiamento congiunto di tedeschi, asburgici e giapponesi del pericoloso orso russo. Washington non avrebbe mai neppure ipotizzato che nell'arco di cinquant'anni i suoi soldati avrebbero dovuto confrontarsi da nemici con i russi in altre due guerre mondiali.

In qualunque modo sarebbero state sviluppate queste vicende, nella primavera del 1918 gli Stati Uniti divennero il punto di riferimento per ogni nuova offensiva italo-tedesca. Solo l'incessante produzione e vitalità delle acciaierie e delle industrie disseminate lungo i Grandi Laghi riuscivano a tenere testa a un'economia europea in lenta e costante recessione finanziaria.

Nonostante questo stato pietoso delle società continentali, un certo sprazzo innovativo ancora serpeggiava soprattutto in Italia, dove alcune genialità isolate sapevano conciliare lo spirito romantico e cavalleresco con il progresso meccanico. Non a caso il futurismo era nato nella Pianura Padana e la cultura del ferro e del vapore nella Penisola si era sviluppata grazie all'arte poetica e irrazionale di alcuni lirici sognatori, che tanto avevano avuto fortuna anche all'estero.

In questo clima, episodio al limite tra il valore militare e il coraggio circense fu il volo su Lione, effettuato dal solito esibizionista D'Annunzio il 9 agosto. Alla testa della 87ª squadriglia *Serenissima*, il Vate organizzò il lancio di manifestini patriottici, per l'occasioni preparati dal letterato Ugo Ojetti e inneggianti al valore militare e civile della Triplice Alleanza.

Tutte queste azioni per terre, per mare e per cielo, oltre all'effetto militare, che per Parigi fu drammatico, infusero un'impennata di credibilità alle rinnovate istituzioni civili e militari italiane. La componente morale dell'impresa fu strepitosa per la propaganda di Roma e per il giovane esecutivo Tittoni. Questi colse a pieno l'entusiasmo suscitato dalla riconquista terrestre fino a Nizza e dalle pirotecniche scorribande sui mari e tra le nuvole di un manipolo di valorosi, per rinfocolare gli animi e prefigurare una nuova offensiva in programma per la fine dell'estate.

Del resto, dopo mesi di stagnazione, anche la Germania e l'Austria-Ungheria pianificavano sul fronte compreso tra il Giura e le Ardenne una nuova offensiva. A Londra e a Parigi però non ci si rassegnò a una lenta agonia, se vennero pianificate delle azioni controffensive pari o addirittura superiori a quelle della Triplice Alleanza, raschiando il barile e imponendo degli ulteriori ed estremi sacrifici ai militari e alla società civile.

Il problema di fondo era che le economie francese e inglese erano al collasso, ormai prive di ogni possibile rifornimento alimentare o commerciale dall'esterno. I soldati erano stati decimati dal logoramento delle trincee; i supersiti apparivano stanchi, malati e demotivati.

476

I treni che partivano da Parigi erano sempre meno carichi di riservisti e di materiali, quelli che vi arrivavano erano stracolmi di casse di legno contenenti corpi senza vita di giovani militari.

Le azioni del luglio, dell'agosto e del settembre 1918 furono il colpo di grazia alla stabilità dei due eserciti dell'Intesa, incancreniti dai lunghi e pesanti anni di trincea e dal blocco navale, che ormai era totale dal momento che la Marina britannica non era più padrona degli oceani. L'invincibilità della *Royal Navy* e la sua preponderanza erano ormai in fondo al mare a fare compagnia alle tonnellate di naviglio affondato. Ecco, quindi, che le operazioni terrestri anglo-francesi di fine estate in Lorena a Metz e Nancy e in Provenza a Barcelonnette finirono in un inutile ultimo bagno di sangue, tragico epilogo di una guerra generale e universale in cui tutte le energie dei Paesi avevano dato il loro contributo in intelletto, sudore e sangue.

Sul fronte orientale le cose non erano migliori in fatto di crudeltà e drammaticità. La Germania colse tutti gli effetti dell'apporto morale americano ad Occidente, per irrobustire con forze proprie la situazione cristallizzata in Russia Bianca, dove a partire dal marzo del 1918, ormai sciolti tutti i ghiacci, poté proseguire la propria puntata offensiva verso Alessandrogrado. L'avanzata fu abbastanza rapida, ma non per questo incruenta o indenne da azioni violente per la popolazione civile, anche perché proprio in quei frangenti, vista la graduale debolezza russa, anche la Svezia entrò di prepotenza nel conflitto.

L'obiettivo della monarchia scandinava era quello di recuperare tutti i territori finlandesi, ceduti in epoca napoleonica a vantaggio della Russia. In questo trovò un tacito appoggio nella diplomazia tedesca, ben contenta in quel momento di trovare un altro esercito disposto a marciare verso est in direzione di Mosca. La strategia di Stoccolma era semplice, quasi banale, nonostante il territorio impervio ricco di acquitrini.

Lo scopo politico, progettato dal ministro della Guerra Erik Nilson, era quello di avanzare dal circolo polare artico verso sud, confidando nell'ostico impegno meridionale che gli Imperi centrali creavano alle formazioni militari cosacche. Le operazioni anche in questo caso arrisero agli avversari della Russia, che in pochi mesi subì una serie di sconfitte inenarrabili persino in Carelia e nel territorio di Murmansk, tanto da vanificare tutte le conquiste settecentesche e ottocentesche, ottenute da Pietro il Grande fino ad Alessandro I.

L'azione svedese fu intensa su tutta la linea, anche grazie alle ottime ed efficaci avanzate di cavalleria, ideate e coordinate dal generale Thorsten Rudenschiöld. Il colpo di grazia avvenne a Petrozavodsk, capitale della Carelia, che si arrese dopo cinque settimane di tenace assedio il 25 ottobre. A Mosca il ge-

nerale Kornilov fece capire al capo del governo Guchokov che la situazione delle Forze Armate repubblicane
era ormai insostenibile in qualsiasi scacchiere esse fossero impegnate. Reggimenti interi si stavano ammuti-
nando e la sconfitta era alle porte.

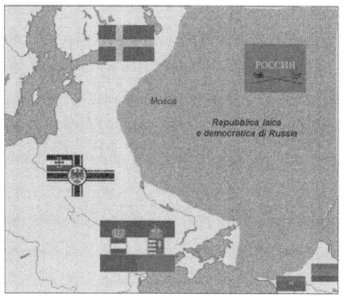

*I nuovi confini occidentali della Repubblica laica e de-
mocratica di Russia*

A quel punto, ormai esausta dalla pressione di
un'infinità di avanzate radiali, la diplomazia russa in-
tavolò trattative per la resa rispettivamente con i Governi tedesco, austro-ungo-romeno e svedese. Il 5 novembre tre distinte delegazioni, su indicazione del ministro degli Affari Esteri Trockij, firmarono altrettanti

479

pesanti armistizi, che imponevano l'occupazione di tutta la fascia russa, comprendente da nord a sud, la totalità delle seguenti regioni: territorio di Murmansk, Carelia, Estonia, Lettonia, Lituania, Russia Bianca, Ucraina, Bessarabia e Ciscaucasia.

La Russia, insomma, si riduceva a quel che era nel 1660 prima dell'ascesa di Pietro il Grande, quando la Svezia e la Polonia erano due Superpotenze – come diremmo oggi – nel contesto europeo del nord-est. Visto che questa era la misera situazione per Mosca ad Occidente, rimaneva invece ancora pendente la situazione in Siberia, dove anche per questioni logistiche non si era riusciti a imbastire un rapido dialogo con gli invasori nipponici.

Solo l'8 novembre, arrivati i suoi soldati a Nerčinsk in Transbajkalia e pago delle conquiste ottenute, il Giappone firmò un armistizio con i russi, decretando la completa cessione di tutte le terre siberiane a Oriente del fiume Lena. Per la Russia era un completo tracollo territoriale ed economico, senza più sbocchi marittimi in zone non ghiacciate della Terra.

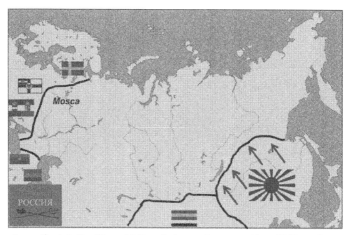

*I confini della Repubblica laica e democratica di Russia*

Intanto sul fronte occidentale a partire dalla fine dell'estate si stava assistendo a una serie di scosse altalenanti, che non preannunciavano nulla di buono, soprattutto per i soldati, vittime di continui e rapidi attacchi o avanzate, sempre in balia anche di nefasti arretramenti o ritirate. Dopo tre mesi di acerrimi scontri, quando le Armate di Foch, Nivelle e Pétain sembravano aver ricacciato i tedeschi e gli italiani dalle loro linee avanzate, la 1ª Armata di Giardino iniziò la preparazione di un'offensiva senza precedenti sulla zona rivierasca. Stessa azione fu svolta dalla 3ª Armata tedesca di von Hausen lungo la pianeggiante Lorena.

All'alba del 24 ottobre due Armate italiane, la 1ª e la 2ª, quest'ultima fresca del nuovo comandante generale Paolo Morrone, diedero l'avvio all'attacco, che fu subito intenso e spietato, tanto da creare un panico imbarazzante tra le fila francesi. Era la seconda e micidiale vendetta ai fatti di un anno prima sul fronte di Mentone. Essa s'imponeva sul tatticismo dottrinario, espresso da Emanuele Filiberto e da Frugoni in quattro anni di battaglie del Rodano.

La 1ª Armata raggiunse Marsiglia il 28 ottobre, spezzando le linee di collegamento tra il cuore della Francia e il Mediterraneo. Il 3 novembre Gamelin, divenuto nel frattempo generale di brigata, comandante della piazza della città portuale inoltrò a Giardino la richiesta formale di armistizio, che venne accettata e formalizzata alle ore 12:00 del giorno successivo presso il Palazzo dei Papi di Avignone. La cerimonia fu scarna e le facce dei francesi impenetrabili. Il documento, preparato dal capitano di Stato Maggiore Giovanni Gronchi, era asciutto e telegrafico nei suoi punti, quasi un elenco della spesa nella sua freddezza. I francesi erano obbligati a lasciare in consegna ai reparti italiani tutti gli armamenti, nonché le postazioni fortificate così come si trovavano, entro ventiquattro ore dal momento della firma. Inoltre, avrebbero dovuto favorire con i treni e tutte le altre forme di trasporto, comunicazione e radiotelegrafia il celere afflusso delle truppe d'invasione.

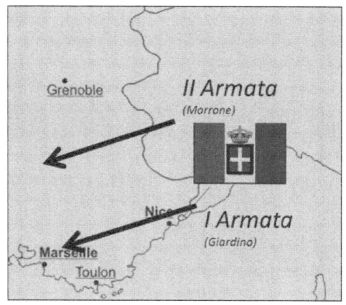

*L'attacco italiano della Vittoria*

L'evento venne appreso a Roma con concitazione e commozione. Il Re accordò a tutti i generali e i colonnelli interessati alla presa di Marsiglia la concessione di una croce dell'Ordine militare di Savoia. Il capo di Stato Maggiore dell'Esercito in persona il 13 novembre nel concludere il suo proclama della Vittoria espresse queste granitiche parole:

*«I resti di quello che fu uno dei più potenti eserciti del mondo risalgono in disordine e senza speranza le valli che avevano disceso con orgogliosa sicurezza.*
*Firmato Pecori Giraldi».*

Nel dopoguerra quanti bambini sarebbero stati iscritti negli elenchi anagrafici e battezzati con il nome di "Firmato", essendo i genitori convinti che così si chiamasse il generale Pecori Giraldi.

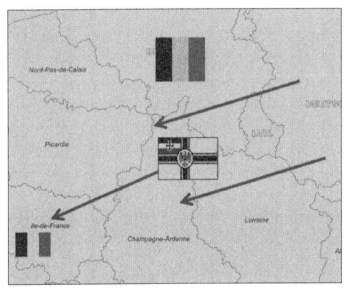

*L'avanzata tedesca verso Parigi*

Nel frattempo, l'evento armistiziale italo-francese sancì un cortocircuito dell'intero sistema nevralgico di Parigi, che prefigurava l'imminente crollo interno del Paese. Dopo il deciso attacco di Hausen in Lorena e nella Champagne, il 9 novembre le truppe tedesche entrarono nella capitale francese, sfilando ancora una volta lungo i Campi Elisi, mentre la popolazione civile guardava terrorizzata le divisioni germaniche. La città venne tappezzata a lutto, mettendo in scena il macabro spettacolo di un funerale collettivo.

L'11 novembre del 1918 in un vagone ferroviario presso Rethondes nella foresta di Compiègne in Piccardia, i generali Erich von Falkenhayn, Ferdinand Foch e Tasker Howard Bliss firmarono l'armistizio voluto dai francesi. Il pallore sul volto dei vinti era talmente visibile, che prefigurava la convinzione della completa sottomissione. Francesi e britannici erano consapevoli che quella firma sanciva per i loro Paesi la condanna a una lunga permanenza nell'inferno dei viventi. Lustri duri e aspri sacrifici avrebbero atteso i loro popoli, dopo anni di gaio divertimento e snobistica noncuranza.

Era la fine ufficiale delle ostilità, ma Edoardo d'Inghilterra non era stato vendicato. Una guerra di dimensioni bibliche aveva squassato però l'Europa dalle sue fondamenta, espandendosi in poco tempo in nord Africa, in Oriente e nelle estremità più profonde degli Oceani. In cinque anni il fior fiore di una generazione si era immolata sui campi di battaglia di mezzo Mondo e il Pianeta non sarebbe mai stato più come prima.

# La pace ritrovata?

Il 12 novembre, dopo oltre quattro anni e mezzo di aspri combattimenti, i cannoni di tutti gli eserciti belligeranti furono messi a tacere. La disputa in armi, che all'inizio era scoppiata per un singolo attentato, ritenuto da molti come trascurabile e in fondo marginale rispetto alle grandi direttrici internazionali, era con i mesi divenuta una catastrofe senza precedenti: la guerra più grande che gli uomini avessero fino ad allora combattuto. Oltre i due terzi della popolazione mondiale aveva avuto contatto con il conflitto o con militari coinvolti in esso. I risultati furono: esseri umani ridotti a frammenti di carne e ossa, città trasformate in cumuli di macerie, intere comunità smembrate. Civiltà secolari, se non millenarie, precipitarono nell'abisso. Il periodo bellico aveva avuto effetti da tragedia greca. Dopo la guerra, solo per fare un esempio, in Inghilterra ci sarebbero stati più associazioni di mutilati e invalidi che circoli di cricket e rugby.

Quasi tutto quello che i popoli civilizzati davano per scontato in tempo di pace fu spazzato via in pochi mesi. Il femminismo fece passi da gigante, ma la condizione della donna non sempre se ne avvantaggiò. In moltissime città i servizi civici essenziali vennero svolti da ex massaie o da vecchie vedove, ma quante altre donne subirono l'avvilente mercimonio del proprio corpo. Il forte incremento della prostituzione fu un fenomeno tragico e globalmente diffuso. Le malattie veneree stroncarono un decimo dei soldati morti impegnati nei conflitti, molto più delle mine e dei lanci di bombe dagli aerei messi insieme.

Arrivato ormai il cinquantacinquesimo mese di guerra, nel giro di una settimana tedeschi, italiani, svizzeri, austro-ungo-romeni, americani, svedesi e giapponesi erano riusciti a indurre i loro agguerriti avversari a cedere le armi e favorire così l'occupazione delle rispettive zone di influenza. Un concerto di campane da tutte le chiese di ogni villaggio o centro urbano si confondeva con le urla liberatorie di tante madri, mogli e figli che, dopo mesi di trepidante agonia, si immersero nella rinnovata illusione di riabbracciare i propri cari. Per queste famiglie, tornava la speranza di rivedere i propri congiunti vivi e possibilmente in piedi sulle proprie gambe. Fino ad allora i flebili contatti ricevuti dal fronte erano poche righe scritte su avvizzite cartoline di Natale oppure sfocate fotografie, scattate magari nei sudici retrobottega di squallidi bordelli delle retrovie.

*Truppe austro-ungariche entrano a Sebastopoli il 24*
*novembre 1918*

Nel frattempo, saputo che il primo manipolo della sua Armata, inviata in Crimea, era entrato trionfante a Sebastopoli il 24 novembre, Francesco Ferdinando proclamò la nascita del "Sacro impero cristiano del Danubio" o "Impero universale" con capitale Budapest. Si era dato il via a un connubio ideale ed ecumenico tra il cattolico Santo Stefano e gli ortodossi Santi Cirillo e Metodio.

Esattamente un mese dopo nella chiesa barocca di San Carlo Borromeo a Vienna il Sovrano asburgico venne incoronato dallo stesso papa Stefano X come Imperatore dei cattolici, ricalcando quell'arcaica tradizione, che legava in modo ascetico la Chiesa di Roma agli Asburgo d'Austria. Risaliva infatti al 1758 nella persona di Maria Teresa, in qualità di regina d'Ungheria, la conferma da parte del papa Clemente XIII del titolo di Sua Maestà apostolica, appellativo concesso per la prima volta nell'XI secolo al Sovrano magiaro. Secondo il cerimoniale una ricorrenza di tale portata si sarebbe dovuta svolgere presso la cattedrale di Santo Stefano. Tuttavia, le recenti esequie funebri al precedente imperatore Francesco Giuseppe, svoltesi proprio presso il duomo viennese, avevano spinto la Corte a preferire un altro luogo sacro, altrettanto carico di significato e di legame ideale con il cattolicesimo. Dopo un lungo periodo di turbolenza religiosa, proveniente proprio dalle regioni di lingua tedesca, che aveva incrinato gli stessi rapporti tra Papato e Impero nel XVI secolo, Borromeo era stato il simbolo di quella Riforma tridentina che aveva ridato almeno in apparenza smalto alla Chiesa cattolica. Si sarebbe potuto trovare luogo sacro migliore?

Era quindi la realizzazione di quanto espresso nell'antico acronimo degli Asburgo d'Austria: «*AEIOU*»,[35] il cui significato – sviluppato in numerose interpretazioni in tedesco e in latino – ribadiva sia la

---

[35] Alcune interpretazioni: «L'intero mondo è soggetto all'Austria», «Spetta all'Austria comandare sul mondo intero»

volontà austriaca di dominare il pianeta, sia il legame ascetico tra la casa regnante e il corpo mistico di Gesù Cristo. La vigilia del 24 dicembre risultò quindi la cornice ideale per questa cerimonia d'altri tempi, epifania conservatrice di come lo sfarzo delle corti fosse così distante dal puzzo rivoltante dei cadaveri nelle trincee o dall'assordante fame delle popolazioni civili. Vienna, nonostante avesse perso la sua centralità imperiale, era ancora una *Wunderkammer* (camera delle mirabili curiosità), in cui il visitatore straniero poteva ammirare alcune tipiche e topiche scenografie ormai quasi dimenticate altrove. Per chi era stato al fronte, le guglie delle chiese sembravano roboanti cannoni antiaerei; non certo longilinei affusti marmorei, come desiderato dagli architetti gotici e barocchi, che le avevano progettate e costruite. La guerra aveva profondamente sconvolgo gli animi dei comuni mortali, per i quali in fondo non esisteva più una causa giusta per immolarsi. Nulla poteva essere come prima. Il patriottismo come il valor militare erano divenute scatole vuote, di fronte al dramma universale di morti, feriti o dispersi.

*Panorama dell'ormai serena e pacifica Vienna*

Nonostante l'afosità di questi sconvolgimenti psicologici collettivi, per chi aveva diretto da lontano gli eserciti era possibile, tuttavia, credere nel ritorno alla mitica età dell'oro. I Governi e gli Stati Maggiori inaugurarono la tradizione dei memoriali ai caduti e dei monumenti ai soldati ignoti, modo per rendere sacrale la terrestre apocalisse, scatenatasi in anni di terribile lotta. In questo Giorgio V con il mausoleo al figlio scomparso si era rivelato – suo malgrado – un precursore del lutto rigenerativo. La religione avrebbe redendo il massacro planetario, per trasformarlo in una spettacolare missione salvifica? Nella stessa occasione natalizia Francesco Ferdinando ratificò la Costituzione del nuovo Impero, di cui si era parlato sin dalla sua salita al trono e sulla quale aveva trovato l'adesione alla guerra dei romeni e dei galiziani. Ogni entità politica regionale avrebbe avuto una certa autonomia, salvo le «questioni pragmatiche» di pertinenza dell'autorità imperiale: politica estera, militare e finanziaria. Per quel che riguardava invece la futura direzione centrale, alla morte dell'attuale Sovrano e così ogni qual volta sarebbe stato necessario nominarne uno nuovo, si sarebbe ricorso alla scelta tramite votazione. Questa spettava a un novero di Grandi elettori, su imitazioni della prassi introdotta da Federico Barbarossa e codificata nel 1356 dalla Bolla d'oro, che perse i suoi effetti nel 1806 dopo la crisi del Sacro Romano Impero. La nuova disposizione, anche per offrire un autentico legame mistico tra Stato e Chiesa, stabilì otto nuovi autorevoli votanti, in relazione alle differenti componenti etniche, sociali e religiose, presenti all'interno dei compositi confini dello Stato.

I rappresentanti investiti di questo importante compito furono individuati tra due ecclesiastici, due monarchi e quattro notabili, provenienti dalla borghesia urbana: l'arcivescovo di Vienna, l'arcivescovo di Cracovia, il re d'Ungheria, il re di Romania, il governatore della Slovacchia, il governatore della Serbia-Bosnia, il borgomastro di Praga e il borgomastro di Leopoli. Tutti gli altri territori appartenenti allo Stato, che fossero essi sottratti o da strappare ancora alla Turchia, alla Russia o alla Gran Bretagna, non avevano diritto di rappresentanza, perché da considerarsi nello *status* giuridico di colonie metropolitane o d'oltremare.

L'evento, come intuibile, suscitò profonda preoccupazione in Italia, soprattutto negli ambienti di Corte, facendo temere così lo spostamento delle lancette della Storia al periodo precedente al Risorgimento nazionale. Vittorio Emanuele III, dalla sua posizione laica e mal disposta a offrire troppo spazio al Papato nella Penisola, cercò di prendere adeguati provvedimenti in proposito. Sperava infatti che il Pontefice, nell'impossibilità di trovare in Italia il luogo adatto per esprimere la sua autorità politica e religiosa, potesse cogliere il rinnovato legame istaurato con l'erede di Maria Teresa e Giuseppe, per ripetere l'esperimento di espatrio avignonese, questa volta però lungo il Danubio.

Nell'immediato il Savoia quindi, quando ancora Stefano X era in viaggio di ritorno alla volta di Roma, il 1° gennaio 1919 si fece incoronare Imperatore d'Italia. La solennità fu officiata alla presenza di numerose comunità albanesi, montenegrine, libiche, egiziane e tunisine, giunte per l'occasione dai territori ormai di diritto ricadenti sotto l'autorità italiana. Come contraltare laico del cerimoniale danubiano, la salma di Pollio venne traslata presso il Vittoriano, entrando nell'olimpo degli eroi risorgimentali dopo La Marmora, Fanti e Garibaldi. Le bandiere di guerra dei singoli reggimenti di fanteria, cavalleria, artiglieria e genio fecero da ali al corteo. Sempre in quell'occasione le ancore delle due navi inglesi, *Valiant* e *Queen Elisabeth*, colate a picco ad Alessandria vennero collocate come trofei di guerra all'ingresso del ministero della Marina, sito nell'ex convento di Sant'Agostino in via della Scrofa a Roma.

Il mondo stava in modo ineluttabile cambiando, ma la teatralità seicentesca rimaneva prerogativa sia delle teste coronate, sia delle comunità civili, ormai imborghesite dalle cruente battaglie militari e dalle incessanti lotte sociali. Fu decisione estemporanea e sanguigna di Wilson far scolpire, a partire dal suo volto, una serie di quattro Presidenti, nonché padri nobili della Federazione, presso il sito roccioso del Monte Rushmore, nello Stato del Dakota meridionale. L'opera doveva diventare l'esempio vivo di come alcuni capi di Stato, più di tuti, fossero essi stessi la manifestazione più appassionata della cultura e dei valori americani. Dopo le incoronazioni imperiali di Francesco Ferdinando e di Vittorio Emanuele III si era, anche in uno Stato democratico e borghese, ai massimi dell'autoreferenzialità di diritto divino. Non tutti i cittadini gradirono questi inutili scimmiottamenti. Si era combattuto così tanto, per tutta questa effimerità?

Come si può immaginare quindi, questi primi mesi, dopo la conclusione delle ostilità, fecero schiudere tutti quei focolai, solo in parte sopiti durante la guerra. Essi ora si aggravavano dalla fine dell'ebbrezza generale, che aveva sedato molti popoli sulle priorità vere, quali la ricerca di cibo e l'esigenza di diritti civili, ormai considerati irrinunciabili. Secondo i più la pace e la vittoria

494

avrebbero offerto rifugio a ogni aspirazione repressa, anche quella più sfrenata.

Il problema principale era e rimaneva invece la grave situazione economica e politica esistente, che a parte gli Stati Uniti sembrava incancrenirsi su se stessa, presagio di nuovi sconvolgimenti. Gli impianti produttivi erano stati irrimediabilmente convertiti alla guerra, senza possibilità di avvantaggiarsene nell'immediato per altri usi quotidiani, mentre l'agricoltura languiva tra l'improduttività e l'abbandono. I campi e le piantagioni sottratte alla distruzione rimanevano di fatto deserti, perché non c'era nessuno che le poteva coltivare. La maggior parte dei braccianti era morta, ferita o ancora distante da casa. I miseri salari e la carenza di derrate alimentari condivano questa drammatica situazione, che pur tuttavia era difficile da percepire per i militari ancora arruolati e quindi disadattati sociali. Essi erano infatti lontani dalla vita reale, perché immersi prima nell'estrema desolazione delle trincee e poi nell'effimera festa dedicata ai conquistatori in terra vinta.

In effetti, mentre nelle rispettive Madrepatrie l'economia era in ginocchio, il clima che si respirava tra gli occupanti stranieri lungo la Senna, dove i militari vincitori si divertivano tra balli, sbornie ed euforie, sembrava garantire la rigenerata concordia e un'autentica

tranquillità. Ma a quale prezzo sarebbe stata mante-
nuta? La Conferenza della pace avrebbe dovuto dare la
risposta, punendo a sua volta le Nazioni sconfitte.

Parigi cedeva il passo all'occupazione congiunta
degli eserciti belga, tedesco, elvetico e italiano, annul-
lando qualsiasi forma di Stato unitario francese, mutilato da nord a sud. Al suo posto, come primato della
cultura francofona, erano stati in forma ufficiale proclamati altri tre soggetti alternativi, usciti vincitori dalla
guerra mondiale: il nuovo Regno del Gran Belgio, la
Repubblica svizzera di Ginevra e la Repubblica del
Québec.

*I delegati dei Paesi alla Conferenza della pace di Gine-*
*vra*

In questo clima il 18 gennaio 1919, anniversario
della proclamazione del Secondo *Reich*, iniziava a Ginevra, divenuta centro politico e militare di scabrosi in-

trighi e di mercimonio di popoli e di confini, la Conferenza della pace. L'*Hôtel National*, che prese presto il nome di «Palazzo delle Nazioni», come venne chiamato in quei mesi, fu la cornice dei lunghi colloqui tra delegazioni, che potevano ammirare le innevate cime del Monte Bianco e lo specchio brillante del Lago Lemano. Quella stessa città, che si era trasformato in palcoscenico di una furente battaglia, al rimbombo dei cannoni e al fragore dei casi di antropofagia, in quei mesi accoglieva politici e diplomatici di tutto il Mondo. Per molti rappresentanti, come nel caso dei giapponesi o degli americani, era il primo viaggio in Europa e si trovarono catapultati in un protocollo molto fitto, anche di occasioni mondane. Cow Boy e Samurai, abituati al loro mondo provinciale, si scoprirono insieme analfabeti di fronte a tanta effimerità impersonale, chiassosa e ridondante.

La congestione diplomatica ebbe subito i suoi strascichi di tipo nazionale, etnico e religioso. I vari accordi, segreti o palesi che fossero, contratti durante la guerra, una volta terminato il conflitto, sembravano solo in parte cozzare l'uno con l'altro, ma allo stesso tempo rendevano il periodo post-bellico ricco di incertezze, di possibili nuove recriminazioni e di accesi contrasti diffusi. Nei loro speciosi dettagli, si frapponevano tra loro la logica consolidata della diplomazia privata, la teoria dell'equilibrio e il proposito di taluni di affermare la legittimità dei vaghi concetti di nazionalità e di indipendenza dei popoli.

La conferenza aprì i lavori, lasciando a più commissioni l'esame degli argomenti, finalizzati alla realizzazione di ben tre trattati di pace, da far sottoscrivere ai rispettivi Stati vinti: Francia, Gran Bretagna e Russia. La Bulgaria e la Serbia, non esistendo più come entità indipendenti e sovrane, non avrebbero dovuto firmare nessun trattato di pace. Erano già assoggettate da molti mesi ormai e la guerra già aveva sancito la loro condizione di effettiva sudditanza. «I schiavi, come le bestie, non hanno diritti», avrebbe detto Guglielmo II durante un'intervista al *New York Times*.

La Turchia invece, in qualità di Nazione uscita un anno prima dalle ostilità, aveva già firmato un trattato altrettanto duro e severo in cui – come si è accennato – passava dalla condizione di "Malato d'Europa" a quella di "spettro per il Mondo", per usare le parole del ministro degli Affari Esteri della Repubblica russa, Trockij.

In sede negoziale, sin da subito emerse un principio, ritenuto sacrosanto da esponenti come Francesco Ferdinando o Wilson: stabilire la responsabilità della guerra. Nonostante entrambi fossero i capi di Stato di Paesi intervenuti solo in un secondo o addirittura quinto momento del conflitto bellico, essi si impegnarono a trovare nella Francia la colpevole materiale del ricorso alle armi nella primavera del 1914. La delegazione asburgica e quella statunitense non ebbero scrupoli. Si ritenevano moralmente superiori a tutte le altre rappresentanze, ad additare il *Quai d'Orsay* come il ricettacolo di ogni perfidia e intrigo diplomatico esistente sulla faccia della Terra.

Era stato l'ambasciatore Cambon, nel ruolo di apprendista stregone, a consegnare l'*ultimatum* britannico all'omologo tedesco Lichnowsky; era stato il governo di Doumergue a stimolare il bellicismo dell'*Entente Cordiale*; era stato infine Joffre a soggiogare il neutrale Belgio, pur di inacerbire il conflitto. La logica conseguenza, e su questo Germania e Italia non potevano che concordare per opportunistico interesse, sarebbe stata quella di ritenere Parigi come la principale causa del conflitto. La gloria e l'onore di un'antica tradizione gallicana ancora una volta come nel 1871 finiva rintuzzata nel feretro di porfido rosso nella cripta dell'*Hôtel des Invalides*.

Tutto ciò venne sancito nel relativo articolo 231 del trattato di pace, senza ombra di dubbio punitivo oltre misura, che la riguardava:

«*La Triplice Alleanza e le Potenze ad essa unite affermano, e la Francia accetta, la responsabilità della Francia e dei suoi alleati per aver causato tutte le perdite ed i danni che la Triplice Alleanza, le Potenze ad essa unite e i loro cittadini hanno subito come conseguenza della guerra loro imposta dall'aggressione della Francia e dei suoi alleati».*

In virtù di questo corollario, che a Parigi venne interpretato come un vero e autentico *dictée*, lo Stato francese avrebbe risarcito – in qualità di riparazioni – 132 miliardi di franchi-oro ai Paesi con i quali si era trovato in guerra, da dilazionare in dieci anni a partire dal gennaio del 1920. La prima azione svolta dalla municipalità della Capitale francese fu quella di smontare la Torre Eiffel, fonderne l'acciaio e rivenderlo all'estero pur di ottenere il denaro sufficiente per saldare una parte della montagna di debiti, alcuni ormai inderogabili contratti durante la guerra.

La finanza di Stato e la fiscalità generale si trovarono a ripetere le difficoltà del 1871. Con i tedeschi in casa e le ribellioni della Comune parigina, l'unica alternativa al tracollo politico ed economico fu la soppressione militare di ogni istanza democratica e l'introduzione di una serie di tassazioni e tributi indiretti sui beni e sui servizi. L'opzione coercitiva però non poteva essere presa così a cuor leggero, vista la completa mobilitazione dei cittadini ancora in armi e il rischio che una rivoluzione come quella del 1789 potesse far precipitare le cose in modo peggiore di come già non fossero.

Il Governo francese per il momento tergiversò, anche perché il trattato di Ginevra, una volta firmato, doveva essere ratificato dai diversi parlamenti, prima di divenire operante. Lungo la Senna non si volle escludere quindi *in extremis* un possibile ammorbidimento dei vincitori, magari come operato cento anni prima dall'abile diplomatico Talleyrand, durante i lavori del Congresso di Vienna.

In attesa degli eventi futuri, tuttavia si andò creando anche un altro problema, questa volta di tipo industriale. Le fabbriche e gli stabilimenti francesi non erano in grado di soddisfare la produzione di ricchezza necessaria, per pagare quanto dovuto ai vincitori. Il Paese era ormai privo territorialmente di gran parte della propria ricchezza naturale e commerciale, ceduta per diritto di guerra a belgi, tedeschi, ginevrini e italiani. Del resto, anche qualora Parigi fosse stata nella condizione di esportare talmente tante merci all'estero da riuscire a introitare i capitali necessari a saldare le rate delle riparazioni, le economie straniere ne avrebbero risentito in modo negativo. Infatti, nel contesto delle importazioni ciascun Paese doveva pure fare i conti anche con le leggi della concorrenza internazionale e della bilancia dei pagamenti. Per paradosso le merci francesi avrebbero alla fine distrutto le produzioni degli altri mercati, creando una crisi commerciale profonda.

A questo punto intervenne quindi l'opera dell'economista austriaco Carl Menger. Questi, oltre ad avere teorizzato il concetto che un bene genera un valore in modo indipendente dal lavoro necessario per produrlo (teoria dell'utilità marginale), era anche un fine appassionate d'arte e letteratura. In tale logica propose qualcosa di rivoluzionario, creando un terremoto culturale nell'intero pianeta. Durante una conferenza a Strasburgo ipotizzò – per assurdo – la possibile vendita dei beni artistici presenti nella sola città di Parigi. La domanda che si pose fu: tali beni possono essere sufficienti all'estinzione di tutte le riparazioni pendenti sulla testa dello Stato francese?

La reazione della platea, intervenuta ad ascoltare le sue opinioni sullo scenario futuro, fu da principio sbigottita per la trovata bizzarra dell'oratore. Saputa tuttavia la notizia oltre Oceano, fioccarono all'indirizzo del ministero francese dei Beni Culturali proposte d'acquisto per singole opere o intere collezioni d'arte esistenti sulla Senna. Il Governo fu imbarazzato della cosa, ma dopo mille dinieghi e rifiuti fu obbligato ad accettare le offerte, spinto dalla necessità di dare priorità alle esigenze quotidiane della popolazione nazionale. Ecco, quindi, che in otto mesi le riparazioni furono completamente saldate, recuperando anche i crediti dall'estero negati nell'ultimo anno. Il peso economico della guerra persa, che sembrava una cifra stratosferica al momento della firma del trattato di Ginevra,

502

divenne un importo superato senza particolari sacrifici sociali, ottenendo un margine di plusvalenza non indifferente.

Spesso si è detto che ogni guerra ha inizio al termine di quella precedente. Mai come nel caso della Francia del 1919 questa asserzione ha la sua validità. Sarebbe stata la vendita di tutte le opere d'arte parigine la base economica di partenza per quel grande riarmo francese, che nel 1932 porterà allo scoppio della Seconda guerra mondiale. Le clausole militari del trattato di pace del 1919 avevano limitato a 100.000 unità gli effettivi in divisa per l'*Armée*. Nel volgere di pochi anni questa cifra sarebbe divenuta l'ossatura del riformato Esercito francese, addestrato e preparato su ogni tecnica innovativa, tra cui quella della mobilità blindata e quella dell'aviazione pesante.

Avendo gli Stati Uniti d'America rivolto le proprie attenzioni verso il Pacifico, disinteressandosi del tutto della sicurezza dell'Europa, non fu difficile per Parigi convincere Washington, che l'esperienza francese sarebbe stata di valido aiuto alla preparazione bellica delle divisioni degli *yankee*. Il tutoraggio di militari come Henri Gouraud, Maxime Weygan e Maurice Gamelin nel deserto del Texas a Fort Bliss e nella rigogliosa Georgia a Fort Benning avrebbe offerto al comando statunitense un addestramento di prim'ordine. All'opposto avrebbe garantito ai francesi di poter sviluppare tecniche e preparazioni tattico-operative, che in Patria gli erano negate, per via dei controlli serrati delle commissioni italo-tedesche, preposte alla verifica dell'osservanza delle clausole del trattato di pace.

Spazzati via dalla sconfitta tutti i politici della vecchia scuola, durante gli anni Venti i governi, che si andarono ad avvicendare nella rinnovata Quarta Repubblica,[36] avrebbero convinto presto la Nazione francese, che il passato culturale e artistico non aveva scongiurato il tracollo militare del Paese. La Francia aveva perduto contro l'Italia non perché quest'ultima si era appropriata della *Gioconda*, ma piuttosto perché a Roma si seppe giocare d'astuzia con una politica militare più convincente. Il nuovo Presidente della Repubblica, il generale Pétain era del resto un oscuro conservatore e un fosco reazionario. Voleva ricostruire lo Stato francese, tentando la strada di un ritorno al passato, imponendo le antiche regole, attraverso una restaurazione autoritaria. Secondo il suo concetto, la democrazia parlamentare era l'unica responsabile della cattiva sorte toccata alla Francia.

A partire dai palazzi lungo la Senna, le pinacoteche e le gallerie pubbliche e private furono quindi spronate a liberarsi delle «chincaglierie degne solo degli antiquari e dei robivecchi del *marché aux puces*», come avrebbe detto Pétain nel 1921. Per recuperare tutte le regioni sottratte dal nemico, ci sarebbe stato bisogno di

---

[36] La Terza Repubblica fu dichiarata decaduta al momento della firma della pace a Ginevra.

ferro e acciaio, non certo di tele dipinte e marmo scolpito. «Soldati e non pittori» fu lo slogan, diffuso in modo martellante dal nuovo primo ministro Laval, rivolto alle giovani generazioni inquadrate nella formazione adolescenziale paramilitare *Jeunesse nationale*.

*Ragazzi appartenenti alla Jeunesse nationale in parata lungo i Campi Elisi a Parigi*

In un gioco di nemesi la Francia metteva all'asta il suo passato storico e culturale, ne avrebbe ricavato brutalità e irreggimentazione. Comunque lo si voglia vedere in prospettiva, quello del quinquennio 1919-1924 fu comunque un autentico affare del secolo. I quadri di Leonardo da Vinci o di Jacques-Louis David passavano di mano in mano a suon di milioni, creando negoziazioni e guadagni straordinari e offrendo un volano inaspettato ai mercati finanziari delle varie piazze di scambio internazionali. Il solo museo del Louvre incassò in totale 150 miliardi di franchi-oro per la vendita di tutte le sue opere d'arte, che da quel momento trovarono collocazione nelle esposizioni permanenti e nelle collezioni private di tutto il Mondo da Singapore a Vancouver.

Notevole successo ebbe anche tutta una serie di quadri di pittori classificati dalla critica internazionale come decadenti: come impressionisti, post-impressionisti, astrattisti ed espressionisti. Il collezionista americano Solomon Robert Guggenheim iniziò in quel momento la sua raccolta. Per la cifra stellare di 800 milioni di franchi-oro comprò l'intera produzione di artisti come Claude Monet, Paul Cezanne, Jean-Auguste Renoir e Vincent Van Gogh. Tuttavia queste cifre non sembrarono tanto astronomiche nel loro complesso, se la sola *Vergine delle Rocce* di Leonardo fu venduta a 460 milioni di franchi-oro al fanatico Francesco Ferdinando, il *Ritratto di Baldassar Castiglione* di Raffaello alla famiglia Gonzaga per 200 milioni di franchi-oro, la *Vittoria alata di Samotracia* al re Costantino per 350 milioni di franchi-oro e *La grande odalisca* di Jean Auguste Dominique Ingres al magnate americano John Davison Rockefeller (che a detta sua gli ricordava la moglie) per 300 milioni di franchi-oro.

Gli acquirenti potevano essere spinti a queste spese da diverse motivazioni: perché appassionati, perché ricchi sfondati oppure incalliti romantici. Erano però accomunati dal fatto di essere degli autentici egocentrici ed individualisti, se si considera la situazione miserrima della maggior parte della popolazione dei singoli Paesi. Nelle sue trovate vanagloriose Francesco Ferdinando, non contento di sperperare le ultime riserve nazionali per spese pazze, stava indirizzando il Pianeta verso una nuova idea strampalata, nonostante l'intenzione – almeno in questa circostanza – poteva apparire nobile.

Nei suoi ripetuti propositi fantastici, interni al suo rinnovato Stato multietnico e di rigenerazione universale, propose in seno a una seduta delle conferenze, che si svolgevano ogni sei mesi tra i rappresentanti delle Potenze vincitrici, la creazione di un organismo internazionale per la pace perpetua. Questo, chiamato «Società delle Nazioni», doveva offrire a tutti i popoli del Mondo la certezza di un'armonia generale giusta e duratura, anche se di fronte alle spartizioni dei territori metropolitani o coloniali dei Paesi vinti nessuno obiettò al principio imperiale e di espansione planetaria.

Quel che era valido in teoria, nella pratica fu sottaciuto, proprio per non indispettire i governi, come quello tedesco ed italiano, che tanto speravano nel riassetto degli ampi domini francese ed inglese nel Mondo, che poi era l'obiettivo primo dei lunghi anni di combattimento.

Nonostante questo mercato delle indulgenze, si arrivò al compromesso. «I buoni propositi», come li definiva Francesco Ferdinando, potevano valere per l'avvenire, non potendo sbarazzarsi senza traumi di tutto quel che era accaduto negli ultimi cinque anni. Era la conversione al pacifismo dei guerrafondai del giorno prima, ricalcando il percorso machiavellico del cancelliere di ferro Bismarck dopo il 1871.

La Società delle Nazioni avrebbe quindi provveduto all'abolizione della diplomazia segreta, al ripristino – dove assente – del diritto di tutte le genti di avere pari diritti in campo politico, sociale ed economico. Una sorta di Stato di «Utopia», di cui l'Imperatore si era imbevuto nella sua prolifica formazione culturale letteraria. Non si accorgeva però che questa proposta arrivava fuori tempo massimo, quando le baionette grondavano di sangue e qualsiasi diritto umano era stato sacrificato da tutti gli eserciti combattenti, proprio per raggiungere la tanto agognata pace.

Questo a Budapest non venne percepito o semplicemente ci si crogiolava di fronte all'opportunità di scrivere la Storia e rimanere immortali nella memoria collettiva. Francesco Ferdinando era terrorizzato dal poter morire, magari ucciso come Edoardo d'Inghilterra, senza che nessuno si ricordasse di lui per qualche impresa faraonica o titanica. Ecco spiegato quindi l'obiettivo irrinunciabile di mettere il suo nome nel più ambizioso e poderoso progetto politico del Millennio.

Dalla sua famiglia egli aveva ricevuto l'esempio di Carlo V. Non poteva quindi chiedere di meglio, che realizzare i migliori propositi umanistici del XVI secolo! Come pare chiaro, nelle intenzioni dell'Imperatore illuminato, la corte di Budapest sarebbe dovuta divenire il centro nevralgico del Mondo civile e quindi ispiratore del «progresso scaturito – sono parole dello stesso Francesco Ferdinando – dall'ultima guerra, che l'umanità ha avuto il dovere di combattere».

L'idea ebbe da principio molti avversari, ma alla fine venne stabilito che i vincitori del conflitto e i Paesi ad essi legati fossero a pieno titolo membri dell'organizzazione. In tal senso, sin dall'inizio i componenti costituenti furono: Impero universale, Germania, Italia, Grecia, Irlanda, Gran Belgio, Repubblica svizzera di Ginevra, Québec, Svezia, Giappone, Argentina, Brasile e Stati Uniti d'America.

Per i vinti nulla era garantito in termini di rappresentanza internazionale e questa sarebbe stata la grande falla della costituenda Società delle Nazioni. Anzi in quanto meschini e profittatori, i Paesi sconfitti avrebbero pagato a caro prezzo l'affronto di aver scatenato una guerra mondiale con l'unico obiettivo di umiliare politicamente tre giovani popoli come l'irlandese, il tedesco e l'italiano, nonché affondarne uno desideroso di risorgere dopo un periodo di incertezza, come quello multietnico costituito dalla vecchia Austria-Ungheria.

Per questi motivi la Russia perse quasi l'intero territorio che gli apparteneva in Europa, tanto da far dubitare ai contemporanei che essa potesse essere considerata qualcosa di diverso da un Paese asiatico e barbaro, dove regnava la feroce anarchia e lo sfrenato dispotismo. Nel Settecento Caterina *Romanov* si era affacciata al balcone della modernità. Dopo la guerra mondiale la Russia non solo tornava dentro casa di prepotenza, ma veniva rinchiusa in cantina.

La rivolta nazionalista aveva ritardato il declino, non certo risolto le problematiche interne. Per questo, perdute le regioni cedute a Stoccolma, Berlino e Budapest, la nuova Repubblica tornava ad essere uno Stato arretrato e primitivo. Rimaneva senza sbocchi sul mare, tranne quel che esisteva sul Circolo polare artico o nella piccola porzione di Mar Nero, che gli restava nei pressi di Soči, che diveniva però un porto smilitarizzato. Questa unica e limitata concessione di sbocco rivierasco fu offerta per la magnanimità di Francesco Ferdinando, trovando nei suoi principi proprio il diritto di accesso al mare. Tuttavia, ciò diveniva improduttivo, se fosse stato confermato che anche gli Stretti sarebbero toccati al dominio del medesimo Impero universale.

Simile situazione toccò anche ad Occidente. Se la Francia perdeva tutta la sua parte orientale del cosiddetto «esagono», facendo ritornare la giurisdizione del governo di Parigi circa alla situazione umiliante in cui era il Regno dei Valois durante la Guerra dei cento anni, la Gran Bretagna diveniva un'isola fine a se stessa in balia delle onde e dei flutti del mare, che la circondavano. Il Regno (non più) Unito, come la Spagna dopo il tracollo dell'*Invincibile Armada* nel 1588, ripiegò su se stessa la gloriosa bandiera navale, per ritornare alla pesca domestica.

Per la corona britannica la guerra era stata una sentenza esemplare senza appello, chiudendo per oltre un decennio a venire nel dimenticatoio l'epoca aurea dello splendore vittoriano. Giorgio V, oltre ad aver seppellito un figlio, perse tutte le colonie, tutte le concessioni e tutti i domini oltremare. Londra manteneva la sua autorità, senza però adeguata autorevolezza, solo in Inghilterra, in Galles e in Scozia. La sua flotta, catturata dalla Marina del *Kaiser*, come ultimo gesto di sfida si autoaffondò nel giugno del 1919 presso la base marittima tedesca di Wilhelmshaven in Bassa Sassonia, dove era stata fatta prigioniera all'indomani dell'armistizio. Dopo le sconfitte militari, era il modo più romantico per far scendere il sipario su un primato nei mari, che durava da circa quattro secoli. In un attacco di collera sadica Guglielmo II ebbe a commentare sarcastico: «Il passato della Royal Navy era sul mare, il suo futuro sarà in fondo al mare».

L'ammiraglio britannico Fisher, per aver ordinato questo scellerato gesto provocatorio, fu rinchiuso nel carcere di Spandau, da dove uscirà solo nel 1930 a seguito delle trattative inerenti a una possibile alleanza tra Germania e Gran Bretagna in chiave antifrancese ed antiamericana.

Solo in quell'occasione il nuovo re d'Inghilterra, Giorgio VI, poté ricostruire una politica estera consona agli splendori dell'epoca imperiale. Il Sovrano archiviò le cause della morte del fratello Edoardo, per recuperare la tradizionale politica filotedesca dei *Sassonia-Coburgo-Gotha*. Londra comprenderà che l'alleanza siglata nel 1904 con Parigi poteva considerarsi un maledetto errore e la peggior iattura di tutta la storia inglese. La sponda meridionale della Manica, nemica giurata di sempre degli anglosassoni, era tornata ad essere tale, senza ripensamenti e senza rimpianti. Sarà il *premier* Churchill, divenuto capo del governo nel 1932, che spingerà i tedeschi a dichiarare guerra alla Francia per via del prepotente riarmo intrapreso da Pétain e da Laval a danno della pace generale europea.

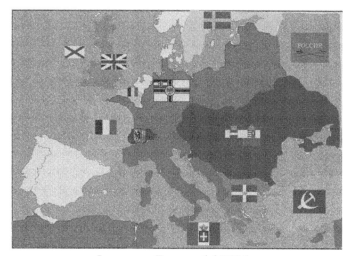

*La nuova Europa del 1919*

Tornando invece alla realtà del 1919, alla fine dei trattati con i rispettivi Paesi sconfitti, la situazione generale era così sintetizzata, con l'affermazione di tre grandi potenze europee con altrettanti vasti possedimenti coloniali. La Germania otteneva la stragrande maggioranza dell'Europa nord-orientale, l'Italia disponeva del predominio nel Mediterraneo, mentre l'Impero universale reggeva le sorti dei Balcani e del Mar Nero.

Berlino, ormai padrona del cuore del Continente e di tutti gli sbocchi marittimi settentrionali, annesse in via diretta le province ottenute ai danni di Francia e della Svizzera. Concesse poi una molto limitata autonomia agli Stati fantoccio strappati alla Russia, che dai

Carpazi arrivavano al Baltico, come la Polonia, la Lituania, la Russia Bianca, tanto per citare i maggiori. In molte zone delle regioni annesse, dove a cominciare dal tardo Medioevo, dai tempi della Lega anseatica, abitavano sparute comunità germaniche, crema della società locale, il predominio tedesco ebbe subito i suoi frutti, potendo contare su un seppur minoritario persistente patriottismo oriundo.

Guglielmo, dopo i duri anni della guerra, liquidò il governo di Bethmann-Hollweg, per istaurare l'amministrazione militare dell'Impero, che ora contava possedimenti immensi soprattutto in Africa centro-meridionale. Secondo l'impostazione tedesca solo il controllo politico e gestionale degli uomini, che avevano combattuto e vinto il conflitto, avrebbero potuto imporre la stabilità e l'autorità necessarie su tutta l'estensione del *Reich* allargato. Ottenuto lo spazio vitale (il cosiddetto *Lebensarum*) necessario allo sviluppo capillare dell'egemonia teutonica, ecco quindi l'istituzione di una nuova forma di feudalesimo germanico postmoderno, in cui al vertice c'era l'esecutivo formato dal generale Falkenhayn. A raggiera vennero formati governi locali affidati ai principali comandanti, emersi durante la guerra, tra cui spiccavano Bülow negli Stati baltici, Klück in Polonia e Hutier in Mesopotamia.

In questo disegno di potenza, l'Italia invece aveva coronato il suo sogno di ricalcare i passi dei Cesari. Rimandando i dettagli dell'evoluzione politico-militare italiana al termine della narrazione, si può accennare tuttavia alla felice situazione offerta a Roma nel periodo successivo alla conclusione delle ostilità. Le vaste e ricche regioni strappate alla Francia metropolitana, quelle accordate dalla Svizzera e dall'Austria, nonché le colonie rivierasche occupate, davano l'opportunità a Vittorio Emanuele di poter controllare tutto il bacino interno e la sua estensione esterna nel Mar Rosso, fino ai già posseduti territori in Africa Orientale, bagnati dall'Oceano indiano.

L'Impero degli Asburgo aveva in modo definitivo trovato una certa stabilità, dopo decenni di crisi e di incertezza politico-sociale. Trovò nella religione cristiana la vera forza costituente della Mitteleuropa, essenza stessa delle dinamiche collettive del Vecchio continente. Francesco Ferdinando prendeva a suo modello ideale la medievale *respublica christiana* con i suoi due cardini sociali: la religione e l'ordine gerarchico.

La sua vocazione orientalista era stata appagata, anche grazie alla rinuncia della propria componente germanofona e italofona. Entrato in possesso del Caucaso e ottenendo poi la Persia e l'Afganistan, poteva così contare su un canale diretto che lo legasse all'India, divenuta perla dei suoi possedimenti, e su uno sbocco marittimo vantaggioso e prolifico nell'Oceano indiano. Dovette restituire nei mesi a venire gli Stretti alla Turchia, ma in fin dei conti, avendo l'Italia le chiavi del

Mediterraneo, era molto meglio rivolgere la propria attenzione verso l'Asia centrale, sfruttando le ricche materie prime, soprattutto della parte assegnatagli del Caucaso, e i ricchi bacini commerciali, che le popolazioni locali offrivano.

Tra le altre Nazioni, uscite vincitrici dal conflitto, poi trovavano spazio quattro medie potenze: la Grecia padrona della zona dell'Egeo, la "nuova" Svizzera spostata più a occidente, il "nuovo" Gran Belgio allargato con ridenti regioni verso la Senna e *last but not least* l'Irlanda, ormai divenuta indipendente.

Tra le altre Potenze negli altri continenti vi era infine: il Giappone che diveniva padrone del Pacifico nord-occidentale con la piena annessione della Siberia orientale; gli Stati Uniti, oltre ad occupare le isole ex britanniche dell'Oceania, otteneva anche il Canada, tranne il Québec, che andava costituendo la Repubblica omonima, e tutti i possedimenti anglo-francesi dell'America centrale.

Sarebbero passati appena altri tre anni, per permettere al Giappone e agli Stati Uniti di potersi liberare anche dell'ingombro di Nanchino. A fronte dell'accordo di Washington del 1922, le due uniche Potenze extraeuropee si imposero in Estremo Oriente, portando a termine la completa spartizione dell'intero sconfinato territorio di quello che un tempo era l'Impero celeste.

Se il Tibet e lo Xinjiang avevano trovato nella debolezza cinese l'occasione per la secessione, Tokyo si avvantaggiò in chiave strategica della Mongolia interna, tanto da stringere e annettersi anche quella esterna ed avere così campo libero nell'Asia centrale. Gli Stati Uniti invece, profittando dell'immensità e della ricchezza della Cina meridionale, poterono garantirsi una riserva umana, materiale ed economica invidiabile, da sommare alla già ricca collezione di annessioni in tutto l'alveo del Pacifico sud-occidentale, che erano iniziate tra l'altro con le Filippine e Guam nel 1898, dopo la guerra vittoriosa contro la Spagna.

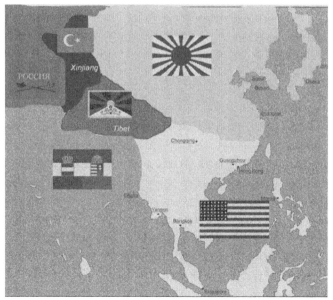

*I nuovi confini dell'Asia nel 1919*

In questa spartizione, che a molti cronisti dell'epoca faceva pensare alla divisione della Polonia nel Settecento, non fu ininfluente la confusione regnante nel Governo nazionalista di Nanchino. Qui le spinte centrifughe del Kuomintang e centripete del neonato Partito comunista offrivano a chiunque volesse spartirsi la Cina occasioni irripetibili di dominio incontrollato.

In tutto ciò le antiche Potenze (Francia, Gran Bretagna e Russia) si riducevano a macchiette incolori, mortificate e senza futuro. L'ormai ex Regno Unito, tra l'altro, ritornò alla bandiera precedente il 1801, a cui era assente la croce di Sant'Andrea rossa su campo bianco.

Differente la sorte della nuova Repubblica socialista di Turchia che, per quanto mozzata e ridotta rispetto allo splendore dei secoli passati, aveva trovato una sua identità propria, sia sotto l'aspetto nazionale, che sotto quello ideologico, abbracciando il pensiero marxista. Nonostante questo, la Rivoluzione comunista in Anatolia aveva tolto dalla cartina geografica l'Impero ottomano, ma gli influssi dei *Konseyi* di Istanbul, di Ankara e di Konya vagheggiavano come spettri politici nelle principali città industriali d'Europa.

Il compagno presidente Mustafa Kemal il 22 gennaio 1919, proclamando lo spirito universale del marxismo rivoluzionario, fece il seguente discorso:

«*La Rivoluzione per affermarsi ha avuto bisogno di sangue e di morti, ma ancora molti popoli e civiltà ambiscono ad essa, per affrancarsi dal letargo capitalista in cui sono imbevute. Ci sarà un giorno in cui tutte le Nazioni seguiranno una sola bandiera, quella del lavoro e della fratellanza. Fino a quel giorno la Repubblica socialista di Turchia sarà per esse il sole risplendente*».

*Mustafa Kemal durante un comizio comunista ad Angora*

Il proclama fu subito accettato dalle popolazioni presenti lungo gli Stretti e nella zona di Smirne, che nel volgere di due anni furono riconsegnate alla Turchia, seguendo la forma non violenta proposta dall'esponente comunista indiano Gandhi, già attivo nel suo

Paese e in Sudafrica in alcune campagne contro il razzismo e l'indipendenza dagli inglesi. Costantino e Francesco Ferdinando furono recalcitranti a concedere i suddetti territori alla sovranità di Ankara, ma questa decisione evitò il propagare di sommosse interne ad Atene e a Budapest, che già si stavano sviluppando ad opera di alcuni rappresentanti progressisti delle comunità locali del proletariato.

Era l'avvio del movimento «intercomunista», che alla morte di Kemal avrebbe preso il posto di quello nazionale «turcomunista». Elemento favorevole in questo senso fu l'introduzione nella Costituzione proletaria della facoltà per ogni cittadino del Mondo di poter essere elettore o eletto a qualsiasi posizione politica all'interno dello Stato proletario. Una volta quindi che Gandhi divenne presidente della Repubblica nel 1927, l'evoluzione del marxismo cambiò ancora, dando avvio a un capitolo decisamente diverso dell'ideologia socialista, tutta incentrata sui piani triennali di produzione solidale e adeguata ai bisogni reali della popolazione.

Quando nell'ottobre del 1929 la crisi finanziaria fece crollare sotto al peso dell'impudente speculazione le due grandi economie della Germania e del Giappone e poi a domino tutto il sistema capitalista mondiale, Ankara divenne la stella polare per ogni economista contemporaneo.

Alla fine della trattazione un'attenzione particolare deve essere rivolta verso l'Italia, non fosse altro per l'origine di colui che ha reso possibile questa narrazione, celata per oltre un secolo ai contemporanei.

Alla fine della guerra Roma aveva occupato le regioni della Francia meridionale, ottenuto le isole della Corsica, di Malta e di Cipro,[37] allargato il predomino nel Mediterraneo extra-europeo dalla Tunisia alla Siria ed ereditati i territori sud-orientali della Svizzera e quelli asburgici dalle Alpi retiche all'Adriatico centrale. Ancora una volta, riesumando la toponomastica di ingiallite carte geografiche, il bacino che si estendeva a settentrione del canale di Otranto venne ribattezzato "Golfo di Venezia".

Vittorio Emanuele III diveniva il nuovo Cesare, potendo contare su un ampio predominio mediterraneo, mai avuto da uno Stato preunitario dai tempi della *pax romana*, prima della grande crisi del III secolo d. C. Tuttavia, questa situazione felice e la proclamazione del nuovo Impero italiano non esentò neppure la Penisola dal veder sorgere al suo interno notevoli movimenti inneggianti alla rigenerazione dello Stato e alla creazione di una nuova forma istituzionale per il Paese.

Ampi strati delle Forze Armate, capeggiati da Emanuele Filiberto d'Aosta, a cui la dura esperienza bellica

---

[37] L'isola di Cipro fu assegnata come futuro compenso all'Italia nel 1917, dopo la defezione greca dalla guerra.

aveva indotto una profonda conversione verso il repubblicanesimo, guardavano a nuovi scenari politici, convinti che – come nel caso della Russia e della Gran Bretagna – alla lunga un Impero coloniale sarebbe crollato sotto al peso della dinastia e della nobiltà reazionaria, capricciosa e arrogante.

Azione concreta, svolta dal comandante della 3ª Armata in autonomia rispetto al Governo centrale e sorretto solo dall'entusiasmo dei suoi uomini in armi, fu l'occupazione contro ogni regola internazionale o accordo pregresso del Principato di Monaco. I militari presero avvio della propria azione dalla località costiera di Mentone, che in seguito venne ribattezzata "Mentone dei Legionari", in onore delle truppe che avevano sfidato la sorte pur di ribadire la piena italianità su tutta la Costa Azzurra. Non secondaria all'impresa fu l'azione propagandistica di Gabriele D'Annunzio, sempre alla ricerca di trovate edonistiche e funamboliche.

*Emanuele Filiberto d'Aosta, comandante
della 3ª Armata*

Il risultato fu la creazione dello Stato libero di Montecarlo, che subito trovò simpatia nei circoli repubblicani della Liguria, inneggianti alla figura di Giuseppe Mazzini con la speranza di allargare a tutta l'Italia la forma democratica. Il sovrano Alberto I Grimaldi, che per il tutto il conflitto aveva sbandierato la sua ferrea volontà pacifista, fu costretto all'esilio, riparando in Spagna alla corte dei Borbone in un espatrio dorato nei pressi di Toledo. Qui, in un ozio ventennale prima della prematura morte, curò due delle sue più grandi passioni: l'automobilismo e la filatelia.

L'azione non sconvolse molto il nuovo Concerto dei Grandi, interessato a seppellire i nazionalismi dei Paesi sconfitti. Nessuno si impensierì allora per un piccolo principato, che da decenni aveva presentato tutti i fragili segni di retaggi medioevali. I Grimaldi con la propria poca attenzione alle sorti dei destini d'Europa e spesso apparentati con le alterne fortune della Francia, non rientravano nelle simpatie né degli Asburgo, né degli Hohenzollern.

Del resto, era accaduto qualcosa di simile in Belgio e in Germania, dove il Lussemburgo e il Liechtenstein erano stati annessi senza scrupoli, dopo essere caduti sotto l'autorità dei militari belgi e tedeschi. Ciò avveniva non senza qualche preoccupazione degli Orange per l'indipendenza del Regno dei Paesi Bassi, ormai accerchiato da potenze militarmente agguerrite e pronte alla sopraffazione gratuita. Pur tuttavia ad Amsterdam e a L'Aja ancora reggeva un cielo limpido e per il momento nessuna nube si sarebbe stagliata sopra i fragili mulini a vento.

Dopo la fine del principato monegasco, però gli unici che iniziarono a temere il peggio furono proprio i Savoia, vista la repentina ascesa del più ribelle della famiglia. In quei giorni Emanuele Filiberto venne infatti nominato dai suoi stessi soldati governatore provvisorio dell'*enclave* rivierasca, in attesa che anche nell'Urbe vi fosse il clima adatto per un gesto così ardimentoso e fosse infine proclamata la Repubblica sui millenari sette colli.

Di pari spessore fu l'occupazione da parte del generale Enrico Caviglia della Repubblica di San Marino, retaggio anacronistico di quell'epoca preunitaria, tanto bistrattata dal movimento repubblicano e neodemocratico, che in alcuni circoli a Nizza, a Venezia, a Genova, a Milano e a Roma trovava ampie frange di consensi politici, economici e sociali.

La situazione interna in Italia era quinti spinta da numerose correnti ufficiose e in antagonismo con la gestione post-bellica del Paese. La reazione di Tittoni fu abbastanza energica, anche se il tentativo di creare un assedio militare intorno a Montecarlo e al Monte Titano, per indurre le formazioni del Duca d'Aosta e di Caviglia a desistere dai loro obiettivi, non ebbe l'esito sperato. Le truppe del Regio Esercito, mandate contro i loro colleghi ribelli, furono solidali e fraterni, tanto da creare nuovi e massicci consensi alla causa repubblicana e unitaria di tutta la Penisola.

Il Re d'Italia, nonostante il lustro offerto dalla vittoriosa guerra, si sentiva seriamente in pericolo, tanto da richiedere al Governo altre azioni draconiane non solo contro i Circoli "mazziniani", che si andavano formando spontaneamente in ogni città italiana, ma anche contro ampi strati delusi e insoddisfatti delle Forze Armate. In esse, soprattutto tra i giovani ufficiali di complemento, i soldati avevano tratto dall'esperienza della guerra il nutrimento necessario a una coscienza patriottica alternativa a quella della classe politica. Vittorio Emanuele III ai loro occhi ora sembrava un pescecane divoratore di colonie e corone a spese del sangue versato e dei sacrifici del popolo italiano. In quei giorni, dietro agli sfarzosi arazzi e vasi cinesi delle sontuose stanze del Quirinale, si sentiva come cassa di risonanza il tintinnar di sciabole, proveniente da ogni caserma o distretto militare dell'Impero.

Il ministro della Guerra Zupelli e il capo di Stato Maggiore Pecori Giraldi non riuscirono a ristabilire l'ordine necessario per riportare nei ranghi tutto l'Esercito o forse non vollero prendere decisioni compromettenti per non alienarsi l'ascendente degli uomini in divisa. Tra l'altro, dopo l'esperienza monegasca e sammarinese, altri comandanti, partendo dalla loro autorevolezza e dal proprio carisma, proclamarono altre istituzioni alternative a quella centrale monarchica. Nacquero così alcune repubbliche indipendenti soprattutto in Piemonte e in Lombardia: le più famose furono la Repubblica d'Ossola del generale Diaz, quella di Bobbio del colonnello Rodolfo Graziani e quella di Salò del generale Pietro Badoglio.

Dopo circa tre anni di accesi scontri politici, mobilitazioni e rivendicazioni democratiche, il 28 ottobre

1922 si svolse un *referendum* istituzionale, che unì idealmente tutti i militari dal passo del San Gottardo alle sponde del fiume Giuba in Somalia. L'esito della consultazione decretò in autonomia – con la minaccia del ricorso alle armi – la proclamazione della Repubblica d'Italia. Il sovrano Vittorio Emanuele fu deposto d'autorità da un reparto agli ordini dello stesso Badoglio, che circondò la residenza di San Rossore. Il monarca deposto fu obbligato a partire in esilio nella cittadina portoghese di Cascais.

Il figlio diciottenne Umberto, in via temporanea nominato reggente del Montenegro, trovò la morte in quei confusi giorni, per ignote circostanze durante una battuta di caccia nei boschi adiacenti alla reggia dei Petrovic. Il suo corpo, trovato privo di vita, fu reciso della testa, che venne esposta come trofeo dal Circolo mazziniano di Cattaro, proprio al fianco della porta della cittadella, dove troneggiava un bassorilievo marmoreo del leone della gloriosa Repubblica di Venezia. Nella mente dei fautori del repubblicanesimo solo la Serenissima e non i Savoia poteva essere l'esempio da seguire, una volta unificata l'Italia fino a Trento e Trieste.

Intanto in Madrepatria i rappresentanti eletti contestualmente al *referendum*, nominarono come capo del nuovo Stato repubblicano Nitti, superstite della vecchia generazione. Al vertice del Governo venne scelto invece il socialista Filippo Turati, distintosi nella doppia veste di rappresentante dei lavoratori e dei militari, che chiamò al ministero degli Affari Esteri il giovane diplomatico Carlo Sforza, che negli anni di guerra aveva ben figurato come ambasciatore e plenipotenziario a Budapest, ad Atene e in numerosi incontri interalleati. Emanuele Filiberto di Savoia, non più duca per l'intervenuta abolizione dei titoli nobiliari, venne designato ministro della Guerra. Caviglia divenne nuovo capo di Stato Maggiore dell'Esercito, dopo che Nitti ebbe ratificato la piena annessione delle *enclave* monegasca e sanmarinese nel novero del nuovo Stato repubblicano.

Al prezzo di ancora altro sangue, questa volta del principe ereditario, l'Italia sembrò aver trovato una certa stabilità. Essa era retta però da quel che da principio tutti i poteri precedenti intesero come terrore giacobino di un regime paramilitare. I nobili emigrarono all'estero o vennero rinchiusi in carcere. Solo i più fanatici furono passati per le armi dagli stessi plotoni d'esecuzione dell'Esercito, che solo qualche anno prima, quando si chiamava "Regio" aveva spezzato – per ordine superiore – le vite di tanti soldati ritenuti traditori o renitenti.

La Santa Sede fino ad allora era rimasta sorda e cieca a tutto questo sconvolgimento, tanto da ricalcare la politica isolazionista inaugurata da Pio IX dopo il 20 settembre 1870. Vista la situazione altamente bollente a Roma, il papa Stefano X decise alla fine di accettare le rinnovate offerte di ospitalità, che provenivano dal Danubio. Trasferì la sua residenza oltre le Alpi, ben accolto dall'ormai fanatico Francesco Ferdinando, lietissimo di offrire alla Chiesa un distretto suo proprio nel quasi ultimo territorio esistente di Austria tedesca ancora sotto sovranità asburgica. Se la donazione di Costantino si era rivelata un clamoroso falso, quella di Francesco Ferdinando era sin troppo reale.

Ecco, quindi, che il 1° gennaio 1923 venne proclamato presso la cattedrale di Santo Stefano il rinnovato "Stato della Chiesa", zona extraterritoriale papale all'interno dell'Impero universale. L'occasione fu uno sfoggio anacronistico di suoni di tromba e di manti di ermellino, che agli occhi degli esterni appariva come lo psicodramma di un sogno universale, politico e religioso, ormai nella realtà finito da anni, se non da secoli. Tuttavia, Francesco Ferdinando si cullò d'innanzi all'aureola di sacralità, che gli sarebbe calata sulla testa, per aver riunito ancora una volta insieme lo scettro e l'altare sotto la stessa bandiera di Cristo.

In quei giorni, infatti, Budapest diede battesimo al nuovo vessillo imperiale, composto da un drappo bianco, con al centro la croce sottostata alle chiavi di San Pietro. Tutto intorno a forma di cerchio i nove stemmi degli altrettanti Grandi elettori imperiali e la corona ferrea di Carlo Magno (ottenuta come si ricorderà durante la guerra dall'Italia), che sovrastava il tutto.

*La nuova bandiera dell'Impero*

L'evento gioioso, inaugurato con l'insediamento a Vienna del Papa, durò però pochi giorni, perché il 9 gennaio successivo Stefano X si spense placidamente nel suo letto, presso la reggia di Schönbrunn, dove trovava dimora la rinnovata Santa Sede. Sette giorni dopo la morte del Pontefice il fastoso funerale fu officiato da Frühwirth, sotto la sapiente regia dello stesso Imperatore. Alla cerimonia partecipò tutta la crema della società nobiliare europea, anche se la platea della funzione era composta in prevalenza da re, principi e conti, nel frattempo spodestati da altrettanti notabili borghesi, figli del repubblicanesimo imperversante.

Dopo un mese di ampolloso lutto, venne quindi indetto a Brno un nuovo conclave, luogo di altri intrighi e giochi politici... ma questa è tutta un'altra e nuova

storia, che non trova naturale sede in questa narrazione.

# Indice dei nomi

Baden-Powell Robert

Badoglio Pietro

Baker Newton Deihl

Balfour Arthur James

Barzini Luigi

Bastico Ettore

Beatty David

Bell James Franklin

Benckendorff Alexander

Beneš Edvard

Berchtold Leopold (von)

Bernstorff Johann Heinrich (von)

Bethmann-Hollweg Theobald (von)

Bismarck Clara Gräfin (von)

Bismarck Otto (von)

Bliss Tasker Howard

Boris III di Bulgaria (*Sassonia-Coburgo-Gotha*)

Bouquet Ernest

Brătianu Ionel

Brenno (di Gallia)

Briand Aristide

Broqueville Charles (de)

Brusati Roberto

Buchanan George

Bullard Robert Lee

Bülow Karl (von)

Burián Stephan

Byron George Gordon (Lord)

Cadorna Luigi

Cagni Umberto

Caldara Emilio

Calvin Jean (Calvino Giovanni)

Cambon Paul

Capello Luigi

Carden Sackville

Carlo Magno del Sacro Romano Impero

Carlo V del Sacro Romano Impero (Asburgo)

Carranza Venustiano

Castelnau Édouard (de)

Cavaciocchi Alberto

Caviglia Enrico

Cavour Camillo Benso (di)

Čechov Anton

Cesare Gaio Giulio

Cezanne Paul

Chamberlain Joseph

Chaplin Charles (Charlot)

Chudenitz Czernin Ottokar (von und zu)

Churchill Winston

Citroën André

Clarke Tom

Clausewitz Carl (von)

Clemenceau Georges

Clemente XIII papa (della Torre di Rezzonico Carlo)

Collins Michael

Conan Doyle Arthur

Connolly James
Corvino Mattia
Costantino I di Grecia (*Glücksburg*)
Coubertin Pierre (de)
Cradock Christopher
Crispi Francesco
Cristiano X di Danimarca (*Glücksburg*)
Croce Benedetto
Crupelandt Charles
D'Annunzio Gabriele
D'Urbal Victor
Darwin Charles
Davignon Julien
De Gasperi Alcide
De Luca Marcello
De Pretis Agostino
Decoppet Camille
Deguise Victor
Dellmensingen Konrad Krafft (von)
Diaz Armando
Dìaz Porfirio
Djemal Ahmed
Dobschütz Robert (von)
Doumergue Gaston
Dragomirov Vladimir
Drake Francis
Dreyfus Alfred
Dubail Auguste

Duxiu Chen

Eberhardt Andrei

Edoardo del Galles (*Sassonia-Coburgo-Gotha*)

Edoardo VII del Regno Unito (*Sassonia-Coburgo-Gotha*)

Eiffel Gustave

Elena di Montenegro, poi d'Italia (Savoia)

Elisabetta di Baviera, poi del Belgio (*Wittelsbach*)

Elisabetta I d'Inghilterra (*Tudor*)

Emanuele Filiberto di Savoia (Aosta)

Enrico IV del Sacro Romano Impero

Enrico II Plantageneto d'Inghilterra

Enver Pascià Ismail

Estienne Jean-Baptiste

Evans Hughes Charles

Evan-Thomas Hugh

Falkenhayn Erich (von)

Fanti Manfredo

Federico Barbarossa del Sacro Romano Impero (*Hohenstaufen*)

Federico da Montefeltro

Ferdinando I di Bulgaria (*Sassonia-Coburgo-Gotha*)

Ferdinando I di Romania (*Hohenzollern-Sigmaringen*)

Fisher John

Fitzgerald John

Flotow Hans (von)

Foch Ferdinand

Ford Henry

Francesco Ferdinando d'Austria-Ungheria (Asburgo)

Francesco Giuseppe d'Austria-Ungheria (Asburgo)

Francesco II di Francia (*Valois*)

Franchet d'Esperey Louis

French John

Frugoni Pietro

Frühwirth Andreas

Fuad I d'Egitto

Funston Frederick

Gallieni Joseph

Gamelin Maurice

Gandhi Mohandas Karamchand

Garibaldi Giuseppe

Gengis Khan di Mongolia

Gesù Cristo

Giardino Gaetano

Giolitti Giovanni

Giorgio V del Regno Unito (*Sassonia-Coburgo-Gotha*)

Giovanna di Savoia

Giuseppe Ferdinando d'Austria (Asburgo)

Giuseppe II del Sacro Romano Impero (Asburgo)

Goremykin Ivan Logginivič

Goschen Edward

Gouraud Henri

Gramsci Antonio

Grandi Domenico

Grant Ulysses Simpson

Graziani Rodolfo

Groener Wilhelm

Gronchi Giovanni

Guchkov Alexander

Guesde Jules

Guggenheim Robert

Guglielmo di Prussia (*Hohenzollern*)

Guglielmo II di Germania (*Hohenzollern*)

Haig Douglas

Hakkı Hafız

Haldane Richard

Halim Said

Harbord James

Hari Matha

Haus Anton

Hausen Max (von)

Heeringen Josias (von)

Hemingway Ernest

Hindenburg Paul (von)

Hitler Adolf

Hohler Thomas Beaumont

Holmes Sherlock

Hötzendorff Franz Conrad (von)

House Edward Mandell

Hutier Oskar (von)

Iliescu Dumitru

Imperiali Guglielmo

Ingres Jean Auguste Dominique

Iolanda di Savoia

Isnenghi Mario

Izvolsky Alexander
Jagow Gottlieb (von)
Janin Maurice
Jellicoe John
Joffre
Jomini Antoine (de)
Kálnoky Gustav
Kemal Mustafa
Kennedy Joseph
Kerenskij Aleksandr Fëdorovič
Kikujirō Ishii
Kipling Rudyard
Kitchener Herbert
Kleist Paul (von)
Klück Alexander (von)
Kolčak Aleksandr Vasil'evič
Kornilov Lavr Georgievič
Krasnik Viktor Dankl (von)
Kun Béla
La Marmora Alessandro
Lacaze Lucien
Langle de Cary Fernand (de)
Lanrezac Charles
Lansing Robert
Lapize Octave
Laval Pierre
Leman Gérard
Lenin Nikolaj

Lichnowsky Karl Max

Liddell Hart Basil

Liesche Hans

Lloyd George David

Loeb Robert

Loubet Émile

Ludendorff Erich

Luigi di *Battenberg*

Luxemburg Rosa

Macchi di Cellere Vincenzo

Mafalda di Savoia

Malinov Aleksandǎr

Mameli Goffredo

Mannock Edward

Maria di *Hohenzollern-Sigmaringen*

Maria José del Belgio (*Sassonia-Coburgo-Gotha*)

Maria Sofia di Danimarca, poi di Russia (*Romanov*)

Maria Teresa del Sacro Romano Impero (Asburgo)

Marianna

Marinetti Filippo Tommaso

Martini Ferdinando

Marx Karl

Massimiliano I del Sacro Romano Impero (Asburgo)

Maud'huy Louis Ernst (de)

Maunoury Michel Joseph

Mazzini Giuseppe

Mehmet VI dell'Impero ottomano

Menger Carl

Mensdorff-Pouilly-Dietrichstein Albert (von)

Merry del Val Rafael

Messe Giovanni

Metaxas Joannis

Millo Enrico

Moltke Helmuth Johann Ludwig (von)

Monash John

Mondragon Manuel

Monet Claude

Monna Lisa (Gioconda)

Montezuma degli Aztechi

Montgomery Bernard Law

Morrone Paolo

Motta Giuseppe

Mussolini Benito

Nadi Nedo

Napoleone I di Francia (Bonaparte)

Napoleone III di Francia (Bonaparte Carlo Luigi)

Nava Luigi

Nevskij Aleksandr

Nicola I di Montenegro (*Petrović-Njegoš*)

Nicola II di Russia (*Romanov*)

Nider Konstantinos

Nidlef Ellison (von)

Nikolaevich Nicola

Nilson Erik

Nitti Francesco Saverio

Nivelle Robert Georges

Nixon John
Ojetti Ugo
Oltramare Hugues
Paléologue Maurice
Paoli Pasquale
Paolucci di Calboli Raimondo
Papa Achille
Paraskevopoulos Leonidas
Paşa Tevfik
Pascoli Giovanni
Pašić Nikola
Patton George Smith
Pau Paul
Pearse Pádraig
Pecori Giraldi Guglielmo
Percin Alexandre
Péret Raoul
Pershing John
Peruggia Vincenzo
Pétain Philippe
Picot François Georges
Pietri Dorando
Pietro I di Russia "il Grande" (*Romanov*)
Pietro I di Serbia (*Karađorđević*)
Pietro I papa
Piffl Friedrich Gustav
Pio IX papa (Mastai Ferretti Giovanni Maria)
Pio X papa (Sarto Giuseppe Melchiorre)

Pirro dell'Epiro
Poggi Giovanni
Poincaré Raymond
Polivanov Alexei
Pollio Alberto
Porro Carlo
Potiorek Oskar
Prezan Costantin
Prittwitz Maximilian (von)
Puškin Aleksandr
Putnik Radomir
Radoslavov Vasil
Rampolla Mariano
Rasputin Grigorij Efimovič
Rathenau Walther
Rawlinson Henry
Rennenkampf Paul (von)
Renoir Jean-Auguste
Ribot Alexandre
Rizzo Luigi
Robertson William
Robilant Carlo Felice Nicolis (di)
Robilant Mario Nicolis (di)
Rockefeller John Davison
Romberg Gisbert Freiherr (von)
Rommel Erwin
Rousseau Jean-Jacques
Rudenschiöld Thorsten

Ruffey Emmanuel
Rundstedt Gerd (von)
Rupprecht di Baviera
Ruzsky Nikolai
Salandra Antonio
San Carlo Borromeo
San Cirillo
San Giuliano Paternò-Castello Antonino (di)
San Metodio
San Patrizio
Sanders Liman (von)
Sanders Otto Liman (von)
Sant'Andrea
Sant'Anna
Santo Stefano
Sanzio Raffaello
Sauro Nazario
Shakespeare William
Scavenius Erik
Scipione Publio Cornelio
Sergey Sazonov
Serret Marcel
Sims William
Slataper Scipio
Smith-Dorrien Horace
Sonnino Sydney
Soroku Suzuki
Sprecher von Bernegg Théodore

Vannutelli Serafino
Vázquez de Mella Juan
Venizelos Eleftherios
Vercingetorige
Villa Pancho
Vinci Leonardo (da)
Vittoria del Regno Unito (*Hannover*)
Vittorio Emanuele I di Sardegna (Savoia)
Vittorio Emanuele III d'Italia (Savoia)
Viviani René
Voltaire (Arouet François-Marie)
Washington George
Weygand Maxime
Wille Ulrich
Wilson Thomas Woodrow
Württemberg Alberto (von)
York Alvin
Yoshimichi Hasegawa
Yudenich Nikolai
Zahle Carl Theodor
Zapata Emiliano
Zemeckis Robert
Zimmer Émile
Zottu Vasile
Zupelli Vittorio Italico

Printed by Amazon Italia Logistica S.r.l.
Torrazza Piemonte (TO), Italy

57473348R00310